당신만의 세일즈를
디자인하라

Sales Helper 이수미의

당신만의 세일즈를 디자인하라

이수미 지음

contact
plan
sales management
persuasion
after service
contract

지식사회, 당신의 가치를 업그레이드하라

최근 경제학자들의 입에서 국내 경기가 저성장의 늪에 빠진 것은 아닌가 하는 우려의 말들이 쏟아져 나오고 있습니다. 기업과 경제 활동을 하는 사람들도 소비 위축이라는 덫에서 허우적거리고 있습니다. 어쩌면 과거와 같은 고도성장을 기대한다는 것이야말로 헛된 망상인지도 모를 일입니다. 파는 것, 즉 세일즈 환경은 극도로 악화하고 있는 것입니다.

그러나 과거를 한번 돌이켜 보십시오. 언제 위기가 아니었던 적이 있었던가요? 사람들의 입에서 힘들다는 말이 나오지 않았던 적이 있었던가요? 한국전쟁이 그러했고, 석유파동이 그러했으며, IMF가 그랬습니다. 미국발 경제 위기를 겪은 것도 겨우 몇 년밖에 지나지 않습니다. 살아간다는 것은 어쩌면 힘들다고 되뇌는 것처럼 항상 위기를 동반하는지도 모릅니다. 하지만 인간이 진정 위대한 이유는 바로 그러한 위기를 딛고 일어섰기 때문입니다.

성공하는 사람은 열심히 하는 사람이 아니라 자신의 가치를 높이는 사람이라고 말합니다. 이러한 위기를 딛고 일어설 때, 당신의 가치는 더욱 올라갈 수밖에 없습니다. 그렇다면 자신의 가치를 올리려면 어떻게 해야 할까요? 부단히 자신을 갈고닦는 길밖에 없습니다.

1960년대에 지식사회 도래를 예견했던 경영학의 대가 피터 드러커는 자신의 저서 『자기경영노트』에서 "일을 잘하는 사람에게는 그만의 비밀노트가 있다!"고 말했습니다. 그러면서 피터 드러커는 프로페셔널을 위한 변화와 혁신의 5가지 법칙을 통해 '목표를 달성하는 지식근로자'가 되는 방법에 대해 언급했습니다.

현대를 살아가는 우리는 지식사회를 살아가고 있습니다. 지식이야말로 우리를 지탱시켜 주고, 성장시키며, 끊임없이 발전시키는 강력한 무기이자 해법입니다. 또한 지식을 통해 우리는 더 나은 미래를 열고, 부를 쟁취할 수도 있습니다.

이 책은 그러한 지식사회를 살아가는 데 대한 내적 동기를 부여하고 있습니다. 그러나 이 책을 단지 마케터와 세일즈맨만 보면 된다고 생각하는 것은 큰 편견일 수 있습니다. 왜냐하면 우리는 팔지 않으면 안 되는, 팔아야만 존재하는 시대를 살아가고 있기 때문입니다.

생각해 보십시오. 대통령이 그렇게 열심히 해외 순방을 하는 이유는 무엇 때문일까요? 지자체가 곳곳에 광고를 하는 이유는 무엇 때문일까요? 경영자가 다른 회사의 임원을 열심히 만나는 이유는 무엇 때문일까요? 고소득 전문직이라는 변호사, 세무사가 방송에 빈번히 출연하는 이유는 무엇 때문일까요? 모두 팔기 위해서입니다.

팔지 않으면 생존할 수 없다는 절박함은 비단 마케터나 세일즈맨의 전유물이 아닙니다. 미국 역사상 최고의 세일즈맨으로 불리는 클레멘트 스톤은 "우리는 모두 세일즈맨이다."라고 말했습니다. 제품이나 서비스를 파는 일을 직업으로 삼는 이들은 말할 것도 없고, 사람은 누구나 자신의 생각이나 꿈과 같이 무언가를 팔고 있습니다.

이 책은 바로 이 세상을 살아가는 모든 사람, 모든 세일즈맨들에게 생존과 해법에 대해 말하고 있습니다. 단지 테크닉에만 한정시켜 말하는 것이 아니라 기본적인 마인드에서부터 이미지메이킹, 고객의 마음을 사로잡는 화술, 고객 유형별 상담 전략, 내방 고객 사로잡기, 변화를 기회로 바꾸는 고객 관리 등 세일즈를 시작하는 단계부터 마지막까지 모든 것을 다루고 있습니다.

이 한 권의 책이 당신이 어떤 분야에서 어떤 일을 하든 최고의 비즈니스맨이 되는 데 큰 도움을 주리라 확신합니다. 그리고 당신의 가치를 더욱 높이는 데 디딤돌이 될 것입니다. 많은 분들의 일독을 권합니다.

한양대학교 교육대학원 HRD 주임교수, 사회교육원장

정기수

Sales Helper 책 출간에 즈음하여

나는 세일즈가 좋다. 세일즈를 하는 사람도 좋다. 세일즈는 참 매력적이다. 정직하다. 열정으로 부딪힌다. 살아 있음을 느낀다.

현장에서 같이 근무하고, 강의를 통해 세일즈맨들과 만난 지 어언 20여년. '뭔가 도울 게 없을까?' 하고 고민하다가 Sales Helper를 만들었다. 세일즈맨은 열심히, 많이 공부해야 고객과의 만남에서 좋은 결과를 낼 수 있다. 하지만 여건과 환경은 그들에게 결코 녹록치 않았다. 곰곰이 생각하다가 핵심 포인트만 뽑아서 이메일로 보내주면 좋겠다는 생각이 번쩍 들었다. 분량은 아주 간략하게!

그렇게 결심한 후 일주일에 한 편씩 보내기 시작했다. 월요일 아침에 출근해서 읽고, 상큼하게 일주일을 시작할 수만 있다면 더할 나위가 없다고 생각했다. 2009년부터 보내기 시작해 독자가 한두 명씩 늘더니 이제는 무려 천여 명에 이른다. 이메일을 받아본 많은 직원들이 큰 도움이 됐다며 고맙다는 회신을 주셨다. 그러면 나는 또 그분들을 응원해 드렸다.

힘든 고객이 있을 때면 상담을 청해 왔다. 100점짜리 솔루션은 아니겠지만 함께 고민했다. 판매가 안 되면 위로를 해 드렸다. 나태해진 직원에게는 정신을 차리라고 강한 어조로 말하기도 했다. 좋은 소식이 있으면 같이 기뻐했다. 이런 시간들이 정말 좋았다. 더 좋은 자료를 드리고 싶은 마음에 더 많은 공부를 했다. 하찮은 메일일지도 모르지만, 그것은 내게 동기 부여와 행복한 소통 도구가 되었다.

우연히 그 글들을 책에 담을 기회를 가지게 되었다. 책으로 내기에는 부족하다는 생각에 노트북 하나를 무기로 퇴근 후에는 식탁에서, 주말에는 집 주변 도서관에서 씨름했다. 그 결과 Sales Helper를 마인드, 이미지메이킹, 상담 스킬, 대화법, 내방 고객 응대 스킬, 고객 관리 등 총 7장으로 정리할 수 있었고, 제약, 화장품, 보험 등 업종별 일곱 분의 살아 있는 인터뷰도 실을 수 있었다.

이 책은 단순한 이론이 아닌 많은 사례와 예시를 들어 무척 쉽게 풀었고, 현장에서 그때그때 바로바로 활용할 수 있도록 했다. 경력 직원이라면 자신의 태도와 마인드를 되돌아보고, 신입 직원이라면 기본서라고 생각하고 하나씩 충실히 실천하면 될 것이다.

이 책이 완성되기까지 감사드려야 할 분들이 너무나 많다.

늘 조언을 아끼지 않으시는 나의 멘토 정기수 교수님, 신택현 대표님, 정진일 대표님, 바쁜 시간에도 불구하고 인터뷰를 허락해 주신 하정경 님, 김진숙 본부장님, 최형준FC, 박광주 부장님, 나기일 과장님, 서성배 과장님, 임영석 팀장님께 감사드린다.

또한 출판을 응원해 준 나의 베프 김순영 강사, 황인자 강사, 조성용 원장님, 우석진 대표님, 멀리 호주에서 기도해 준 경은, 재석 오빠. 오정환 대표님, 김상범 부사장님, 세일즈 스터디를 나눴던 한국세일즈코치협회 임원분들, 한양대학교 인재개발교육전공 동문들, 특히 15기 동기들, 지금 같이 근무하는 CS기획팀 팀원들, 또 Sales Helper를 받아 보시는 천여 명의 가족들께도 감사의 말씀을 올린다. 마지막으로 엄마가 책을 낸다고 무척 신기해하며, 바쁜 엄마 밑에서도 스스로 기특하게 잘 자라 주는 사랑하는 채연이와 석이, 친정 식구들, 시댁 식구들, 또 늘 묵묵히 옆에서 응원해 주는 꿈의 동반자 남편 김완기 님께도 진심으로 고맙다는 말을 전하고 싶다.

그리고 이 책을 탈고하기까지 늘 함께 해 주신 하나님께도 감사드린다. 이 책이 나의 자랑이 되지 않도록 기도한다. 더 겸손한 모습으로 '어떻게 하면 교육을 통해 한 사람의 인생을 변화시킬 수 있을까?', '어떻게 하면 그들의 성과를 향상시킬 수 있을까?', 더 나아가 '어떻게 하면 인적자원을 깨워 기업의 생산성에 영향력을 끼칠 수 있을까?'를 늘 가슴속에 담고 살아가는 대한민국 HRDer가 되기를 소망해 본다

이수미

차례

제1장
마음속에 길이 있다

목표는 나를 일으켜 세우는 지렛대다

"안전벨트는 생명벨트!"

고속도로에서 흔히 볼 수 있는 문구다. 이것을 인생이라는 무대에 비유한다면 필자는 이렇게 말하고 싶다.

"목표벨트는 인생벨트!"

당신은 오늘 무엇을 하며 보냈는가. 그저 여느 날처럼 아무런 목표 없이 반복되는 일상을 보냈는가. 별다른 사고 없이 하루를 보낸 것에 만족하는가. 당신 인생의 궁극적인 목적은 무엇인가. 그렇다면 오늘 하루 그 목적에 도달하는 데 한 발자국 더 다가섰는가.

당신은 하루하루가 그저 무료하기만한데, 당신의 동료는 매일 펄떡이는 물고기처럼 에너지가 넘치는 것 같다. 당신과 당신 동료의 차이점은 무엇일까?

그는 삶의 확실한 목표가 있고, 가치 있는 삶을 살기 위해 노력한다는 점이다. 바로 목표가 있느냐 없느냐의 차이다.

이처럼 목표가 명확한 사람과 그렇지 않은 사람 간에는 엄청난 차이가 있다. 하루를 사는 방법은 물론이거니와 시간 관리, 일의 성과까지도 너무나 무척 다르다. 명확한 목표가 없으면 사소한 것들에까지 세세하게 주의를 기울이기 때문에 결국 아무것도 얻지 못한다. 반면에 확고한 목표를 지닌 사람들은 의식적으로 한 가지에 초점을 맞추고, 그것을 위해 밤낮없이 열심히 뛴다. 그것이 바로 '목표의 힘'이라고 할 수 있다.

세계적인 피겨스케이팅 선수였던 김연아는 어릴 적 일기장에 "아이스쇼를 보고 나서 나도 스케이트를 열심히 타서 국가대표 선수가 되어야겠다고 다짐했다."라고 썼다. 그 후 김연아는 일곱 살 때부터 거기에 인생의 목표를 두고 모든 땀과 열정을 바쳤다. 간절히 원하면 이루어진다고 하지 않던가? 마침내 2010년 밴쿠버 동계올림픽에서 김연아는 역대 최고점인 228.56점으로 그토록 원하던 금메달을 거머쥐었다. 그녀는 한국 피겨스케이팅 역사상 첫 번째 동계올림픽 금메달이자, 여자 싱글 최초로 '그랜드 슬래머'라는 타이틀까지 얻었다.

그런데 그다음 경기였던 토리노 세계선수권대회에서 김연아는 7위라는 충격적인 성적표를 받았다. 왜 그런 결과가 나왔을까? 경기 후 인터뷰에서 그녀는 그토록 원하던 금메달을 따고 나서 더 높은 목표를 찾기가 힘들었다고 고백했다. 예전에는 훈련이 힘들거나 넘어져 부상을 당해도 도전할 목표가 있었기에 힘이 났고 다시 일어섰지만, 메달을 딴 후에는 새로운 목표를 찾지 못하다 보니 의욕 상실에 빠졌다고 한다. 이처럼 목표는 성과를 이루는 데 가장 중요한 변수다. 캄캄한 바닷가에서 목적지를 향해 배를 안내하는 등대의 불빛과도 같다.

영업에서도 목표는 매우 중요하다. 당신에게는 목표가 있는가? 물론 목표의 범주는 매우 포괄적이다. 인생에서 궁극적으로 도달하고자 하는 최종 이정표가 될 수도 있고, 당장 이번 달에 달성해야 할 매출이 될 수도 있다. 그것이 무엇이든 상관없다. 목표는 최종 목적을 이루기 위해, 수많은 성과를 달성하는 데에 필요조건일 뿐이다.

목표를 정하고 염두에 두면, 그것은 머릿속에 잠재의식으로 자리 잡게 마련이다. 잠재의식은 의식이 접근할 수 없는 정신 영역, 즉 인간의 무의식에 숨어 있는 의식으로, 평소에는 잘 나타나지 않지만 결정적인 순간에 놀라운 힘을 발휘한다. 이것이 바로 목표의 가장 큰 매력이다. 이를테면 고객을 만나거나 어떤 상황에 직면했을 때 목표가 있는 사람은 '이번 달 목표를 달성하기 위해서 이 순간에 최선을 다해야지!'라는 마음가짐을 바탕으로 큰 에너지를 발휘한다. 게다가 고객에게 상처를 받아도 다시 일어선다. 비록 몸은 피곤하지만 보람을 느끼는 이유는 바로 목표가 있기 때문이다. 이것이 목표가 가진 힘이다.

목표의 또 다른 매력은 하나를 달성하고 나면 또다시 목표를 달성한다는 것이다. 처음에는 '내가 과연 해낼 수 있을까?'라는 의구심이 들 수도 있다. 하지만 한 번 성공하면 스스로에 대한 신뢰가 생겨나 또 해낼 수 있다는 자신감이 든다. '지난달에 다섯 건을 계약했는데 이번 달에는 일곱 건에 도전해볼까?'라며 더 높은 목표를 설정하고, 초월적인 힘을 발휘하는 선순환 효과가 나타나는 것이다. '꿈 넘어 꿈'이라는 말처럼 새로운 도전을 즐기게 되는 것이다.

그렇다면 무턱대고 목표를 정하기만 하면 만사형통일까? 물론 그렇지 않다. 목표를 설정하는 데도 요령이 필요하다. 다음 세 가지를 염두에 두고 목표를 정하는 것이 좋다.

첫째, 높게 잡아라. C화장품의 세일즈 관리자는 본사에서 부여하는 개인별 목표에 20%를 더해 이를 '의지 목표'라며 직원들을 독려한다. 실제로 그렇게 했을 때의 매출이 안정적인 목표를 부여했을 때보다 더 높게 나왔기 때문이다. 목표를 높게 잡으면 100% 달성하지는 못하더라도 근사치까지는 간다고 한다. 더 높은 목표를 향해 그만큼 더 열심히 뛰기 때문이다. 목표가 너무 어려우면 부담감을 느낄 수도 있지만, 도전하고 싶은 욕구를 자극하기도 한다. 미국의 분자생물학자인 존 메디나 교수는, "어려운 목표는 우리의 주의를 끈다. 주어진 자극에 뇌가 주의를 기울일수록 정보는 더욱 정교하게 부호화되어 남는다."라고 말했다.

둘째, 구체적으로 잡아라. 단순히 "이번 달에는 열심히 하자!", "지난달보다 더 잘하자!"처럼 모호한 목표는 불확실한 결과를 가져올 뿐이다. 한 달도 빼놓지 않고 자신을 제대로 평가하기란 쉽지 않다. 하지만 구체적인 목표를 설정하면 명확한 결과가 나오기 마련이다. 이런 경우 가장 좋은 방법은 목표를 수치화하는 것이다.

셋째, 다음의 세 가지 목표를 고려하라. 세 가지 목표란 무엇일까? 첫 번째는 판매 목표를 들 수 있다. 이를테면 물건을 판매한다면 몇 개를 팔아 얼마의 매출을 달성할 것인지에 대한 목표를 말한다. 연간 판매 목표가 정해지면 이를 12개월로 나누고, 한 달의 판매 목표는 다시 주간별 목표로, 주간별 목표는 다시 일일 목표로 세분화하여 세운다. 즉, 연간 판매 목표를 정한 다음에는 자연스레 월별, 주간별, 일일 활동 계획을 수립해야 성과를 극대화할 수 있다. 판매 목표를 각 시기별로 구체화하지 않으면 마음이 해이해지기 때문이다. 두 번째는 수입 목표인데, 이번 달 예상수입과 같은 금전적 목표를 말한다. 이처럼 금전적 목표를 구체적으로 세우면 실행력을 훨씬 높일 수 있다. 세 번째는 고객에 대한 목표를 상세하게 기재하는 것이다. 예를 들어 고객을 등급화해 'A급 고객 ○○명 확보', '가망 고객 ○○명 발굴' 등과 같이 고객에 대한 목표를 구체적으로 세우는 것을 말한다. 고객 목표를 확실히 세우면 언제, 어디서, 누구를 만날지 세부적인 활동 계획의 수립이 가능하다.

그렇다면 목표를 각 시기별로 정했다고 해서 이제 끝난 것일까? 필자는 목표에 관한 교육을 하면서 세 가지를 묻는다. 먼저 목표가 있는가, 목표를 달성하고자 하는 의지가 간절한가를 묻는다. 그럼 일단 여기까지는 대부분이 "그렇다." 고 말한다. 하지만 목표를 종이에 써 놨느냐고 물으면 아무 대답이 없다. 대부분이 목표를 머릿속에만 담아두고 있는 것이다.

그렇다. 목표는 반드시 써 놔야 한다. 글로 써 놓은 목표의 위력은 매우 크다. 1953년 미국의 예일대 연구팀이 졸업반 학생들을 대상으로 인생의 목표를 글로 써서 갖고 있는 학생이 전체의 3%뿐이었음을 확인하고, 20년 뒤 이들의 수입을 추적해 보았더니 나머지 97%보다 훨씬 많은 수입을 벌어들이고 있었다고 한다. 이처럼 목표를 글로 써서 가지고 있으면 목표를 이룰 가능성이 훨씬 높아진다.

그러니 목표를 세웠다면 종이에 써서 보이는 곳에 붙여 놔라. 남이 보면 어떤가! 좀 쑥스럽더라도 남들에게 공표할수록, 실행력도 커진다. 아니면 갖고 다니는 상담 파일에 끼워 놓거나 컴퓨터 바탕화면에 깔아 놓아도 좋다. 잘 보이는 곳에 놓고 목표 달성에 대한 의지를 확고히 다져라.

목표가 이렇게 중요한데도 바쁘게 생활하다 보면 그것을 세우기가 쉽지 않을 수도 있다. 그럴 때 다음의 두 청년 이야기를 떠올려 보자. 두 청년이 낫으로 벼베기 내기를 했다. 한 청년은 땀 닦을 시간도 없이 벼를 베는 데 집중했다. 그런데 다른 청년은 한참 벼를 베다가 잠시 돌부리에 앉아 열심히 낫을 갈았다. 그리고 쉬지 않고 열심히 벼베기를 하는 청년에게 이렇게 말했다.

"어이, 친구 쉬지 않고 열심히 하는 것도 좋지만, 잠시 여유를 가지고 낫을 갈면 힘도 훨씬 비축되고, 잘 갈아진 낫으로 더 많은 벼를 벨 수 있을 텐데."

영업도 마찬가지다. 열심히 뛰는 것도 좋지만, 더 높은 성과를 내려면 목표에 대해 고민할 시간을 잠시라도 가질 필요가 있다. 그날만큼은 일찍 출근을 하든, 잠시 커피숍에 가서 생각을 하든, 혼자 여행을 가든, 상관없다. 뚜렷한 목표는 영업 활동에 생동감을 불어넣고 더 나은 성과를 만들어 내기 때문이다.

무한 긍정이 무한 실적을 부른다

서울의 가락시장에서 새벽에도 판촉 활동을 하는 K차장에게서 5년 동안 공을 들인 고객이 있었는데 안타깝게도 다른 세일즈맨에게 계약을 뺏겼다는 내용의 메일을 받았다. 요행을 바라지 않고 오로지 앞만 보고 진득하게 뛰는 것을 알기에 그의 메일을 읽는 내내 필자도 마음이 아팠다. '어떻게 위로의 말씀을 드릴까?' 하고 고민되던 차에 그 다음 문구가 눈에 들어왔다.

"저는 앞으로도 시장 상인들과 희로애락을 같이할 것입니다. 싫든 좋든 그곳은 제게 삶의 현장이며 사람 냄새가 물씬 풍기는 곳이어서, 제가 좌절하거나 실의에 빠질 때면 늘 힘과 용기를 줍니다. 그래서 저는 그곳이 좋습니다. 더 열심히 부딪혀 보겠습니다!"

많이 힘들었을 텐데 그 상황에서도 긍정의 힘을 발휘하다니 참으로 놀라웠다. 그러고 보니 K차장은 항상 미소를 잃지 않는 분이었다. 늘 작은 것에도 감사할 줄 알았고, 그래서 그런지 만나면 언제나 기분이 좋아지는 분이었다.

일본에서 '경영의 신'으로 불리는 이나모리 가즈오는 성공하는 인생의 공식을 '능력 × 열정 × 사고방식'이라고 했다. 능력과 열정이 아무리 출중해도 사고방식이 부정적이면 공식에 '0'이 대입되어 마지막 결과는 '0'이 된다는 것이다. 이는 세일즈에도 그대로 적용된다. 아무리 제품을 판매하는 스킬이 뛰어나고, 열정이 넘치더라도 마인드가 부정적이면 얻는 결과도 부정적이다. '그 고객이 설마 나한테 구입하겠어?', '이번 달 목표가 다섯 건인데 모두 달성하는 건 불가능해!'와 같은 마음으로 도전한다면 결과는 안 봐도 뻔하다.

$$\text{세일즈 결과} = \text{능력} \times \text{열정} \times \text{사고방식}$$

그렇다면 긍정은 영업에 어떤 결과를 가져올까? 여기 긍정적인 마인드를 가졌던 세일즈맨 세 사람을 소개한다.

연소득 10억 원의 성공 신화를 쓴 30대의 메트라이프 STAR MGA 김성환 대표는 자신의 성공 비결을 '절대 긍정'이라고 했다. 그냥 긍정이 아니라 절대 긍정이다. 그는 29세에 월급의 90%를 이자 갚는 데 써야 했지만, 7년 만에 연 10억 원대 수입을 올리기에 이른다. 그는 무조건 된다고 생각했고, 어떤 상황에서도 자신에 대한 믿음을 포기하지 않았으며, 문제가 있으면 해결책도 있다는 신념으로 무한 도전했다. 절대 긍정이 그에게는 세일즈의 가장 큰 무기였던 것이다.

웅진그룹의 윤석금 회장은 한국브리태니커에 세일즈맨으로 입사해 일 년 만에 전 세계에서 가장 우수한 직원에게 주는 '벤튼상'을 받았다. 자신의 처지를 비관하던 과거의 태도를 버리고 '긍정적인 생각과 밝은 얼굴로 고객을 만나야 책을 팔 수 있다.'며 스스로를 바꾸었기 때문에 가능한 일이었다. 무더운 여름에 땀을 흘리며 뛰어다니면서도 '내 몸 안의 노폐물이 다 빠져나가니 얼마나 좋은가!'라고 생각하는 그였다.

오스트레일리아 보험업계에서 최고의 세일즈맨이었던 브라이언 에드워드도 늘 긍정적인 상상을 했다고 한다. 매일 잠들기 전 10분 동안 다음 날 만나게 될 고객을 떠올리며 자신의 권유에 따라 선뜻 보험 가입을 해주는 상황을 머릿속에 그렸다고 한다. 그리고 다음 날 아침 눈을 떠서도 그런 상상을 반복했다고 한다.

이처럼 긍정적인 마인드는 모든 일이 잘될 것이라고 굳게 믿는 것이다. 고객을 만나러 가기 전에는 항상 머릿속에 긍정적인 결과를 그려 보고, 월초에는 이번 달을 성공적으로 마감할 것이라고 상상해 보라! 세상에는 안 될 게 없다. 남들도 다 하는 판매왕을 나라고 왜 못하겠는가. 그도 사람이고, 나도 사람인데 말이다. 처음 세일즈를 시작했을 때는 그도 나처럼 백지 상태였다. 뭐가 잘나고 특별해서 좋은 실적을 내는 것이 아니다.

오랫동안 사람들은 1마일을 4분 안에 달리는 것이 불가능하다고 생각했다. 그러나 그 벽을 깬 사람이 있었다. 영국의 육상선수인 로저 배니스터다. 더 놀라운 것은 그가 그 장벽을 깬 지 6주 만에 1마일을 3분 58초로 단축했다는 점이다. 그리고 두 달도 안 되어 10명이, 1년 뒤에는 27명이, 2년 뒤에는 300명이 4분대에 진입했다. 4분이라는 장벽은 단순히 시간의 벽이 아니라 불가능하다고 여겼던 심리적 장벽이었던 것이다. 자신의 힘으로는 도저히 불가능할 것 같은 일에 도전하기도 전에 지레짐작으로 실패할 것이라고 생각하는 것은, 능력이 모자라서가 아니라 당신의 머릿속이 부정적인 생각으로 가득 찼기 때문이다.

당신은 혹시 지금 클레임 고객 때문에 아니면 고객과의 약속을 지키지 못해 힘들어하고 있는가? 그렇다면 밥맛도 없고, 고객을 만날 힘도 없을 것이다. 이런 상황에 처하면 실적은 물론 당장 업무에 차질이 빚어질 것이다. 하지만 너무 슬퍼하지 마라. 지금은 사방이 꽉 막힌 것처럼 길이 보이지 않더라도 어떻게든 잘 마무리될 것이다. 물론 긍정 마인드로 포기하지 않고 계속해서 길을 찾는다면 말이다.

어느 날 페르시아 왕이 슬플 때는 기쁘게, 기쁠 때는 슬프게 만드는 물건을 찾아오라고 신하들에게 하명했다. 신하들은 밤을 새워 궁리한 끝에 왕에게 반지 하나를 바쳤다. 왕은 반지에 새겨진 글귀를 읽고 크게 웃으며 기뻐했다. 반지의 글귀는 이러했다.

"이 또한 지나가리라."

랜터 윌슨 스미스는 다음과 같은 시를 읊었다.

"슬픔이 밀려와 그대 삶을 흔들고 귀한 것들을 쓸어 가 버리면 네 가슴에 대고 말하라. 이 또한 지나가리. 행운이 너에게 미소 짓고 기뻐할 때 근심 없는 나날이 스쳐 갈 때 세속에 매이지 않게 이 진실을 고요히 가슴에 새기라. 이 또한 지나가리."

당신은 지금 무엇 때문에 힘든가? 무엇이 당신의 세일즈를 방해하는가? 아무리 힘들고 아플지라도 이 또한 지나갈 것이다. 무한 긍정의 힘을 믿고 현실을 극복하려는 의지가 있다면 말이다. 그렇다면 긍정적인 생각만으로 앞으로의 상황이 정말 좋아진단 말인가? 여러 차례 언급했듯이 긍정 마인드 자체가 긍정적인 힘을 발휘한다.

그런데 이 긍정의 힘을 초특급 울트라 파워로 키워 주는 것이 바로 긍정적인 생각을 직접 말로 하는 것이다. 말에는 놀랄 만큼 강력한 힘이 있다. 말 한마디에 사람을 살릴 수도 있고, 나락으로 떨어뜨릴 수도 있다. 이는 말을 듣는 상대방뿐만 아니라 말을 하는 본인에게도 중요하다. 왜 그럴까? 만약 내가 어떤 말을 하면 그 말은 상대방에게도 전달되지만 동시에 본인의 귀로도 듣게 되기 때문이다.

"짜증 나!", "힘들어 죽겠네", "아파 죽겠네."처럼 늘 불평불만을 입에 달고 사는 사람은 이런 부정적인 말을 항상 본인에게 들려주는 꼴이다. 그러니 점점 더 부정적인 사람이 될 수밖에 없다. 예로부터 "입살이 보살이다.", "말이 씨가 된다.", "입이 화근이다."라는 말이 있다. 무심코 하는 한마디 말이 다른 사람은 물론 말을 하는 본인에게도 영향을 미친다.

당신은 세일즈를 하거나 고객을 만날 때 이런 부정적인 말들을 습관적으로 하고 있지는 않은가. 물론 세일즈라는 것이 매우 힘든 일이기는 하다. 몇 시간 동안 성심성의껏 상담해도 내 뜻대로 안 되는 게 계약이며, 단 몇 분이라도 고객을 만나기 위해서라면 몇 시간을 운전해서 가야 하는 게 바로 세일즈다. 어디 그뿐인가. 고객의 클레임을 하나부터 열까지 다 받아 줘야 하며, 월별 실적 때문에 엄청난 스트레스를 받기도 한다. 이렇게 힘든 순간 부정적인 말이 자신도 모르게 흘러나올 수 있다. 하지만 그것을 의식적으로 자각하고 긍정의 말로 바꿔야 한다.

회사에서 아침마다 직원 전원이 모여 이렇게 외쳐 보자. "○○ 지점 파이팅!", "불가능은 없다. 파이팅!" 하고 외치면 긍정의 에너지가 시너지 효과를 발휘해 몇 배는 크게 각자에게로 돌아갈 것이다.

우리에게 〈사랑일 뿐야〉, 〈입영열차 안에서〉로 잘 알려진 가수 김민우는 현재 서울 강남의 한 외국계 자동차 회사에서 세일즈맨으로 제 2의 인생을 살고 있다. 우연히 그를 만날 기회가 있었다. 그런데 그에게서 감성 발라드 가수가 아닌 프로세일즈맨의 면모가 느껴져 놀랐다. 그는 『나는 희망을 세일즈한다』라는 책에서 매일 아침 출근길에 긍정을 외친다고 밝혔다. 그는 출근을 하면 동료들에게 "나 오늘 두 대 계약할 겁니다!"라고 선전포고를 하면서 자신을 다독인다고 한다. 비록 단 한 대도 계약하지 못하고 하루를 마감하는 날도 있지만 자신에게 긍정의 주문을 걸고, 이런 마음가짐으로 고객을 만난다면 뭔들 못 해내겠는가!

어떤 말이든 좋으니 당신도 스스로에게 긍정의 주문을 걸어 보라.

'이번 달에 열심히 했으니 다음 달은 잘되겠지.'

'제품 숙지가 잘 안 돼서 상담이 잘 안 풀렸지만, 이번 기회에 제대로 공부 좀 해야겠어.'

'오늘은 좀 게을렀지만, 내일은 정말 열심히 뛰어야지!'

'오늘 만나는 고객이 모두 나의 매력에 푹 빠지게 만들 거야!'

'정말 바닥이네. 하지만 이젠 더 이상 떨어질 곳도 없고 올라갈 일만 남았어. 힘내자!'

'오늘은 정말 기분이 좋은걸. 오늘은 무조건 다 잘될 거야!'

'나는 내가 자랑스러워!'

뭐든 좋다. 긍정의 씨앗을 마음속에 품고 그 씨앗에 물을 주고 햇볕을 비추고 바람을 불어넣어, 긍정의 기운으로 무장하라.

옛날 시골에는 우물가에 펌프가 있어 물 한 바가지를 넣고 펌프질을 하면 훨씬 더 많은 물을 얻을 수 있었다. 이를 마중물이라 했다. 당신도 매일 아침 출근해서 스스로에게 긍정의 마중물을 부어 보면 어떨까? 세일즈는 자기 자신과의 싸움이다. 나태한 자신과 타협하면서 자기 관리에 소홀하다가는 오는 고객도 쫓아버려, 절대 성공할 수 없다.

브라이언 트레이시는 『세일즈 슈퍼스타』라는 책에서, 세일즈맨의 가장 중요한 자질을 '낙관주의'라고 했다. 일류 세일즈맨들은 매사를 다른 사람들에 비해 낙관적으로 바라보기 때문에 성공에 대한 기대치가 높다고 한다. 그들은 자신의 성공을 확신하기 때문에 보통 사람들보다 더 많은 잠재 고객에게 전화를 하며, 매사에 강한 끈기를 보이며 성취한다는 것이다.

무한 긍정은 무한 실적을 부른다. 긍정은 세일즈를 하는 당신에게 최고의 자산이다.

처음이 끝을 결정한다

두 명의 세일즈맨이 있다. 두 사람의 아침 풍경을 살펴보자.

나특별 씨는 무척 분주하다. 누가 뭐라 하지도 않았는데도 아침 7시면 어김없이 출근한다. 왜 이렇게 일찍 출근할까? 십여 분만 늦게 출발해도 출근 시간이 평상시의 배가 걸리는 반면, 조금만 부지런을 떨면 시간을 효율적으로 사용할 수 있기 때문이다. 나특별 씨는 출근하자마자 업무 준비를 하고, 오늘 일정을 확인한다. 그리고 고객 관리 프로그램에 로그인해 고객들을 꼼꼼히 체크한다. 체조도 열심히 하고, 아침 조회 중 메모도 빈틈없이 한다. 그런 다음 재빨리 서류를 챙겨서 고객과의 약속 장소로 힘차게 걸음을 옮긴다. 뭔가 기운차고 열정적인 에너지가 느껴지지 않는가.

반면 나평범 씨는 매일 아침 출근 시간에 헐레벌떡 사무실로 들어선다. 그러고는 곧장 나가 담배 한 대를 피우고 아침 조회 직전까지 커피를 마시고 들어온다. 체조도 마지못해 하고 얼굴에서 미소라곤 찾아볼 수도 없다. 조회 시간에는 팀장의 말을 한 귀로 듣고 한 귀로 흘리기 일쑤고, 조회가 끝나도 사무실에 앉아 하릴없이 시간을 때운다.

위의 두 장면은 세일즈 업종에서 흔히 볼 수 있는 세일즈맨들의 상반된 아침 풍경이다. 세일즈맨들은 저마다 아침을 시작하는 시간이 다르고, 준비하는 모습이 다르고, 표정도 다르다. 단편적인 모습이지만 이 두 사람의 업무 역량과 실적은 누가 봐도 쉽게 예상할 수 있을 것이다.

뉴욕의 월스트리트에서는 출근 시간을 보면 그 사람의 직위와 연봉을 알 수 있다고 한다. 오전 7시 이전에는 CEO나 임원들이, 오전 8시에는 중간 간부들이, 오전 9시에는 일반 직원들이 출근한다는 것이다. 월간지 『현대경영』에서 우리나라 100대 기업 CEO 40명을 대상으로 한 조사에 따르면, 평균 기상 시간은 5시 45분, 평균 출근 시간은 7시 47분이라는 결과가 나왔다. 그들은 하루 중 아침이 생산성이 가장 높은 시간이라고 말했다.

미국의 제 3대 대통령인 토머스 제퍼슨은 "태양은 나를 침대에서 본 적이 없다."라고 했다. 현대그룹을 창업한 故정주영 회장의 기상 시간은 새벽 3시로, 인터뷰를 요청한 기자에게 새벽 4시에 찾아오라고 했다는 유명한 일화가 있다. 성공한 이들이 아침 시간을 어떻게 활용하는지 잘 보여주는 예다. 이처럼 성공한 세일즈맨들도 아침을 일찍 시작하는 것으로 하루 24시간을 금쪽 같이 활용한다. 당신은 몇 시에 출근하는가? 만약 남들처럼 9시에 출근하고 있다면 당장 출근 시간을 앞당겨라.

출근 시간 못지않게 중요한 것이 아침의 마음가짐이다. 어젯밤 숙면을 취하지 못해서 피곤한가? 왠지 모르게 자꾸만 무기력해지는가? 이번 달 채우지 못한 실적 때문에 의기소침해 있는가? 안타깝게도 이런 마음과 몸 상태로는 어떤 일을 해도 성과를 내기 어렵다. 세일즈맨은 고객과 만나 긍정적인 에너지를 불어넣고 소통을 잘 해야만 한다. 부정적인 에너지와 마인드를 가진 채 고객과 대면하면 금세 들통난다. 그러면 좋은 인상을 줄 수 없을 뿐더러 성과로 이어질 리 만무하다.

이럴 때는 자신만의 노하우로 위기를 극복해야 한다. 출근길에 음악을 크게 틀거나 따라 불러라. 마음껏 소리를 지르거나 긍정의 주문을 외워라. 아니면 회사에서 아침 체조를 할 때 온몸과 정신을 집중하라. 그러면 나쁜 에너지는 빠져나가고 좋은 에너지가 그 자리를 채울 것이다.

다음과 같이 구체적으로 아침 스케줄을 짜 놓는 것도 좋다.

〈아침 스케줄 예시〉

- 7시 : 출근
- 7시 ~7시 20분 : 티타임 & 하루 일정 준비
- 7시 20분 ~ 7시 50분 : 고객 관리(기념일 문자 예약, 반송 DM 처리, 신규 고객 입력 등)
- 7시 50분 ~ 8시 30분 : 잔무 및 외근 준비
- 8시 30분 ~ 9시 : 아침 조회
- 9시 ~ 9시 30분 : 팀 미팅
- 9시 30분 : 외근

이렇게 스케줄을 짜 놓으면 아침 시간을 좀 더 효과적으로 활용할 수 있다. 『하루를 완성하는 시간, 아침 30분』이라는 책에서 다카시마 데쓰지는, "아침 30분은 집중력과 호르몬이 가장 왕성한 시간이며, 밤이나 낮 시간 등 평소의 시간에 비해 약 3~4배의 효율을 거둘 수 있는 시간이다. 아침 시간을 흘려보내는 것은 인생을 흘려보내는 것과 같다."라고 강조했

다. 그러니 일찍 출근해서 내 안의 엔진을 켜고, 열심히 뛸 수 있도록 리듬을 타라!

하루를 잘 보내려면 아침을 잘 열어야 하는 것처럼, 일주일을 잘 시작하려면 월요일을 잘 시작해야 한다. 하지만 월요일은 직장인들에게는 가혹한 날이다. 오죽하면 'Manic Monday'라고 하겠는가. 한 설문 조사에 따르면, 직장인의 57%는 일주일 중 월요일이 스트레스가 가장 높은 날이며, 50%는 월요일에 목과 허리 통증을 호소한다고 한다.

이는 세일즈맨들에게도 예외는 아니다. 세일즈 현장을 다녀보면 월요일 아침에 세일즈맨들의 기운이 유독 많이 가라앉아 있는 것을 볼 수 있다. 강의를 하는 사람으로서 교육하기 가장 힘든 날도 바로 월요일이다.

월요일을 그냥 무의미하게 보내면 일주일 내내 축 처진 상태로 보내기 십상이다. 따라서 월요일은 무슨 일이 있더라도 활기차게 시작해야 한다. 월요일은 워밍업을 하는 날이 아니라 뛰어야 하는 출발점이다. 월요일 아침부터 클레임 고객이나 지난주에 처리하지 못한 일에 치이다 보면 한 주를 시작할 원동력을 잃을 수 있다.

그래서 드리는 제안 하나! 월요일에는 계약 가능성이 높은 약속을 잡아라. 구매 의사가 있는 가망 고객이나, 구매 결정권이 있는 고객을 접촉하여 공략하라! 월요일부터 계약이 성사되면 좋은 에너지가 흘러나와 가속이 붙기 때문이다. 그렇게 되면 일주일 내내 엄청난 에너지를 발산하게 된다.

하루의 일과는 아침 시간이, 일주일은 월요일이 결정한다. 처음을 잘 경영하는 자가 마지막에도 살아남는 법이다.

당신 안의 아니마, 아니무스를 깨워라

필자는 학창 시절에 공부 욕심이 무척 많았다. 반면 남동생은 순하기 그지없고, 공부에는 별 취미가 없었다. 손자를 끔찍이 여기셨던 할머니는 그런 손자가 안타까웠는지, "딱 너희 둘 합쳐서 반으로 갈랐으면 좋겠다."라고 곧잘 말씀하셨다.

코칭을 하다 보면 필자도 어떤 세일즈맨의 과한 부분을 똑 떼어 그 부분이 부족한 다른 세일즈맨에게 붙여 줬으면 하는 생각이 간절할 때가 있다. 사교적인 게 장점이긴 한데 너무 지나친 세일즈맨이 있다. 그럴 때는 내성적인 세일즈맨에게 사교성을 좀 나눠 줬으면 좋겠다는 생각이 든다. 뭐든 과하면 낮추고, 부족하면 채워야 한다.

사람들을 만나다 보면, 남성인데도 무척 섬세한 사람이 있는가 하면, 여성인데도 어디서 그런 담대함이 나오는지 놀라운 사람도 있다. 보통 남성성의 특징으로는 '듬직하다', '강하다', '튼튼하다', '대범하다', '성취욕이 강하다', '딱딱하다', '털털하다' 등을 꼽고, 여성성의 특징으로는 '연약하다', '섬세하다', '나긋나긋하다', '조신하다', '부드럽다', '아름답다' 등을 꼽는다.

하지만 원래 사람은 여성성과 남성성을 모두 갖고 있다. 심리학 용어로 남성 안에 있는 여성성을 아니마anima, 여성 안에 있는 남성성을 아니무스animus라고 한다. 하지만 우리는 어릴 적부터 남자아이는 이래야 하고, 여자아이는 이래야 한다라는 정해진 성 역할을 부여받았다. 여자아이가 사내아이처럼 행동하면 "여자가 좀 얌전해야지!"라고 야단을 맞았다. 그리고 남자아이가 수줍어하면 "남자가 그게 뭐냐?"라며 꾸지람을 들었다. 우리도 모르는 사이에 성 역할을 강요받으며 성장한 것이다.

하지만 요즘에는 이런 고정관념이 점차 허물어지는 추세다. 남성에게도 부드러움과 섬세함이 요구되는가 하면, 여성에게도 강인한 정신력과 경쟁력이 없이는 살아남을 수 없는 시대가 됐다. 이러한 경향은 직업 세계에도 영향을 미쳐 남성만의 직종으로 여겨지던 군인이나 중공업 분야에서 여성들의 활약이 커지고 있고, 여성만의 직종으로 여겨지던 간호사나 헤어디자이너 분야에서 남성들의 모습을 쉽게 찾아볼 수 있다.

과거에는 남성들과 경쟁해서 성공한 여성들은 '무늬만 여자'라는 부당한 사회적 시선을 받았다. 하지만 최근에는 여성 특유의 부드러움과 섬세함을 바탕으로 성공한 그녀들을 높이 평가하고 있는 추세다. 갑자기 여성들의 능력이 향상됐다거나 남성들의 능력이 뒤처진 게 아니라 시대가 요구하는 인재상과 리더의 조건이 변한 것이다. 남성 역시 과거에는 강한 남성성과 리더십이 요구됐다면, 오늘날에는 포용력과 저돌적인 추진력을 뒷받침할 섬세함이 요구되고 있다.

그렇다면 여성의 뇌와 남성의 뇌는 어떻게 다를까? 영국의 에든버러 대학 연구진은 남녀 참가자들에게 뇌 스캔을 실시할 때 다양한 사람들의 표정 사진을 보여주며 "이 사람과 친해질 수 있겠느냐?"라고 질문했다. 그러자 남성이 여성보다 대답하는 데 훨씬 더 오래 걸렸다고 한다. 남성들의 친화력이 여성에 비해 덜 발달되어 있음을 보여주는 대표적인 연구 결과라 할 수 있다.

여성의 뇌는 공감 능력이 뛰어나서 다른 사람의 감정을 잘 읽어 내고 반응을 보이는 능력이 탁월하다. 대뇌의 전두엽과 변연피질이 발달해서 정서, 기억, 감정 표현에서 남성보다 우위를 보이며, 인간관계를 맺거나 보살핌, 상담, 조언, 수다 등에 관심이 많다. 반면 남성은 대뇌의 두정엽과 편도체가 발달해서 정보 처리나 공간 지각 영역에서 우위를 보이며, 운전, 수학, 기계 등에 능숙하지만, 타인의 감정을 읽어 내는 데 서툴고 무척 현실적이며 이성적이다.

이러한 남녀 간 뇌의 특성은 세일즈 현장에서도 그대로 나타난다. 절대적인 것은 아니지만 전반적으로 세일즈우먼은 섬세하고 고객과 공감하며 소통을 잘한다. 반면 논리적이고 주도적인 면이 부족하다. 단순히 공감을 잘한다거나 부드러운 특성만으로는 험난한 세일즈 시장에서 한계를 느낄 수도 있다. 반면에 세일즈맨은 고객 상담 시 제품에 대한 설명력이 뛰어나다. 계약에 대한 추진력이 돋보이며 리더십도 강하다. 하지만 공감 능력과 섬세함, 부드러움이 떨어진다. 특히 나날이 확대하는 여성 고객 시장을 선점하기 위해서는 남성성 혹은 여성성만 가지고는 부족하다. 세일즈 현장에서 뛰고 있는 당신 역시 자신 안에 잠재된 아니마와 아니무스를 깨워 이성 고객이 편안함을 느끼고 당신을 신뢰할 수 있도록 응대해야 한다.

그렇다면 세일즈맨들은 어떻게 여성성을 깨워야 할까?

---

1. 고객의 감성을 충족하라. 고객의 행동, 말 한마디에도 따뜻하게 반응하고 공감하라. 부드럽게 눈을 맞추고 고개를 끄덕이며 적당히 추임새를 넣어라. 고객과 시소 같은 소통을 하라!

2. 세심하게 배려하라. 작은 것 하나에도 세심하게 신경 쓰고 배려하라. 고객에게 감사의 선물을 할 때는 개인의 취향이나 필요한 물품이 무엇인지 파악하여 감동을 주어라. 고객에게 어떻게 응대했을 때 감동할지 항상 고민하라.

3. 많이 웃어라. 세일즈맨은 보통의 여성들보다 더 많이 웃어야 한다. 남성은 기본적으로 여성에 비해 딱딱해 보이기 때문에 고객과 상담할 때도 의도적으로 더 많이 웃어야 한다. 매일 아침 거울을 보고 스마일, 위스키를 연습하라.

4. 칭찬을 아끼지 마라. 칭찬은 사람을 기분 좋게 만드는 힘이 있다. 칭찬할 때는 두리뭉실하게 하지 말고 구체적으로 진심을 담아서 해야 한다.

5. 강한 남성성을 부드러움으로 완성하라. 강한 인상을 주는 셔츠, 넥타이보다는 부드러운 색의 옷을 입어라. '~다', '~까' 체보다는 '~요', '~죠' 체를 써라. 음색에서 따뜻함이 묻어나도록 꾸준히 연습하라.

그렇다면 세일즈우먼들은 남성들의 어떤 특성을 배워야 할까?

1. 거침없이 상담하라. 여성으로서의 약함은 더 이상 강점이 아니다. 이때다 싶으면 밀어붙이는 추진력과 담대함을 보여 줘라.

2. 논리로 무장하라.　남성들보다 더 많이 더 열심히 제품에 대해 공부하라. 제품의 성분, 구조, 수치적인 부분에 겁먹지 말고 논리적이고 능숙하게 설명할 수 있는 수준이 되어라.

3. 말을 줄여라.　수다를 줄여라. 구구절절 너무 길게 설명하지 마라.

4. 미모는 충분조건이 아니다.　적당한 아름다움만 유지하면 된다. 외모를 무기라고 착각하지 말고 실력과 열정으로 무장하라. 진정한 프로 세일즈우먼의 면모를 갖춰라.

5. 지나친 여성스러움을 강함으로 완성하라.　너무 여성스럽거나 연약해 보이는 인상이라면 여성스러운 옷보다 바지나 정장 등을 입고, 목소리 크기나 화법, 제스처 등에서 강하게 보이도록 보완하라. 세일즈 현장에서 지나친 여성스러움은 약한 존재로 비칠 수도 있다.

이제 당신에게 부여된 생물학적 성에 구애받지 말고 아니마나 아니무스를 잘 활용해 고객에게 한 발 더 매력적으로 다가가라.

당신만의 세일즈를 디자인하라

수없이 많은 세일즈 현장을 다니다 보니 판매를 잘하는 직원들에게는 다음과 같은 공통점이 있다는 사실을 알게 됐다.

1. 표정이 밝고 항상 긍정적이다. 그들은 얼굴에서 미소를 잃지 않는다. 매사에 불평불만보다는 긍정적으로 생각하고 즐겁게 임한다.

2. 고객 관리를 잘한다. 그들은 한 건 계약을 끝이 아니라 오히려 시작이라 생각한다. 처음 계약을 맺은 고객들을 꾸준하게 관리하며 그들에게서 추가 또는 소개 판매를 이끌어낸다. 한번 상담한 고객도 꾸준한 가망 고객 관리로 계약을 이끌어내는 것이다.

3. 교육에 적극적으로 참여한다. 많은 세일즈맨들이 간과하는 것 이바로 교육이다. 그들은 모든 기술들을 이미 숙지하고 있어서 교육은 더 이상 필요 없다고 생각한다. 그러나 그렇지 않다. 판매를 잘하는 직원들은 교육의 힘을 알기 때문에 아무리 바빠도 교육에 적극적으로 참여한다. 그들은 열심히 메모하고 추가 자료를 모으며 조금이라도 궁금한 것이 있으면 질문하여 제대로 이해하려고 노력한다.

교육에 대한 이야기를 좀 더 해보자. 현장을 다니다 보면, "당장 하나라도 더 파는 게 중요하지, 교육을 받는다고 실적이 바로 나오는 것도 아닌데…….", "누가 교육이 좋은지 몰라서 안 하나요?"라며 교육을 기피하는 세일즈맨들을 보게 된다. 관리자도 예외는 아니다. "마감 주간이라 교육이 부담스럽네요. 다음에 하면 안 될까요?", "오늘 교육은 최대한 짧게 해주시면 안 될까요?" 라고 말한다.

성인 교육이다 보니 새로운 내용이 아니라 체득화를 위해 반복적인 내용도 있다 보니 이런 반응이 나올 수는 있다. 또한 교육을 받는다고 해서 자신의 이번 달 실적이나 우리 지점의 실적이 바로 오르는 것이 아니기 때문에 충분히 이해도 간다. 하지만 무엇이든 때가 있는 법이다. 처음 얼마 동안은 아무리 노력해도 실적이 오르지 않을 수도 있다. 하지만 일정 기간 꾸준히 반복하고 노력하다 보면 어느 순간 실력이 쌓여 급속도로 향상되는 시점이 온다. 이를 '세일즈의 변곡점'이라 한다.

'변곡점point of inflection'은 수학에서 많이 쓰이는 용어로서, '굴곡의 방향이 바뀌는 자리를 나타내는 곡선 위의 점'을 일컫는다. 이를 주식에서는 '상승세에서 하락세로 또는 하락세에서 상승세로 전환되는 시점'이라고 할 수 있다. 신문 기사에서도 다음과 같은 문구를 많이 볼 수 있다.

"이번 주에 나오는 정책들이 향후 시장의 변곡점이 될 수 있다."

"이번 영화는 부진에서 벗어나서 인정받을 수 있는 ○○○의 변곡점이 될 것이다."

"경기 흐름의 변곡점을 알아내는 것이 진짜 경제 예측이다."

이처럼 변곡점이란 기존의 상황이 반전되는 순간을 말한다. 세일즈의 변곡점은 깨달음의 순간이고, 한 단계 나아가는 순간이다. 단기적 실적을 원한다면 활동에 매진해야겠지만, 탄탄한 실력을 쌓아 장기적으로 꾸준한 판매를 하려면 세일즈 역량 강화를 위해 자신에게도 투자를 해야 한다. 변곡점을 만났다는 것은 성장하고 있다는 증거이며, 이에 따라 수입 혹은 실적도 증가할 것이다.

그렇다면 당신은 과연 무엇에 투자해야 하는가? 또 어떻게 해야 그 변곡점을 만날 수 있을까? 브라이언 트레이시는 "열심히 하면 열심히 한 만큼 얻는다."라고 했다. 당연한 말이다. 하지만 잘 생각해 보면 여기에는 큰 뜻이 담겨 있다. 열심히 하면 열심히 한 만큼 얻는다는 말은 딱 노력한 만큼 얻을 뿐, 그 이상의 것은 얻을 수 없다는 의미다.

따라서 더 많은 수입과 성과를 올리기 위해서는 그 이상의 노력이 필요하다. 지금 당신이 갖고 있는 역량과 자원에만 의지하여 이전과 똑같은 방식으로 세일즈를 한다면, 고객은 곧바로 당신의 밑바닥을 알아채고 떠나갈 것이다. 고객과 시장이 변화하고 성장하는 것보다 더 빠르게 당신 스스로를 성장시키고 자신에게 투자해야 한다.

또한 세일즈 조직은 세일즈맨들의 역량을 지속적으로 키우기 위해 양질의 교육을 많이 해야 한다. 무한경쟁 시대에는 직원의 역량이 곧 기업 성장의 핵심 요소라고 해도 과언이 아니기 때문이다. 그것이 세일즈 스킬 교육이든, 제품 교육이든, CS 교육이든, 마인드 교육이든, 상관없다. 교육으로 똘똘 뭉쳐진 세일즈맨은 절대 지치지 않는다. 아울러 그런 조직은 기본기가 탄탄하기 때문에 쉽게 무너지지 않고 좋은 성과를 낸다. 세일즈 관리자는 오늘 또는 이번 달 실적만 바라보는 것이 아니라 향후 조직의 미래를 계획하고 이를 이끄는 인적자원, 즉 역량 있는 세일즈맨을 키우는 패러다임으로 접근해야 한다.

존 H. 패터슨은 "영업 사원은 타고나는 것이 아니라 후천적으로 만들어진다."라고 했다. 태어날 때부터 세일즈 스킬과 고객 지향적 사고를 가진 사람은 없다. 얼마든지, 누구든지 교육을 통해 만들어질 수 있다. 그렇다고 교육만이 능사는 아니다. 교육을 받은 후에는 자신의 세일즈 스타일로 적용해 보고, 때론 실패도 경험하며 시행착오 끝에 나름의 노하우를 터득해야 한다.

또한 양질의 교육을 받더라도 인간은 망각의 동물이기에 반복 학습을 하지 않으면 자신의 것이 될 수 없다. 꾸준한 교육과 반복 학습으로 무장하다 보면, 그것이 자신 안에 켜켜이 쌓여 변곡점의 밑천이 될 것이다.

허원태는 『로열로드 세일즈』라는 책에서, "남들보다 더 잘되어 멋지게 살고 싶다면 공부하라. 세일즈맨에게 이 말은 밥을 먹어야 살 수 있다는 말과 똑같은 것이다. 공부하지 않는 직장인은 영양분이 부족한 식사를 하며 최소한의 생명만을 유지하는 영양실조 환자와 똑같은 것이다. 누구나 취직할 때까지는 열심히 공부하지만 절대의 직장인들, 특히 세일즈맨들은 전문지식이 필요 없다고 생각하는 것인지 거의 공부를 하지 않는다."라고 따끔하게 충고한다.

21세기에 가장 좋은 재테크는 직테크, 즉 전문성을 길러 자신의 가치를 높이는 것이다. 세일즈맨들 역시 열심히 배우기에 힘써 자신의 브랜드를 높여야 한다. 사외 세일즈 강좌에 참석하면 어김없이 다양한 업체에서 오는 세일즈맨들을 만나게 된다. 그들은 누군가 떠밀어서 오는 게 아니다. 자발적으로 온다. 그런 분들을 만나면 그들의 열정에 내 가슴이 다 떨린다.

　세일즈 방식을 그래프로 그려 보면 다음과 같이 두 종류로 크게 나눌 수 있다. 첫 번째 방식은 처음의 그래프에서 보는 것처럼 일단 팔고 보는 것이다. 이들은 고객 관리도 하지 않고 교육도 받지 않는다. 친척 또는 가까운 지인 위주로만 판매한다. 이들처럼 하면 처음에는 실적이 오를 수 있겠지만, 어느 순간 떨어질 수밖에 없다. 내구성이 없는 세일즈이기 때문이다.

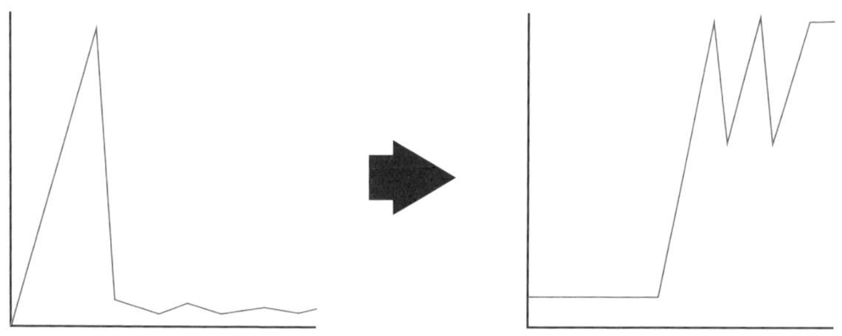

　반면 두 번째 그래프는 첫 번째와 다르다. 그들은 교육도 받고, 고객 관리도 열심히 하며, 꾸준히 자기 계발을 한다. 처음에는 실적에 큰 변화가 없을 수도 있다. 하지만 지식과 경험, 스킬이 시너지 효과를 발휘하여 실적이 반등하는 시기가 반드시 온다. 즉, 세일즈의 변곡점을 만나는 것이다. 개인적 사유나 시장의 특성상 실적이 약간씩 떨어질 수도 있지만 그들은 곧 다시 일어선다. 왜냐하면 기본기가 탄탄할 뿐더러 다시 일어설 힘이 남아 있기 때문이다. 당신의 세일즈는 어떤 그래프인가.

고삘 같은 슬럼프, 현명하게 대처하라

고객을 만나고, 가망 고객을 발굴하며, 상담을 하고, 계약을 성사시켜 판매 실적을 올리는 것이 세일즈맨의 정상적인 업무 순환이다. 그런데 이 순환의 바퀴가 순조롭게 돌아가지 않으면 슬럼프가 온다. 즉, 고객 클레임이 걸리거나 연이은 계약 파기, 컨디션 난조, 개인적 상황 등으로 인하여 저조한 실적이 연속되면 세일즈맨들은 늪에 빠진 듯 허우적댄다.

이제 막 시작하는 초보 세일즈맨에게도 이는 예외가 아니다. 출근도 일찍 하고, 열심히 배우려 하고, 열정적으로 부딪혀 보지만 현실은 그렇게 호락호락하지 않다. 마음처럼 결과는 나오지 않고 수입이 저조하다 보면 결국은 "세일즈는 내 적성에 맞지 않아.", "나는 가망이 없어!"라며 포기하는 신입 사원들을 많이 본다. 흔히 말하는 3개월, 1년, 3년 등의 고비를 잘 넘기면 되는데 말이다.

이러한 슬럼프가 금세 끝나거나 잘 극복하면 좋겠지만, 하염없이 길어지거나 이겨 내지 못하면 문제다. 슬럼프가 길어지면 부정적인 생각들이 꼬리에 꼬리를 물어 당신을 지배할 것이기 때문이다. 어쩌면 한없이 무기력해지거나 술과 도박 같은 데 중독 증상을 보일지도 모른다. 그렇다면 이러한 슬럼프는 어떻게 극복해야 할까?

H자동차의 L차장은 슬럼프에 빠질 때면 새벽 시장에 나가 열정적으로 사는 사람들에게서 에너지를 충전받는다고 한다. 그곳에 있다 보면 의기소침하고 게으른 자신을 반성하게 된다는 것이다. C보험사의 K부지점장은 일이 하기 싫어질 때는 일부러 힘든 일을 찾아서 한다고 한다. 예전에 한 번 슬럼프가 왔을 때 일부러 휴가를 내고 일용직 육체노동을 한 적이 있는데, 이삼일 일하다 보니 보험처럼 좋은 일이 없다는 것을 깨달았다는 것이다.

그러고 보면 세일즈맨들에게 슬럼프는 치명적이긴 하지만 반드시 풀어야 할 숙제와도 같다. 또 누구에게나 찾아올 수 있는 감기 같은 것이다. 이럴 때일수록 초심을 잃지 말아야 한다. 모든 게 한 번에 술술 다 잘되면 세일즈가 무슨 매력이 있겠는가.

당신이 슬럼프에 빠져 허우적대고 있다면 인생의 목표를 떠올리고 당신을 지지해 주는 많은 고객들과 가족, 지인들을 생각해 보라. 당신이 무너지면 당신의 하루가, 한 달이, 일 년이 무너질 수도 있다. 마음을 단단히 먹고 슬럼프에서 빠져나와야 한다. 고객 때문에 스트레스를 받았다면 다른 고객들을 더 많이 만나 상황을 반전시켜라. 피하지 말고 더 많이 부딪혀라. 그러다 보면 상황이 역전될 때가 올 것이다.

슬럼프는 그때뿐이다. 성실과 근면의 자세로 차근차근 다시 시작한다면 분명 슬럼프를 극복할 수 있다. 아울러 슬럼프가 쉽게 오지 못하도록 혹은 슬럼프가 왔을 때 극복할 수 있는 몇 가지 팁을 제안한다.

1. 평소 책을 가까이 하라

잡코리아가 2014년 남녀 직장인 217명을 조사한 결과, 1인당 연간 독서량이 9.8권인 것으로 나타났다. 독서 시간은 주로 자투리 시간과 취침 전으로 나타났다. 요즘 들어 독서량과 독서시간이 줄고 있는데, 현대인들이 손에서 놓지 않는 스마트폰의 영향이 큰 것 같다.

세일즈맨들의 책상을 보면 몇 권의 책이 꽂혀 있지만 정작 옆에 두고 읽는 경우는 별로 보지 못했다. 세일즈에 관한 책을 꾸준히 읽으면 고정관념을 떨치고 세일즈의 기본을 다지며 스킬을 배울 수 있어 유익하다. 개인적인 경험과 지식은 한계가 있기에 간접 경험을 하는 데 책만한 것이 없다. 어떤 일에 전문가가 되려면 그 분야의 책을 100여 권은 읽어야 한다는 말도 있지 않은가! 책은 세일즈 스킬도 접할 수 있지만, 세일즈맨들이 지녀야 할 마인드에 관한 내용이 담겨 있기에 마음의 힘을 기르는 데에도 도움이 된다. 굳이 세일즈 관련 서적이 아니라도 괜찮다. 긍정 마인드와 자신감을 길러 주는 자기 계발서도 심리적 내공을 쌓는 데 제격이다.

습관적으로 보는 스마트폰이나 인터넷 뉴스, 텔레비전을 멀리하고, 양서를 가까이 하여 생각하고 밑줄을 긋고 메모하는 습관을 들여라. 거센 풍파에도 끄떡없는 내공을 쌓도록 말이다.

2. 강의를 들어라

세일즈맨들은 이동하는 시간이 많다. 그때 당신은 무엇을 하는가? 이어폰을 귀에 꽂은 채 음악을 듣는가? 습관적으로 통화를 하거나 아무 생각 없이 운전만 하는가? 판매 실적은 자기 계발에서 비롯된다.

브라이언 트레이시는 차 안을 이동식 대학으로 만들라고 강조한다. 그는 교육용 오디오 프로그램을 틀어 놓은 상태가 아니라면 운전대를 잡지 말라고 세일즈맨들에게 충고한다. 물론 오프라인에서 하는 각종 강의를 들어도 좋다. 하지만 오프라인 강의를 듣는 데는 많은 시간과 비용이 든다. 인터넷 사이트 석세스티브이닷컴이나 세바시 등에서는 한 달에 몇 천 원만 투자하면 유수의 명강사들이 하는 양질의 강의를 들을 수 있다. 요즘은 TV에서도 좋은 강의 프로그램을 방송한다. 세일즈든 변화와 혁신이든 인생의 성공 사례든 어떤 강의라도 상관없다.

어떻게든 자투리 시간을 활용하라. 괜한 잡생각이나 쓸데없는 고민이 슬럼프로 이어지기 전에 양질의 강의를 듣고 좋은 정보와 기운으로 당신을 무장하라.

3. 독하게 건강 관리를 하라

직장인들의 스트레스 해소 방법 1위는 술을 마시는 것이라고 한다. 크게 떠들며 먹고 마시면 당장은 기분이 좋아질 수 있지만 그때뿐이다. 아무리 술을 마셔도 스트레스의 근원은 해소되지 않으며 건강에도 좋지 않고 다음 날 고객과의 만남에도 지장을 줄 수 있다.

스트레스 해소에는 운동만한 게 없다. 영국에서 대학, 컴퓨터 회사, 생명보험 회사 등에 다니는 사람 200명을 상대로 조사한 결과에 따르면, 하루 일과 중 짬을 내서 운동을 하는 직장인이 그렇지 않은 사람들보다 업무 처리에서 훨씬 더 생산적이며, 일로 인한 스트레스에도 더 많은 내성을 가지고 있다고 느끼는 것으로 나타났다. 조깅이든 헬스든 등산이든 수영이든 어떤 운동이든 상관없다.

I사의 K부장은 주말마다 조기 축구회에서 축구를 하면서 일주일 동안 받은 스트레스를 푼다고 한다. 운동 후 타 업종에서 일하는 회원들과 대화하면서 긍정의 에너지도 많이 받는다고 한다. 땀을 쭉 빼면 몸도 가벼워지고, 좋은 컨디션으로 고객을 만나 좋은 성과로 이어질 수도 있다. 육체적 건강 이상의 단단한 마음의 힘이 길러지기 때문이다.

4. 완벽한 휴식을 취하라

머릿속이 복잡하면 사소한 일에도 짜증이 나고 몰입하기가 쉽지 않다. 쉬지 않고 무조건 뛰기만 하면 언젠가는 탈이 나게 마련이다. '번아웃 증후군'이라는 것이 있다. 일에만 매진하던 사람들이 주로 걸리는 병으로서, 무기력증이나 자기 혐오, 직무 거부 증상을 보이거나 이명, 불안장애, 우울증까지 초래한다고 한다. 충분히 쉬어야 좋은 에너지가 쌓여 고객과의 상담에서 쏟아낼 수 있다. 그렇기에 충분한 휴식은 세일즈맨에게 더 없는 에너지의 원천이다.

최근 독일에서 '휴식 신드롬'을 일으킨 과학 저널리스트 울리히 슈나벨은 "우리는 지금 미래의 행복을 위해 현재의 행복을 반납하는 역설적 상황에 빠져 있다."면서 "일을 더 잘 해내고 싶고, 행복한 인생을 원할수록 우리가 더 열심히 해야 할 것은 정신을 달래주는 휴식을 갖는 것이다."라고 주장했다.

A건강식품회사의 C차장은 가끔 혼자 여행을 간다. 가까운 바닷가에 가거나 드라이브를 하면서 머리를 식히고 마음의 여유를 갖는다는 것이다.

가족이 있기에 어렵게 시간을 내야 하지만, 결코 헛된 시간이 아니라 값진 충전의 시간이 된다고 한다. K자동차의 A과장은 삶이 힘들 때마다 다이어리 하나 들고 커피숍에 가서 아무것도 안 하고 충분히 생각을 하고 온다고 한다. 세일즈에 브레이크를 걸고 조용히 혼자만의 시간을 갖는 것이다.

평소 하고 싶었던 일을 취미로 삼거나 성과를 냈을 때 본인에게 상을 주는 것도 좋다. 스스로를 기쁘게 만들어 자꾸만 활력을 불어넣는 것이다. 이처럼 완벽한 휴식이야말로 프로 세일즈맨에 한 발짝 더 다가서는 데 필수 요소라고 할 수 있다.

몇 년 전 미국 하버드대학에서 1만 6천여 명의 세일즈맨을 대상으로 설문 조사를 실시하였는데, 세일즈맨의 성공과 실패를 결정짓는 것은 '심리적인 것'이라는 결과가 나왔다. 즉, 세일즈맨으로서 성공하려면 심리적 자기 경영을 잘해야 한다는 것이다.

슬럼프는 피할 수 없는 통과의례다. 누구에게나 슬럼프는 오게 마련이다. 중요한 것은 감기처럼 찾아오는 이 슬럼프를 어떻게 잘 극복하느냐다. 슬럼프가 쉽사리 당신을 넘보지 않도록 미리미리 현명하게 대처해야 할 것이다.

당신의 후원자는 누구인가?

주말이면 집 근처에 있는 청계산을 자주 찾는다. 늦게 가면 등산객이 많기 때문에 새벽 5시쯤 산에 오른다. 그렇게 가끔 혼자 등산을 하며 복잡한 머리를 정리하고, 새로운 계획도 구상하면서 시간을 값지게 보낸다. 두 손에 꼭 쥐고 있던 세상사를 내려놓고 좋은 공기를 마시며 여유를 가질 수 있으니 좋다. 이렇게 혼자도 좋지만, 때로 지인이나 남편과 함께 등산도 하는데, 힘든 일을 나누거나 의견을 구하는 등 또 다른 의미 있는 시간을 보낼 수 있다.

며칠 전 산에 오르는데 유독 힘이 들었다. 그만 내려갈까 하다가 그냥 참고 올라가는데 뒤에서 남편의 묵묵한 발자국 소리가 들렸다. 남편이 뒤에서 든든하게 버티고 있다는 생각이 들자 다시 힘이 났고, 덕분에 정상에 오르는 기쁨을 누릴 수 있었다. 혼자 올라갔다면 포기했을지 모른다.

2012년 영국 런던올림픽 이후 많은 언론이 금메달리스트에게 향해 있을 때 한 방송에서는 〈노메달리스트〉라는 제목으로 올림픽에서 안타깝게 메달을 따지 못한 선수들에 대한 뒷이야기를 그렸다. 경기에서 진 선수들은 카메라를 마주하는 것조차 경계할 정도로 예민했다. 그들은 공항에서 취재진이나 국민들을 만났을 때, 싸늘한 반응이 돌아올까 봐 겁이 났다고 했다. 하지만 이들을 따뜻하게 안아준 사람이 있었다. 바로 그들의 부모들이었다. 비록 국민들이 기대한 결과를 내지는 못했지만, 올림픽에 출전하기까지 혹독한 연습을 이겨 낼 수 있었던 것은 가족이라는 든든한 버팀목이 있었기 때문이다.

세일즈도 잘되다가 안 풀릴 때가 있다. 산에 오르다가 포기하고 싶거나 최선을 다했지만 원하는 목표를 이루지 못했을 때 주저앉고 싶은 것처럼, 당신도 세일즈에서 한계에 부딪히는 순간 포기하고 싶을 수 있다. 하지만 자신을 믿고 응원해 주는 사람들이 항상 곁에 있음을 느낄 때 우리는 다시 일어설 수 있다.

세일즈라는 직업은 외로운 직업이다. 조직에 속해 있는 정직원일지라도 일인 기업이고 사장이다. 자신만의 목표를 정하고, 혼자 계획을 구상하고 도전하며, 위기에 처했을 때는 혼자 일어서야 한다. 바로 그때 그 외로운 길을 함께 가 줄 수 있는 동반자가 있는가?

그 동반자는 어쩌면 배우자가 될 수도 있고, 동료일 수도 있으며, 친한 친구일 수도 있다. 그리고 어쩌면 고객이 될 수도 있다. 그 험난한 길을 동반자가 함께하기에 넘어져도 툴툴 털어내고 일어설 수 있는 것이다.

K자동차의 K과장은 판매 실적이 좋지 않았다. 결혼하고 아이를 낳은 후에도 가장으로서의 책임감도 크게 느끼지 않고 살아왔다. 그런데 어느 날 우연히 일곱 살이 된 아들의 얼굴을 보고 있자니 '내가 이렇게 살면 안 되는데⋯⋯.'라는 생각이 불쑥 들었단다. 그리고는 아들에게 좀 더 멋진 아빠, 자랑스러운 아빠가 되어야겠다는 생각에 마음을 고쳐먹었단다. 그

는 이전까지는 매사에 게으르고 흐릿하게 생활했지만, 그 후로는 생각을 긍정적으로 바꾸고 진취적인 태도로 인생을 살아야겠다고 다짐했다. 또 세일즈를 하면서 처음으로 판매왕이라는 목표를 세우고 열심히 노력했다. 물론 마음먹은 대로 쉽게 되지는 않았다.

그럴 때마다 그는 매일 아침 아들의 얼굴을 보며 마음을 다잡았다고 한다. 그 덕분인지 그의 판매 실적은 몇 년 지나지 않아 평소보다 두세 배 늘었고, 드디어 올 2014년 2월 회사 판매왕 시상식에 처음으로 가족들이 참석했다. 벌써 열 살이 된 아들이 아버지가 받아온 메달을 보고 그렇게 좋아했다면서 그는 흐뭇해했다. 그는 무척 흥분해 있었고, 눈빛은 반짝였다. 그에게 든든한 후원자는 바로 아들이었을 것이다.

세일즈 현장에 다니다 보면 직원들 책상 위에 놓여 있는 가족 사진을 종종 보게 된다. 유치원에 다니는 아이들이 아빠 힘내시라며 보낸 꼬깃꼬깃하게 접은 카네이션이나 삐뚤빼뚤 쓰인 아이의 편지글도 붙어 있다. 세일즈맨들은 이런 것들을 보고 가족을 생각하면서 힘을 얻는다.

세일즈 멘토를 곁에 두는 것도 좋다. 멘토는 누구라도 상관없다. 평소 존경하는 지인이나 과거의 상사여도 좋다. 힘들 때 전화하면 따뜻한 밥이라도 함께 나눌 수 있고, 당신을 따뜻하게 응원해 줄 수 있는 사람이면 충분하다. 선배 세일즈맨도 좋다. 바쁘겠지만, 이미 당신이 힘들어하는 일들을 겪어 봤기 때문에 자신의 경험담을 들려주며 따뜻한 조언을 해주거나 세일즈 노하우를 알려줄 수도 있다. 선배의 비법을 전수받지 못하더라도 그저 술 한잔 같이 기울여 주는 것만으로도 힘이 되지 않겠는가. 눈을 감고 떠올려 보자. 당신의 후원자는 누구인가?

당신의 용기는 지금 몇 도인가?

K자동차 N과장의 이야기를 해볼까 한다. 어느 날 N과장은 부부로 보이는 두 사람이 전시장 문을 열고 안으로 들어오는 모습을 봤다. 얼굴이 예쁘장하고 외모가 깔끔해 보이던 여자에 비해, 남자는 그냥 후줄근한 점퍼 차림의 모습이었다. 전시장 안으로 함께 들어오지 않았다면 부부라고 생각하기 어려울 정도였다.

그런데 남자의 태도가 사뭇 당당했다. "차 좀 타봅시다."라는 짧은 말과 함께 대답을 기다리지도 않고 문을 열고 타보는 등 은근히 남을 무시하는 태도였다. N과장은 타사 차와 비교해 그 차의 장점을 열심히 설명했지만, 수긍하는 여자와는 달리 남자는 냉담한 표정이었다. 그래도 그는 연락처를 받아 내려고 애를 썼지만 끝내, 남자는 알려주지 않았다. N과장은 어떻게든 대화를 이어 나가고 싶었기에 개인적인 이야기를 조심스레 물어봤다.

"혹시 의사 선생님 아니십니까?"

차를 당당하게 타는 모습도 그렇고 꾸미지 않은 외모, 동행한 여자의 분위기로 보아, 짐작건대 영업소 부근에 있는 병원 원장이라는 느낌이 들었다. N과장의 예상이 적중하자 남자는 조금 놀랐는지 부근의 개업 의사라고만 말할 뿐 절대 병원 이름은 알려주지 않았다.

다음 날 N과장은 주변 병원을 수소문해 그가 ○○피부과 원장임을 알고는 인사를 하러 갔다. 그리고 두 달, 40여 회 가량 그 병원을 드나들며 간단한 판촉물과 홍보 전단을 전해 주었다. 처음에는 잡상인 취급을 하던 그 피부과 원장이 조금씩 마음을 열기 시작했다. 다시 두 달쯤 되자 그 피부과 원장은 N과장을 불러 자신의 속내를 들려주었다.

"제가 의사가 되기까지 어머니께서는 학습지 판매를 하면서 나를 키웠습니다. 학습지 판매로 의대까지 가르치기 힘드셨을 텐데……. N과장이 이렇게 밤낮으로 열심히 영업하는 모습을 보자니 어머니 생각이 많이 났습니다. 두 달 동안 이렇게 계속 찾아오는데 내가 차를 안 사주면 나쁜 사람 아닙니까?"

결국 그 피부과 원장은 N과장에게서 차를 구입했고, 그 후에도 친한 병원장들을 꾸준히 소개시켜 주어 그 인연이 지금까지 이어지고 있다. 한 번의 만남을 가볍게 여기지 않고 정성을 들여 소중한 인연으로 만들었기에 이런 결과가 가능했으리라.

2012년 필자는 「자동차 영업 사원의 영업 역량이 성과에 미치는 영향」이라는 주제로 논문을 발표했다. 국내외 유수의 기업들은 경쟁력 강화와 판매 실적 향상을 위하여 영업 사원의 핵심 역량을 찾아내어 그에 근거한 교육 프로그램을 실시하고 있다. 자동차의 경우, 광고를 보거나 인터넷에서 제품에 대한 정보를 얻으며 구매를 환기하지만, 그다음에는 영업 사원과 대면하여 제품 구입을 고려한다. 즉, 제품도 좋아야겠지만 영업 사원의 특성 및 영업 기술, 경쟁력 등이 실질적 구매에 상당한 영향을 미친다. 자동차는 충분한 고민을 한 후에 구입을 결정하는 고관여 제품이자 고가의 제품이기에, 타 제품과 달리 인적 판매 요소, 즉 영업 사원에 대한 의존도가 높다.

스펜서앤드스펜서는 영업 사원에게 필요한 역량을 다음과 같이 12개로 압축했다. 그 12가지 역량이란 영향력, 성취 지향성, 주도성, 대인 이해, 고객지향성, 자신감, 관계 형성, 분석적 사고, 개념적 사고, 정보 수집, 조직 인식, 전문성 역량이다. 이들 역량은 회사 및 제품에 따라서 상호 비중이 달라질 수 있다.

300여 명의 고성과 및 평균 성과자, SELF 및 관리자 평가, 즉 180도 평가를 통해 얻어낸 K자동차의 고성과 영업 사원의 핵심역량은 바로 주도성이었다. 영업 사원에게 주도성은 반복해서 시도하고 오랜 시간을 투자하며, 은근과 끈기의 형태로 나타나고, 거절을 당해도 포기하지 않는 것이다. 또한 기회를 잘 포착하거나 경쟁자의 위협에 즉각적으로 대응하거나 업무 규정에서 요구하는 것보다 더 많은 일을 해 나가는 모습으로 발휘되곤 한다. 즉, 유능한 세일즈맨은 주도성 역량이 높은 것이다.

세일즈를 통한 판매수수료 수입으로만 일 년에 10만 달러 이상을 버는 수백 명의 초일류 세일즈맨들의 공통점을 조사해 보면, 그들을 일반 세일즈맨들과 구별 짓는 흥미로운 공통점을 발견할 수 있다. 초일류 세일즈맨들과 일반 세일즈맨들의 가장 두드러진 차이는 바로 '용기'다. 『리치마켓 1』을 쓴 토머스 J. 스탠리는 책속에서 '주도성'을 '용기'와 같은 의미로 표현했다. 그렇다면 용기, 즉 주도성이 있는 세일즈맨은 고객을 어떻게 응대할까?

가중치	역량	행동양식
* * * * * * * * * *	영향력	• 고객의 신뢰를 구축한다 • 고객의 이슈와 관심에 주목한다. • 간접적인 영향력을 행사한다. • 자신의 말과 행동이 불러오는 효과를 예측한다.
* * * * *	성취 지향성	• 도전적이고 성취 가능한 목표를 세운다. • 시간을 효율적으로 사용한다. • 고객의 사업을 발전시킨다. • 잠재적인 이익의 가능성에 초점을 둔다
* * * * *	주도성	• 집요하다, 쉽게 포기하지 않는다. • 기회를 포착한다. • 경쟁자의 위협에 잘 대처한다.
* * *	대인 이해	• 비언어적 행동을 이해한다. • 타인의 태도, 의미를 이해한다. • 타인의 반응을 예측한다.
* * *	고객 지향성	• 고객의 요구를 충족시키기 위해 가외의 노력을 기울인다. • 고객의 잠재된 욕구를 발견해서 충족시킨다. • 사후 관리를 잘한다. • 믿을 만한 조언자의 역할을 한다.
* * *	자신감	• 자신의 능력을 믿는다. • 도전을 받아들인다. • 낙관적이다.
* *	관계 형성	• 일과 관련된 친분 관계를 유지한다. • 네트워크를 잘 형성하고 잘 활용한다.
* *	분석적 사고	• 장애를 예상하고 대비한다. • 다양한 설명거리나 계획을 생각해 둔다.
* *	개념적 사고	• 나름대로의 규칙을 적용한다. • 현재와 과거의 유사점을 인식한다.
* *	정보 수집	• 다양한 출처에서 정보를 획득한다.
* *	조직 인식	• 고객의 조직이 움직이는 방식을 이해한다.
최소요건	전문성 역량	• 제품과 서비스에 관련된 기술과 지식을 가지고 있다.

*출처: Spencer & Spencer(1993)

첫째, 그들은 절대 가만히 앉아서 고객을 기다리지 않는다. 어떻게든 고객을 만나러 뛰어나간다. 고객이 자신을 찾아오면 팔고, 아니면 말고가 아

니다. 또한 낯선 고객과의 만남도 즐긴다. 간절한 목표도 한몫한다. 그들
은 반드시 목표를 달성해야 하므로 지체할 시간이 없다. 아침 일찍부터 그
날 만날 고객들을 준비한다. 고객 관리를 꼼꼼하게 하며, 신규 방문도 게
을리하지 않고 주기적으로 해 나간다.

둘째, 그들은 고객과 단 한 번의 만남으로 끝내지 않는다. 그렇다면 고
객과의 판매 계약을 성사시키기 위해 적어도 몇 번을 만나야만 할까? 관
련 조사에 따르면, 평균 5회 이상 고객을 방문해야 계약이 성사된다는 결
과가 나왔다.

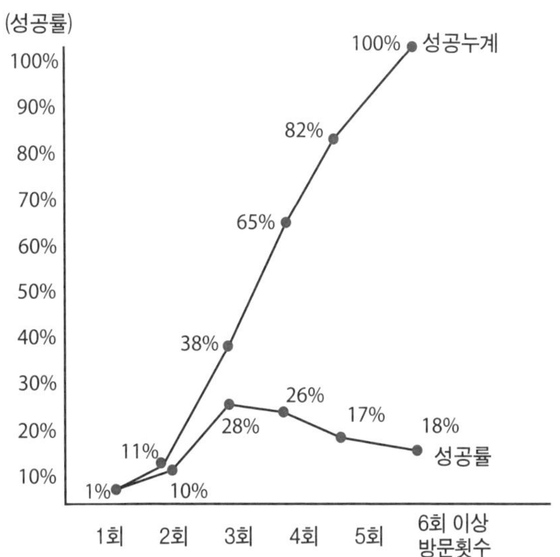

고객을 한 번 방문하면 계약 성공률은 1%다. 2회는 10%, 3회는 28%,
4회는 26%, 5회는 17%, 6회 이상은 18회%라고 한다. 이를 누계로 환산
해보면, 방문을 많이 할수록 계약 성공률은 점점 높아진다. 대부분의 세일

즈맨은 1~2회의 만남으로 방문을 포기한다. 5회 이상 방문하는 세일즈맨은 12%에 불과하다고 한다.

앞에서 언급했던 N 과장은 40여 차례 이상 고객을 방문했다. 고객마다 세일즈맨의 계약 제안을 수락하는 시점이나 계기는 각각 다르지만, 진심을 담아 계속 고객의 문을 두드린다면 언젠가는 그 문이 활짝 열릴 것이다. 비록 문이 열리려는 순간 닫힌다 해도 최선을 다했다면 상처받지 말고 한 번 더 두드려보기 바란다.

셋째, 능동적인 자세로 상담한다. 주도적인 세일즈맨은 "고객님께서 보시고 궁금한 게 있으면 언제든 물어보세요."라고 말하거나 "그럼 둘러보세요."라고 말하고는 자리에 앉지 않는다. 그들은 자기 회사의 제품에 대해 자신 있게 설명하고 앞장서서 적극적으로 제품 시연을 권유한다. 고객보다 항상 앞서 나가며, 고객이 묻기 전에 먼저 제품에 대해 소개한다. 그들은 항상 고객과의 만남이 준비되어 있으며, 고객의 이야기를 적극적으로 경청한다. 그래서 상담은 항상 능동적인 자세를 유지하며, 활기가 넘친다.

넷째, 계약 권유에 적극적이다. 제품에 대해 열심히 상담한 후, "고객님, 오늘 결정하시죠?", "웬만하시면 지금 이 자리에서 결정하시죠."라며 적극적으로 계약을 권유한다. 그들은 계약 타이밍을 쉽게 놓치지 않는다. 고객에게 생각할 틈을 주지 않는 것이다. 고객의 입에서 "아니, 오늘은 계약이 어려울 것 같아요.", "일단 브로슈어만 주세요."라는 거절의 말이 나올지라도 그 말을 곧이곧대로 받아들이지 않는다. 무조건 "그러니 오늘 계약하셔야 해요!"라며 계속해서 고객에게 지금 당장 구매할 것을 설득한다.

다섯째, 경쟁에서 지지 않는다. 그들은 고객이 갈등하는 상황에서 고객을 설득할 포인트를 찾아 그들의 마음을 돌려 놓는다. 고객은 세일즈맨을 처음 만날 때 감정 통장을 만든다. 세일즈맨에게 신뢰를 느낄 때는 입금을, 실망스러울 때는 출금을 한다. 그리고 최종 잔액이 두둑해졌을 때 비로소 제품을 구입한다. 제품을 소개하는 데 열정도 없고, 고객 관리도 느슨하고, 늘 실수투성이인 직원에게서 고객이 제품을 구입하겠는가.

고객은 주도적인 세일즈맨을 절대적으로 신뢰한다. 고객에게 친절하게 인사하고, 적극적으로 자신을 소개하며, 고객의 이야기를 경청하고 그들의 질문에 성의껏 대답하며, 적극적으로 제품에 대해 설명하는 세일즈맨을 고객은 절대 외면하지 않는다.

그러니 세일즈맨이여, 용기 있게 세일즈하라!

매력적인 직업, 세일즈를 즐겨라

세일즈는 젊은이들이 여전히 기피하는 직업 중 하나다. 아무래도 고객과의 관계에서 을의 입장이 될 수밖에 없고, 때론 싫은 소리도 들어야 하니, 젊은이들이 '3D 직종'이라고 생각할 만도 하다. 또한 실적으로 인한 스트레스도 그들이 세일즈를 기피하는 이유 중 하나다. 아울러 판매 과정에서 정도를 지키지 않고 상도에 어긋난 일부 세일즈맨들의 행태도 세일즈라는 직업을 부정적으로 만든다.

하지만 세일즈는 매력적인 직업이다. 세일즈는 단순히 판매만 하는 직업이 아니다. 고객의 니즈에 정확한 정보와 지식을 제공하고, 최고의 솔루션을 제안하여 현명한 구매를 돕는 컨설팅 활동이다. 단순 판매직이야 신원을 모르는 불특정 다수에게 일회성으로 판매하지만, 세일즈는 그렇지 않다. 고객을 발굴해서 설득해야 하고, 계약한 이후에도 관계를 잘 유지해서 추가 판매나 소개 판매를 유도해야 한다. 어떻게 보면 매우 과학적인 행위다. 세일즈를 단순직이라고 인식한다면 당연히 직업에 대해 자부심이 없어서 부정적으로 생각할 수밖에 없다.

마케팅 전문가인 김재환 박사는 영업 및 마케팅 분야는 소비자들의 목소리를 가장 가까이서 듣는 위치이기 때문에, 소비자들이 원하는 것을 파악하는 능력을 기를 수 있어 CEO로 성장하는 데 크게 도움이 된다고 말했다. 잘 다져진 세일즈 스킬과 고객 지향 마인드는 타 분야 제품을 세일즈하거나, 자영업과 같은 타 직종으로 전향했을 때도 확실한 경쟁력이 된다. 또한 세일즈를 하며 만난 고객과 탄탄한 신뢰 관계가 형성되면 혹시 나중에 당신이 다른 어떤 일을 하든 간에 그들은 기꺼이 한 번 더 당신의 고객이 되어 줄 것이다. 흔히 "세일즈에서 성공한 사람은 다른 분야에서도 성공한다."는 말을 많이 한다. 그만큼 세일즈는 쉽지 않지만 매력적인 일이다.

세일즈가 물론 무척 힘들 수도 있다. 세일즈 스킬도 없고, 확보된 고객 리스트도 없고, 행여나 고객을 만나도 어떤 이야기부터 해야 할지도 모른다면 말이다. 또한 당신은 회사의 정기적인 교육이나 선배들이 시키는 대로 명함을 걷어 와도 수입이 얼마 되지 않으면 막막할 것이다. 하지만 인내심을 가지고 목표를 향해 한 명씩 고객을 확보하다 보면 어느 순간 고객들이 또 다른 고객을 소개해 줘 예상치 못한 실적을 올릴수도 있다. 이것이 바로 세일즈다.

물론 무작정 도전한다고 해서 또는 시간이 흘러 경력이 쌓인다고 해서 실적이 오르는 것은 아니다. 분명한 목표를 세우고 그것을 달성하기 위한 수많은 땀방울이 전제되어야만 한다. 고객을 열심히 찾아다니고 그들에게 만족감을 주고, 끊임없이 자기 계발을 하고, 넘어져도 계속해서 다시 일어선다면 좋은 날은 반드시 온다. 세일즈는 매우 정직하기 때문이다. 이것이 세일즈가 매력적인 두 번째 이유다.

필자는 세일즈 중간 관리자로 10년 이상 일했다. 세일즈맨들이 잘할 수 있도록 지원해 주고, 본사와의 가교 역할을 해 주며, 세일즈맨들의 실적 관리와 동기 부여 등을 하는 것이 나의 임무였다. 또 신입 세일즈맨이 들어오면 잘 적응할 수 있도록 교육하고, 업무 지시도 했다. 처음에는 마냥 어수룩하고, "선배님, 선배님." 하며 따라다니던 신입 직원들이 세일즈에 어느 정도 적응하고, 실적이 차곡차곡 쌓이면 서로의 입장이 뒤바뀌는 순간이 온다. 그들이 어느 순간 필자보다 직급도 더 높아지고 연봉도 더 많이 받는 것이다.

아마 세일즈 조직에 있는 관리직들은 이런 이야기에 대개 공감할 것이다. 이럴 땐 기분이 좋기도 하지만, 왠지 모르게 아쉬움이 들기도 한다. '나도 직종을 변경해야 하나?' 하고 잠시 고민하게 될 때도 있다. 이렇듯 열심히만 한다면 세일즈 분야는 다른 직종보다 수입도 많이 올릴 수 있고, 고속 승진도 가능하다. 자신이 노력한 만큼 보상을 받게 마련이다. 물론 열심히만 한다면 말이다.

『죽기 살기로 3년만』의 저자 신동일 씨는 8년간 잘 다니던 대기업을 관두고 자동차 세일즈맨으로 전향했다. 자동차 세일즈라는 그의 도전이 쉽지만은 않았다. 그러나 그는 포기하지 않고 5개월 동안 수백 통의 전화 영업을 하고 3년간 휴일과 휴가를 반납하고 최선을 다한 결과 '벤츠의 최고 판매왕'이 되었다. 판매왕이 된 뒤 그는 "죽기 살기로 3년만 미치면 어떤 일이든 그 일의 언저리에라도 미칠 수 있을 것."이라고 말했다.

세일즈는 미치지 않으면 안 된다. 열심히 하는 사람은 즐기며 하는 사람을 당하지 못하고, 즐기며 하는 사람은 미쳐서 하는 사람을 당하지 못한다고 하지 않는가!

『우찌하모 잘되노』라는 책의 저자 하석태 씨는 이렇게 미쳤다고 한다.

"영업 초기에 나는 언제 어디서 누구를 만나든 보험 이야기를 꺼냈다. 그런 나를 보고 친구들은 술자리에서 술맛 떨어지니 그만하라며 무안을 주기도 했다. 그렇게 일 년을 미치니 사람들은 나를 보고 부담스럽다고 했다. 나를 보면 도망가는 사람도 있었다. 2년을 미치니 대단하다며 인정하기 시작했고, 3년을 미치니 프로라며 주위 사람들에게 나를 소개시켜 주기 시작했다. 그렇게 5년을 미치니 나는 소위 말해 출세했다는 말을 듣게 되었다. 나는 가망 고객을 만들기 위해 일요일엔 절과 성당을 동시에 다녔고, 꿈과 사랑을 주는 보험 설계사라는 명찰을 양복에 달고 다니기도 했으며, 계약을 체결하지 못하면 밥을 먹지 않겠다고 결심하고 열흘 동안 빵과 라면만 먹으며 지낸 적도 있었다. 과연 미쳤다는 소리를 들을 만도 하지 않은가? 영업 초기에 '백일기도'를 올리는 심정으로 백일이라는 데드라인을 정한 적이 있었다. 백일이라는 한시적인 시간을 정하고, 계약을 위해서는 나 자신은 물론이고 영혼까지 팔겠다는 다짐을 했던 것이다. 지금 생각해도 그때 나는 완전히 미쳐 있었다."

무슨 일이든지 다 그렇겠지만 세일즈는 정말 발만 살짝 들여놔서는 안 된다. 온몸과 마음을 세일즈에 담아야 한다.

세일즈는 반드시 자기 자신과의 싸움에서 이겨야만 승산이 있고, 남이 하는 만큼만 하는 것이 아니라 남들보다 몇 배 더 노력하고 결실을 맺을 때 성공할 수 있다. 신동일 씨처럼 판매왕들의 성과는 피땀과 피눈물을 흘려가며 일궈낸 열매인 것이다.

아직도 세일즈가 하찮은 일이라고 생각하는가?

그렇다면 이렇게 생각해 보자. 당신은 세상에 세일즈가 아닌 일이 있다고 생각하는가? 지방의 군수도 관내 특산물을 홍보하고, 연예인 매니지먼트사 대표도 자기 회사 소속 가수를 세일즈하며, 대통령도 외국에 가서 우리나라를 세일즈한다.

대니얼 핑크는 신작 『파는 것이 인간이다』에서 "모든 사람들이 세일즈맨이다."라고 주장한다. 직업상 세일즈맨이 아니더라도 인간은 모두가 '실제 판매되지 않은 일종의 판매'를 하고 있다는 것이다. 세일즈는 더 이상 하찮은 직업이 아니다.

세일즈맨은 다음 네 가지 부분에 대한 자부심이 있어야 한다.

첫째는 자신이 몸담고 있는 조직에 대한 자부심이다. 회사를 불신하는 세일즈맨이 어떻게 자신 있게 고객 앞에 나설 수 있겠는가? 혹시 부당한 대우, 이해할 수 없는 정책 등에 불만이 있더라도 당장 본인의 힘으로 바꿀 수 없는 것이라면 잠시 잊고 회사의 좋은 면을 보도록 노력해야 한다.

둘째는 제품에 대한 자부심이다. 당신이 판매하는 제품이 비록 단점이 있더라도 장점을 파고들어 고객에게 제품의 장점을 어필해야 한다. 당신 스스로 인정하지 않는 제품으로 고객을 설득시킬 수는 없기 때문이다.

셋째는 당신 자신에 대한 자부심이다. 당신이 실적을 제대로 낼 수 없다거나 고객 상담을 잘하지 못한다고 해서 스스로를 불신한다면 당연히 고객도 당신을 신뢰할 수 없다. 고객은 당신이 스스로를 어떻게 대우하는지 그 누구보다도 직감적으로 알아챈다.

마지막으로 중요한 네 번째는 바로 세일즈라는 직업에 대한 자부심이다. 당신은 세일즈맨으로서 긍지와 자부심을 느끼는가? 이 질문에 긍정적으로 답할 수 없다면 당장 눈앞의 실적보다 어떻게 하면 자부심을 채워 나갈지를 먼저 진지하게 고민해야 한다. 그런 후에 세일즈를 즐기면 된다.

ING생명 최형준 FC

1. 자기 소개를 부탁합니다.

현재 ING생명 ING-CENTER 최강지점에서 근무하고 있으며, 주로 종신보험, 연금, 변액보험 등의 생명보험 파트와 손해보험 등의 보험 상품을 취급하고 있습니다. 2005년 충청지역에서 월납 보험료 최우수직원에게 주는 ING CONVENTION GOLD에 선정되었고, 2006년 ING CONVENTER BLONZE에 이어 2004년부터 2008년 MDRT의 자리에 올랐습니다.

2. 세일즈를 하면서 가장 보람된 점은 무엇인가요?

보험에 가입할 때는 고민하며 우여곡절 끝에 가입한 고객이, 막상 사고 등으로 인해 보험금을 청구하거나 만기 이후 연금 수혜를 받았을 때, 고객에게서 고맙다는 전화가 올 때 기쁩니다. 설명도 잘해주고, 적절한 보험 종목을 선택해 준 것에 고마워합니다. 때로는 실적 1건을 위해 열심히 제품을 설명하다가 어느 순간 이런 고객들이 점점 많아지면서 책임감을 갖고 임하게 되었습니다. 때론 고집을 피우면서까지 고객에게 권유를 하기도 합니다. 언젠가는 고마워 할 그때를 기다리며.

3. 상담 시 특히 주의하는 것이 있다면요?

시간 약속을 철저히 지키려고 노력합니다. 고객에 대한 기본 예의이고, 고객을 향한 마음가짐의 표현이기 때문입니다. 때로는 고객이 상담을 연기하거나 취소하더라도 끝까지 고객의 일정이나 의사를 존중합니다.

4. 영업을 하는 자신의 성격에서 장점과 단점, 그리고 극복방안은?

장점이라면 일상의 대화에서도 재무적인 현상을 파악하고, 문제점 등을 자연스럽게 제시하며, 해결안을 제시하는 것을 들 수 있습니다 무언가를 사고하여 판단하는 것에 무척 흥미를 느낍니다. 어떤 고객은 보험 영업을 하기에 성격이 딱 맞다고 칭찬도 해 주십니다. 단점이라면 성격이 그다지 활달한 편이 아니라서 앞에 나서는 것을 좋아하지 않는다는 것입니다. 안 그러려고 하는데 인상이 조금 차갑게도 느껴진다는 얘기도 많이 들었습니다. 그래서 먼저 고객에게 다가가려고 노력하고 가능한 많이 웃으려고 노력합니다.

5. 영업을 하면서 가장 힘이 되는 분이 있다면?

영업 초기에는 SM팀장. BM지점장 및 선배 FC 들에게 많이 도움을 받았습니다. ING는 조직력과 결속력이 매우 강한 회사입니다. 후배의 성공을 위해 아낌없는 지원을 하는 문화를 가진 회사이며, 이런 점이 영업 초기 그것도 보험 영업의 초짜인 저에게는 상당한 도움과 든든한 버팀목이 되었습니다. 지금은 받은 사랑을 후배에게 나눠 주려고 노력하고 있습니다.

6. 하루는 어떻게 보내나요?

출근은 8시에 합니다. 하지만 영업의 성격상 동선이 유리한 쪽으로 움직이기 때문에 사무실 출근은 유동적입니다. 대개 7시에서 8시 사이에 활동을 시작합니다. 현재 팀 소속이 아닌 지점 직할로 활동하기 때문에 특별히 아침 미팅은 없습니다. 지점 공문 등 공지 사항이나 활동 보고 등은 회사 메일을 통해서 합니다. 최대한 고객을 많이 만나기 위해 밖에 많이 있는 편입니다.

7. 세일즈와 교육의 상관관계에 대해 어떻게 생각하세요?

세일즈와 교육은 밥과 반찬의 관계입니다. 항상 같이 하지 않으면 안 됩니다. 편식과 영양 실조로 결국은 어느 것도 살 수 없기 때문입니다. 세일즈를 하면서 현장에서 다양한 경험을 쌓고, 부족한 부분은 교육으로 채워야 합니다. 교육은 세일즈에 영양분을 제공하는 식물의 뿌리와 같습니다. 저는 강의를 많이 하는데 FC로서 현장 경험과 이론을 겸비한 덕에 좋은 교육을 할 수 있었습니다.

8. 전화 상담 시 주의하는 것에는 어떤 것이 있나요?

저는 비록 대면을 하지는 않지만, 고객이 옆에 있다고 생각하고 통화를 합니다. 그러다보면 자연스레 손짓을 하는 경우가 많아서 동료들이 놀릴 때도 있습니다. 저는 목소리가 좋은 편은 아니지만, 최선을 다해서 집중하고 고객의 숨소리까지 듣고자 노력합니다. 보험은 고객 스스로 원하는 경우가 많지 않아서 고객의 말 한마디와 숨소리 하나까지 기억해서 신중하게 상담해야 계약으로 연결되기 때문입니다.

9. 자신을 위한 투자는 어떻게 하세요?

피부 관리 등 외모에 큰 투자를 하지는 않습니다. 있는 옷을 깨끗이 다려 입고, 단정한 외모를 유지하려고 노력합니다. 저는 포상으로 유럽이나 동남아 여행을

많이 다녀왔습니다. 아마 10회는 넘는 것 같습니다. 그때가 유일하게 나 자신을
위해 투자하는 시간인 것 같습니다. 아내와 두 자녀를 동반한 경우에는 더욱 의
미가 있었습니다. 가진 것을 쏟아 붓기만 하면 에너지는 고갈되기 마련입니다.
채워야 열심히 뛸 에너지가 만들어집니다. 그래서 그런 시간을 되도록 많이 가
지려고 하고 있습니다.

10. 불만 고객이 진성고객이 된 사례가 있나요?

그런 사례는 많습니다. 일단 고객의 얘기를 잘 들어주는 것이 중요합니다. 끝
까지 경청하는 것, 이것이 바로 비법이라고 할 수 있습니다. 고객의 이익을 위해
노력하면, 고객은 마음을 돌릴 수밖에 없습니다. 그러면 고객은 얘기를 하면서
저의 공감에 어느 정도 나쁜 감정이 사그라지게 됩니다. 그런 애틋한 시간을 나
눈 고객일수록 나중에는 더 친해지기 마련입니다.

11. 세일즈를 무엇이라고 생각하세요? 그리고 향후 계획과 목표는?

세일즈는 고객의 웃는 모습을 보는 것입니다. 보험은 인간이 많든 최고의 상
품입니다. 의료비는 아내나 남편, 자식보다도 자신을 끝까지 지켜주는 수호신
이며, 연금 또한 인생을 마감하는 최후의 순간까지 경제적인 동반자가 됩니다.
그리고 종신보험의 사망보험금은 배우자와 자녀들에게 가장 강력한 사랑의 유
언이 됩니다. 이런 몇 가지 확신들이 바로 제가 보험 영업을 계속하는 이유입니
다. 앞에서 언급했듯이 고객에게 고맙다는 말을 듣는 것. 이것이 이 일의 명분이
며 보람입니다. 영업 인생 13년차를 지나는 시점에서 영업 목표는 고객에게 맞
추어지고 있습니다. 즉 고객을 많이 늘리고, 기존 고객의 만족도를 높이고, 고객
을 자주 방문하고, 고객의 목소리를 많이 듣는 것이 목표입니다. 개인적인 목표
는 화려한 성과보다는 내실을 기하는 것입니다. 힘들더라도 원칙을 지키고, 보
험 문화가 자리를 잡는 데 작은 기여를 하고 싶습니다.

제2장
당신만의
이미지를 창출하라

첫인상도 전략이다

"보기 좋은 떡이 먹기도 좋다."는 속담을 한 번쯤은 들어봤을 것이다. 예쁘고 잘생긴 외모가 곧 힘인 요즘 세상에 고개를 끄덕이게 하는 말이다. 대부분의 사람은 본능적으로 단정하고 깔끔한 인상을 주는 사람에게, 더 호감을 갖기 마련이다. 남들에게 호감을 주는 외모란 어떤 것일까? 여기에는 그 사람의 얼굴이나 신체적인 매력 정도는 물론 위생적인 측면과 패션 감각 등 복합적인 요소가 작용한다. 이런 것들이 조화를 이룰 때 다른 사람들에게 좋은 인상을 줄 수 있다.

세일즈맨의 경우는 어떨까? 세일즈맨도 얼굴이 잘생기거나 예뻐야만 세일즈를 하는 데 유리할까? 당신의 생각은 어떤가?

그렇다면 세일즈맨을 상대하는 고객의 심리는 어떨까? 제품을 구매할 때 고민이 많이 필요 없는 저관여 제품이나 저렴한 편의품을 살 때 세일즈맨의 외모는 고객의 구매 결정에 큰 영향을 미치지 않는다. 다른 대부분의 경우와 마찬가지로 빼어난 용모는 손해될 것이 없다. 만약 패션 분야나 디자인이 중요한 제품을 판매하는 경우라면 준수한 외모가 좀 더 유리할 수 있다. 하지만 고가의 제품이나 많은 측면을 고려하여 구매를 결정해야 하는 고관여 제품의 경우는 상황이 달라진다. 출중한 용모의 세일즈맨을 처음 만났을 때는 별다른 생각이 안 들 수도 있지만, 구매를 최종으로 결정해야 할 때는 다음과 같은 고민에 빠질 수 있기 때문이다.

'저렇게 잘생긴 직원이 과연 제품에 대해 제대로 알까?'

'저 세일즈맨이 과연 사후 관리를 꾸준히 잘해 줄까?'

이처럼 세일즈맨의 빼어난 용모가 고객에게 오히려 부담으로 작용해 쉽게 신뢰감이 생기지 않을 수도 있다. 요컨대 얼굴이 못생겼다거나 외모에 자신이 없다고 해서 절대 낙담할 필요가 없다는 뜻이다. 외적인 것은 얼마든지 매력적으로 변화시킬 수가 있다. 패션 감각을 길러 옷을 멋지게 입는다든지, 환하게 미소 짓는 연습을 열심히 해서 좋은 인상을 준다든지 후천적으로 얼마든지 보완이 가능하다. 오히려 후천적으로 노력해서 만들어진 자신만의 외적 매력은 플러스 요인이 될 수도 있다.

특히 사람들의 인상을 결정짓는 중요한 요인 중 하나가 바로 패션 감각이다. 그중에서도 자신에게 어울리는 옷을 어떻게 입느냐는 그 사람의 패션 감각을 알아보는 바로미터가 되곤 한다. 옷은 사람들의 첫인상을 형성하는 데 큰 영향을 미치고, 동시에 개인의 직업이나 소속을 나타내는 역할도 한다.

바꿔 말하면, 세일즈맨은 자신이 어떤 사람이고, 어떤 일을 하며, 어떤 제품을 판매하는 사람인지를 옷을 입는 스타일에서 표현할 수 있어야 한다. 우리나라의 전통 의상을 판매하는 사람이 영어가 찍힌 티셔츠를 입고 있다면 고객에게 신뢰감을 줄 수 있겠는가. 따라서 당신은 세일즈맨에게 맞는 이미지메이킹을 해야 한다.

예를 들어, 세일즈맨이 다음과 같은 모습이라면 어떨까?

- 굵은 금목걸이와 팔찌를 두르고 있다.
- 막 미용실에 다녀온 듯한 뽀글이 파마를 하고 있다.
- 주름이 자글자글한 바지를 입고 있다.
- 먼지가 수북이 쌓인 구두를 신고 있다.
- 머리카락이 흰머리 투성이다.
- 커피 자국이 그대로 방치된 넥타이를 매고 있다.

과연 이런 모습의 세일즈맨을 고객들이 처음 만난다면 어떻게 느낄까? 앞으로 거래를 해도 괜찮을지 고민할 것이다. 무엇보다도 첫인상의 효과는 매우 강력하다. 심리학에 '앵커링 효과'란 것이 있다. 이는 어떤 값을 추정할 때 초기 값에 근거해서 판단하게 된다는 것, 즉 처음에 각인된 정보가 중요한 기준이 되어 전체적인 판단에 영향을 미치게 된다는 것을 의미한다. 누군가의 첫인상을 결정짓는 데는 불과 몇 초면 된다. 그런데 이 첫인상은 이후에 그와 관련한 판단을 내리는 데 지대한 영향을 미친다.

그렇다면 고객이 앞에서 언급한 모습의 세일즈맨을 만났다면 어떨까? 결과는 뻔하다. 고객은 세일즈맨의 형편없는 모습 그대로 그를 평가할 것이다. 혹여나 그 세일즈맨의 역량이나 내공이 상당하더라도 고객의 인식을 긍정적으로 바꾸기까지는 상당한 노력과 시간을 할애해야 할 것이다.

미국 캔자스 주립대학에서 정장과 평상복 차림을 한 세일즈맨의 실적을 분석해 보았더니 7 : 3으로 정장 차림을 한 세일즈맨의 실적이 높았다고 한다. 어떤 옷을 입느냐가 세일즈맨은 물론 고객의 생각과 행동, 실적에까지 영향을 미침을 단적으로 알 수 있는 대목이다. 세일즈맨의 외모는 그 자체로 월등한 경쟁력이 될 뿐만 아니라 세일즈맨 자신의 마음가짐이나 태도에도 보이지 않는 힘을 발휘한다. 물론 무더운 여름에 꼬박꼬박 흰색 와이셔츠에 넥타이까지 갖추기란 쉬운 일이 아니다. 하지만 그런 불편쯤은 감수할 수 있어야 진정한 프로가 아닐까?

삼성생명에서 10년 연속 판매왕을 차지한 예영숙 씨의 이미지메이킹 전략은 그야말로 남다르다. 그녀는 고객을 만날 때마다 상황에 맞는 옷으로 바꿔 입기로도 유명한데, 그 때문에 그녀의 차에는 코디가 동승하거나 수십 벌의 옷이 걸려 있는 등 웬만한 드레스 룸을 방불케 한다고 한다. 당신은 비록 코디나 드레스 룸은 갖추지 못할지언정 자신만의 이미지메이킹 전략을 세우고 적용할 필요가 있다.

이미지메이킹을 한다고 해서 명품 넥타이를 매거나 고가의 옷을 사서 치장하라는 게 아니다. 또 최신 유행에 지나치게 민감하거나 각양각색의 패션 아이템을 착용하라는 것도 아니다. 다만, 당신의 외모로 인해 고객이 신뢰감과 친밀감을 느낄 수 있고, 당신이 판매하는 제품에 설득력이 더해지면 족하다.

패션 아이템을 활용하라

1. 패션에 색의 심리를 이용하라

『써먹는 심리학』이라는 책을 보면 색채를 어떻게 활용하느냐에 따라 상대방이 받아들이는 심리가 달라진다고 한다. 다음과 같은 색채 심리를 패션에 접목해 의사 소통의 도구로 활용해 보자.

- 붉은색 : "관심받고 싶어요.", "주목받고 싶어요.", "활동적이에요."
- 분홍색 : "다정히 대해 주세요.", "지켜주세요.", "행복해요."
- 파란색 : "믿음직스러워요.", "문제를 해결해요."
- 흰색 : "귀 기울여 들어요.", "솔직하고 수수해요.", "성실해요."
- 검은색 : "내 말을 들으세요.", "난 잘못이 없어요.", "달아나고 싶어요."

감색 슈트는 파란색 계열이기 때문에 믿음직하고 성실한 이미지를 고객에게 줄 수 있다. 국회의원, 기업 CEO, 앵커들과 아울러 세일즈맨들이 가장 많이 입는 슈트 색이라고 해서 이 색을 'success blue'라고도 한다. 더욱이 감색은 동양인에게 잘 어울리는 색이기도 하며, 패션 감각이 없는 사람도 깔끔한 이미지를 연출할 수 있다. 파란색 넥타이도 세일즈맨에게 추천할 만하다.

분홍색은 자칫 가벼워 보일 수 있는 단점도 있지만 고객에게 호의적으로 다가가야 할 때나, 부드럽게 소통해야 하는 순간에 유용하다. 이렇듯 상황에 따라서 색을 잘 활용하면 자신의 이미지를 새롭게 메이킹하거나 보완할 수 있다

◆ 고객을 밀쳐내는 색, Black

검은색과 감색 슈트는 색깔에 있어 큰 차이는 없지만 고객이 받는 인상은 매우 다르다. 검은색은 조심스러운 색이다. 친근하게 다가가야 할 고객에게 자칫 딱딱하고 날카롭게 보여 고객을 밀쳐낼 수 있다.

경호원이나 보안업체 직원들이 가장 많이 입는 슈트 색이 바로 검은색이다. 검은색은 주변을 경계하거나 위엄을 보여야 할 때 그 효력을 발휘한다. 따라서 슈트는 물론 와이셔츠나 넥타이도 가능하면 검은색을 피하라. 단, 여성은 부드럽고 연약한 이미지를 보완해 줄 수 있으므로 남성 세일즈맨에 비해 크게 위험 부담은 없다.

◆ 셔츠의 정석, White

셔츠는 많은 색깔이 있지만 뭐니 뭐니 해도 흰색 셔츠를 강력 추천한다. 흰색 셔츠를 입어야 하는 이유로는 크게 세 가지가 있다. 첫 번째로, 패션 감각이 좀 떨어지고, 어떻게 매치해야 할지 모르는 사람이라고 하더라도 흰색 셔츠는 어떤 색의 넥타이를 매든지 깔끔한 연출을 할 수 있다. 두 번

째로, 흰색은 색채 심리상 '솔직, 순수, 성실'과 같은 이미지를 상대방에게 불러일으킨다. 따라서 고객과 처음 만나거나, 성실한 인상을 각인시켜야 하는 날에 제격이다. 세 번째로, 우리나라 사람의 머리카락이 검은색인 만큼 흰색 셔츠를 입었을 때 색의 대비 효과가 극적으로 일어나서 가장 깔끔하게 보이기 때문이다.

"셔츠는 흰색에서 시작해서 흰색으로 끝난다."는 말도 있다. 흰색 셔츠는 관리가 조금 어렵지만 깔끔한 이미지를 연출하기 위해서라면 부지런을 떨어 볼 필요도 있다.

◆ 넥타이의 제왕, Red

고객은 계약 직전에 가장 마음이 흔들린다고 한다. 그럴 때는 정렬적인 빨간색으로 고객의 마음을 사로잡아 보자. 세일즈 업계에서는 흔히들 빨간색 넥타이를 '계약의 넥타이'라고도 한다. 빨간색은 상대방에게 '확신'이라는 힘을 실어 준다. 고객에게 확신을 심어 줘야 하는 순간, 즉 계약을 앞두고 있다거나 프레젠테이션을 할 때 또는 강렬한 첫인상을 주고 싶다면 빨간색 넥타이를 매자!

2. 남성의 중심, V존을 살려라

V존이란 목에서 가슴으로 떨어지는 셔츠 앞부분의 실루엣을 말한다. 이 부분은 남성 패션의 중심이라고 해도 과언이 아니다. V존은 밝게 표현해야 상대방의 시선이 당신에게 집중될 수 있다. 가끔 덥다고 넥타이를 2~3cm 내려서 매거나, 맨 위 단추를 풀어 놓은 채 넥타이를 매는 경우가

있다. 그러나 V존은 남성의 중심이기에, 그 부분이 풀려 있으면 전체적인 이미지마저도 둔해 보이거나 처져 보일 수 있다. 이제부터라도 V존을 잘 살려서 고객의 시선을 사로잡자.

3. 아저씨 패션은 No! No!

가끔 바지를 너무 올려 입어서 벨트를 착용하는 세일즈맨을 볼 수 있다. 반대로 배가 많이 나와서 허리 밑에 벨트를 착용하는 경우도 있다. 일명 아저씨 패션이다. 이런 스타일로 옷을 입으면 나이가 훨씬 더 들어 보일 뿐만 아니라 날렵해 보이지 않는다. 슈트도 체형보다 너무 크게 입는 경우가 있는데 슈트는 허리에 맞추는 게 아니라 어깨에 맞춰야 한다. 어깨 선이 맞아야 딱 떨어지는 라인을 연출할 수 있다. 게다가 바지통도 너무 크지 않게 입어야 아저씨 패션에서 벗어나 좀 더 센스 있게 보일 수 있다.

4. 선은 남성의 자존심이다

날선 셔츠를 보면 가슴이 떨린다. 특히 여성들에게 남성이 섹시해 보일 때가 언제인지 물으면, 이런 대답이 의외로 많이 돌아온다. 간혹 잘 다려진 바지나 셔츠를 입은 남성을 보면 자기 관리가 철저하다거나 프로다운 느낌을 받는다. 그만큼 선은 남성의 자존심이다. 남성의 자존심, 옷의 선을 살리자.

5. TPO를 기억하라

세일즈맨에게는 신뢰감을 주는 이미지가 중요하다. 그런 이미지를 만들기 위해 감색 슈트와 흰색 셔츠, 빨간색 넥타이 등을 제안했다. 그러나 지금 당신이 만나야 할 고객이 시장에서 생선 장사를 하고 있거나 공사장에서 땀을 흘리며 일하고 있다면 날선 바지가 무슨 소용이 있겠는가. 때로는 점퍼가 나을 수도 있다. 그런 고객과 편하게 만나야 할 자리에서는 면바지에 남방 차림이 격의 없이 대화하기에 좀 더 효과적일 것이다. 기본 원칙은 지키되 TPO, 즉 시간Time, 장소Place, 상황Occasion을 고려하라.

6. 소품도 연출하라

어떤 제품을 세일즈하느냐에 따라 차이가 있겠지만 이왕이면 고급스럽게 연출하는 것이 좋다. 그렇다고 명품 넥타이를 매라는 것이 아니다. 과하지 않으면서 멋지게 연출할 수 있는 방법은 많다. 상담 테이블 위에서 열심히 움직이고 있는 손에서 언뜻 비치는 커프스 링크를 상상해 보라! 그 작은 버튼이 당신을 센스 있고 고급스러운 이미지로 연출해줄 것이다. 시계 역시 정장에는 스포츠시계나 디지털시계보다는 클래식한 메탈 소재의 시계가 더 어울린다.

고객에게 계약서를 내밀며 사인을 요청할 때 당신은 어떤 펜을 건네는가? 만약 동네 문방구에서 산 흔해 빠진 볼펜이나 'OO슈퍼 오픈 기념'과 같은 광고성 문구가 새겨진 펜이라면 곤란하다. 작은 볼펜 하나가 당신의 품격을 대신 말해 주기 때문이다.

7. 나를 알고 패션을 알자

체격이 다소 있는 사람이 밝은 네이비 컬러나 광택이 심한 슈트를 입는다면 더 뚱뚱해 보일 수 있다. 이런 사람은 조금 진한 색상의 옷, 쓰리버튼 보다는 투버튼이나 원버튼 스타일의 슈트를 입고, V존을 깊게 파서 세로선을 강조해야 한다. 반대로 많이 마른 사람의 경우에는 슈트를 입을 때 어깨너비보다 살짝 넓게 맞추거나 허리선을 살리는 게 좋다.

차갑거나 강한 인상이라면 강한 패턴과 원색보다는 부드러운 패턴과 밝은 색상의 넥타이를 매거나 헤어스타일은 약간의 웨이브나 밝게 염색하는 것도 하나의 방법이다. 반면 온순하기만 한 인상이라면 넥타이는 강렬한 색상이나 민무늬 또는 사선 패턴도 좋다. 뿔테 안경을 착용해 좀 더 또렷한 인상을 만들 수도 있다.

키가 작은 사람은 바짓단을 피하고, 슈트, 벨트, 구두 색 등을 통일해 주는 것이 좀 더 길어 보이는 데에 효과가 있다. 멋진 패션이란 정답이 정해져 있는 수학 문제가 아니다. 당신의 개성을 잘 파악해서 단점은 보완하고 강점은 더욱 돋보이게 하는 스타일링이 필요할 뿐이다.

8. 패션의 완성은 구두!

여성이 남성을 볼 때 가장 먼저 보는 곳이 바로 구두라고 한다. 넥타이를 매지 않을 때나 캐주얼한 재킷을 입을 때는 끈이 없는 구두도 괜찮지만, 정통 슈트를 입을 때는 끈이 있는 구두를 신는 것이 좋다. 남성의 구두 색은 검은색과 갈색이 기본이다. 격식을 갖춰야 할 자리에서는 구두와 슈트 색상을 맞춰야겠지만, 감각 있게 표현하려면 갈색 계열도 멋스럽다. 그러나 무엇보다 중요한 것은 깨끗하게 닦아서 청결을 유지하는 것이다.

또 구두는 기본적으로 두세 켤레를 구비하여 옷의 색상이나 상황에 맞게 신어야 예쁘게 오래 신을 수 있다. 구두 못지않게 신경 써야 할 부분이 바로 양말이다. 양말은 발목이 긴 양말을 바지 색에 맞추어 신도록 하고, 짧은 발목 양말이나 흰색 양말, 캐릭터 양말, 스포츠 양말 등은 삼간다.

9. 과도한 아이템은 고객에 대한 배려가 아니다

며칠 전 만난 세일즈맨이 굵은 순금 목걸이와 팔찌를 착용하고 있었다. 아내가 결혼 기념일에 해줬다며 자랑을 했다. 물론 액세서리는 개인의 취향이지만, 어디까지나 고객을 먼저 생각해야 한다. 너무 많은 아이템의 착용은 금물이다. 고급스러움을 추구하되, 고객보다 과해서는 안 된다.

10. 허튼 냄새도 잡아라

한여름에 열심히 활동하다 보면 온몸이 땀에 젖기 일쑤다. 이럴 때는 속옷을 잘 챙겨 갈아입거나, 불결한 냄새가 나지 않도록 주의해야 한다. 오래전부터 흡연을 해왔던 사람들은 고객들에게 담배 냄새를 풍기지 않도록 신경 써야 한다. 손은 비누로 꼼꼼하게 닦고 기분 좋은 향기가 나는 핸드크림을 챙겨 바르고 입냄새가 나지 않도록 구강 관리를 철저히 해서 고객에게 불쾌감을 주지 않도록 노력해야 한다. 급히 고객을 만나러 가야 할 때도 있으니 평소에 구강 청결제를 휴대하고 다니면 효과적이다. 은은하거나 산뜻한 향수를 잘 활용한다면 고객에게 좋은 향기를 지닌 사람으로 기억될 수도 있다.

고객을 사로잡는 동안 이미지를 만들어라

요즘은 예전에 비해 피부 관리를 하는 세일즈맨들이 많아졌다. 에센스, 수분크림에 아이크림까지 꼼꼼하게 챙겨 바르는가 하면, 비비크림으로 피부 톤을 보정하거나 필요에 따라서는 성형도 서슴지 않는다.

이렇게 자신의 외모를 가꾸는 데 비용과 시간을 아낌없이 투자하는 남성들을 일컫는 용어로 그루밍Grooming 족이란 신조어가 생겨난 것만 보아도 요즘 남성들이 얼마나 외적인 자기 관리에 관심이 많은지 알 수 있다. 외모도 경쟁력이 된 시대인 만큼 꼭 큰돈을 들이지 않더라도 조금만 신경을 쓴다면 고객들에게 좋은 이미지로 다가갈 수 있다.

1. 피부 관리는 기본이다

피부 관리는 더 이상 여성만의 전유물이 아니다. 남성들은 자신의 피부과 좋다고 생각하는 경우가 많은데, 이는 착각일 수 있다.

◆ 기초 피부 관리

남성은 여성에 비해 모공이 커서 피지가 더 많이 나온다. 유분을 관리하지 않으면 노폐물이 쌓여 피부 트러블이 발생할 수 있다. 남성들은 유분이 많고 피부가 두꺼워 주름이 잘 안 생긴다며 피부가 좋다고 착각할 수 있다. 하지만 피부 상태를 결정하는 것은 유분이 아니라 수분이다. 남성들의 피부 수분 양은 여성의 1/3 정도밖에 되지 않는다. 유분 관리와 동시에 수분 관리를 해 줘야 하는 이유다. 유분기를 잘 제거하고 세안 후에는 꼼꼼하게 스킨으로 수분을 보충해 줘야 한다. 지금 당장은 주름이 생기지 않는 것 같지만, 수분 관리를 잘하지 못하면 어느 순간 생겨난 깊은 주름을 보게 될 것이다.

또 잦은 음주와 흡연은 피부에 가장 큰 적이다. 이런 습관은 많은 수분을 앗아가 거칠고 푸석푸석한 피부의 원인이 된다. 모든 병의 근원인 스트레스 역시 피부 노화의 근원이 된다. 따라서 항상 긍정적인 마인드로 가능한 한 스트레스에 노출되지 않도록 해야 한다. 또 남성들이 매일 아침 하는 면도는 천연 피지막을 손상시키기 때문에 최대한 자극이 되지 않게 세심한 손길이 필요하다.

◆ 세안은 꼼꼼하게

유분기가 많은 남성은 여성보다 트러블이 더 생기기 쉽다. 유분이 쌓이면 모공이 넓어지고 피부 트러블이 생긴다. 그래서 세안이 중요하다. 여성들은 색조 화장을 하기 때문에 꼼꼼하게 클렌징을 하지만, 남성들은 대부분 그렇지 않다. 가정에 있는 알칼리성 비누를 사용하거나 물로만 헹군다면 노폐물을 제대로 닦아 낼 수 없다. 손을 깨끗하게 씻은 후 전용 폼클렌저로 거품을 낸 후 꼼꼼하게 세안한다. 특히 자외선 차단제나 비비크림을 사용한다면 필히 폼클렌저를 사용해야 한다.

◆ 썬크림과 비비크림 사용법

세일즈맨들에게 이미지메이킹 교육을 하면서 화장품을 어떤 단계까지 쓰고 있는지 물어본다. 그러면 스킨, 로션 정도가 대부분이다. 하지만 스킨케어는 꼼꼼하게 해야 한다. 또 남성들은 어쩌다 큰 마음먹고 화장품을 사도 어떤 순서로 발라야 하는지 몰라 애를 먹기도 한다. 피부에 가장 먼저 발라야 할 것은 스킨이다. 손을 사용하기보다는 화장 솜에 덜어 피부결에 따라 안에서 밖으로 닦아 주는 게 좋다. 스킨으로 피부결을 정돈했다면, 다음으로 영양이 농축된 에센스를 바른다. 이 단계에서 경우에 따라 아이크림, 미백크림 등을 추가해도 좋다. 그다음은 로션이다. 로션은 유분과 수분을 적절하게 조절해 준다.

이것이 끝이 아니다. 그다음으로 잊지 말아야 할 것이 바로 썬크림이다. 나이가 들면 자연스럽게 검버섯, 주근깨, 색소 침착, 주름 등이 생기는데, 이런 피부 질환의 주범은 바로 자외선이다. 무차별적으로 쏟아지는 자외선의 공격을 썬크림으로 차단하여 피부를 보호하고 노화를 방지해야 한다. SPF 1당 자외선을 10분 정도 차단해 준다고 하니, SPF 30인 제품은 300분, 즉 5시간을 차단한다. PA는 +로 차단 효과를 표시하며, +가 많을수록 효과가 높다. 세일즈맨이라면 야외 활동 시간에 따라 다르겠지만 보통 SPF 30 전후, PA ++나 +++ 정도가 적합하다. 자외선 차단제는 매일매일 발라야 한다. 골프장이나 등산할 때만 바르는 것이 아니다.

썬크림 다음으로 비비크림을 바르는 남성들도 계속해서 늘고 있다. 성인 남성 10명 중 한 명이 비비크림과 같은 색조 화장을 한다고 한다. 그런데 간혹 너무 많은 양을 사용해 얼굴색이 허옇거나 목과의 경계선이 또렷해 거부감을 주는 경우도 있다. 이왕 바르는 거 예쁘게 보이면 좋을 텐데 말이다.

비비크림은 기초 스킨케어를 제대로 하지 않은 상태에서 바르거나 너무 많은 양을 사용하면 피부가 들떠 보일 수 있다. 또 너무 뻑뻑하다거나 자신의 피부톤보다 너무 밝은 색은 피하는 것이 좋다. 칙칙한 피부톤으로 고민 중이라면 적은 비용으로 좋은 피부를 표현할 수 있는 비비크림도 추천할 만하다.

2. 또렷한 인상 만들기

남성의 눈썹은 너무 길면 지저분하고, 너무 짧으면 부자연스럽다. 또한 눈썹이 엷으면 인상이 흐릿하면서 날카롭게 보이는 반면, 짙으면 인상이 또렷하고 선명해 보여 눈썹 문신을 하는 남성들도 많아졌다. 눈썹은 머리색과 비슷한 검은색 계통으로 눈썹 앞뒤나 부족한 부분을 메우는 정도로 그려 주면 된다. 눈썹을 그리는 게 부담스럽다면 주기적으로 다듬거나 잔털만 제거해도 인상이 180도 달라진다. 아울러 꼼꼼한 면도도 인상을 또렷하게 만들어준다.

헤어스타일도 중요하다. 남성들은 여성들에 비해 머리카락이 조금만 길어도 무척 답답하고 지저분해 보인다. 따라서 머리카락의 길이는 항상 단정하게 유지하고, 젤이나 왁스를 사용해 자신에게 어울리는 스타일로 연출하는 것이 좋다. 덥수룩한 모습보다는 훨씬 생기 있어 보이고 자기 관리를 잘하는 사람으로 인식될 수 있다.

3. 세심한 부분도 놓치지 말자

한 세일즈맨이 네일아트를 받게 된 계기를 말해 주었다. 고객에게 열심히 상담하는 도중에 문득 내민 손톱에 때가 끼어 있었다고 한다. 그것을 본 고객이 "어머, 요즘 무척 바쁘신가 봐요?"라고 했다는 것이다. 순간 너무 창피해서 상담이 어떻게 끝났는지도 몰랐다고 한다. 특히 여성 고객들은 세세한 부분까지 놓치지 않기 때문에 사소해 보이는 손 관리도 필요하다.

20대 때 외모를 관리하지 않았다면 30대가 돼서도 별 볼일 없고, 30대에도 관리하지 않는다면 40대가 됐을 때의 상황은 불을 보듯 뻔하다. 지금도 늦지 않았다. 자신감 있게 고객 앞에 나서고 싶다면 지금부터 관리를 하시라.

밝은 미소로 얼굴을 경영하라

청주에서 만난 직원의 인상이 좋아서 교육 후에 함께 녹차 한잔 나누며 그 비결을 물었다. 90년대 초반, 그는 세일즈를 하기로 마음먹고 우연히 거울을 보았단다, 그런데 시커먼 얼굴에 험상궂은 표정까지 아무리 봐도 세일즈를 할 인상이 아니었단다. 순간 정신이 번쩍 들면서 어차피 할 세일즈라면 제대로 해 보자고 마음먹고 그날부터 아침저녁으로 미소 짓는 연습을 빼먹지 않았다고 한다. 처음에는 자신도 반신반의했지만, 결국은 고객들이 선호하는 인상으로 바뀌었단다.

그렇다. 그분처럼 당신도 인상을 얼마든지 바꿀 수 있다. 인상은 인간관계에서 매우 중요한 부분이어서 세일즈맨에게 좋은 인상이란 든든한 보험과도 같다. 좋은 인상을 위해 인상학을 알아두면 좋다. 그렇다면 흔히 말하는 대표적인 인상에는 어떤 것들이 있을까?

- 큰 눈 - 외향적이다.
- 작은 눈 - 감정 표출이 적고, 내향적이다.
- 살짝 올라간 눈꼬리 - 승부욕이 강하고, 지고는 못사는 성격이다.

- 처진 눈꼬리 - 웬만한 일은 참고, 자기 성격을 잘 드러내지 않는다.
- 큰 입 - 화통하고, 표현을 잘하는 성격이다.
- 작은 입 - 표현을 잘 하지 않는 내성적인 성격이다.
- 네모난 얼굴형 - 성격이 급하고, 명예욕과 자존심, 성취욕이 강하며, 리더십이 탁월하다.
- 둥근 얼굴형 - 얼굴만큼이나 성격이 둥글둥글하며, 따뜻하고 푸근해서 대인 관계가 원만하다.
- 세모난 얼굴형 - 논리적이고 분석적이며, 정확한 성격이다.
- 한쪽 입꼬리가 올라간 경우 - 비판하기 좋아하고, 옳은 소리를 잘하는 사람이다.
- 볼살이 통통한 경우 - 평소 말이 많거나 잘 웃는 사람이다.
- 미간에 세로 주름이 있는 경우 - 평소 고민을 많이 하는 사람이다.
- 눈이 돌출형인 경우 - 에너지가 강해 밀어붙이는 성격이다.
- 동그란 콧망울 - 잘 웃고 화도 잘 내며 감정 표현을 잘하는 사람이다.

사람의 인상은 30%가 선천적이고, 70%가 후천적이라고 한다. 즉, 지금 자기 인상의 30%를 부모에게서 물려받았다면, 나머지 70%는 자신이 살아온 세월을 담고 있는 것이다. 그래서 사람의 얼굴을 보면 그 사람의 인생이 담겨 있다고 말하는 것이다.

사람의 인상은 바뀌고, 바꿀 수 있다. 따라서 얼마든지 고객에게 호감 가는 인상, 친근한 인상을 만들 수 있다. 많은 직원들에게 표정 트레이닝을 해 보면 평소에 긍정적인 생각을 갖고, 웃으면서 표정 관리를 잘해 온 직원들은 금방 표가 난다. 마찬가지로 뭔가 개인적으로 힘든 일이 있거나 늘 부정적이고, 잘 웃지 않던 직원들은 그들의 마음가짐이 얼굴에도 드러난다. 이 상반된 두 얼굴을 결정짓는 포인트는 무척 간단하다.

　보통 사람들의 웃는 모습은 두 부류로 나뉜다. 첫 번째는 일(一)자 웃음이다. 입에 일자가 그려지며 웃는 모습인데, 웃을 때 치아가 8~12개 정도 보인다. 그런데 이런 웃음은 상대방에게 무척 가식적인 모습으로 비치고, 좋지 않은 인상을 주며, 나이도 훨씬 들어 보인다.

　두 번째는 U자의 웃음이다. 웃을 때 살짝 입꼬리가 올라가는 모습인데, 치아가 14~16개 정도 보이며 U자가 입에 그려진다. 입꼬리만 살짝 올렸을 뿐인데 상대방에게 호감을 주고, 나이도 훨씬 어려 보이게 만든다.

　단지 입꼬리를 올리는 건데 뭐 그리 큰 차이가 있을까 하고 생각할 수도 있다. 한국인의 가장 대표적인 표정은 무표정이다. 그냥 있는 건데 "무슨 걱정 있느냐?", "힘든 일이 있느냐?"는 오해도 받는다. 왜 그럴까? 관련 조사에 따르면, 서양인들에 비해 한국인들은 입꼬리가 7도 정도 내려가 있다고 한다. 입꼬리가 내려가면 우울해 보이고 화난 사람처럼 보인다. 실제로 뭔가 불만이 많거나 힘든 일이 있는 사람들은 입꼬리가 쳐져 있다. 어떻게든 입꼬리를 올려야 고객에게 좋은 인상을 줄 수 있다.

어떻게 하면 입꼬리를 올릴 수 있을까? 사람의 얼굴은 80여 개의 근육으로 이루어졌으며 이 중 웃을 때 쓰이는 근육은 40개라고 한다. 즉, 그 근육을 다음과 같이 만들면 된다. 일단 연습을 하기 전에 근육을 풀어 주자.

1. 눈동자를 상하좌우로 움직인다.
2. 냄새를 맡듯 코에 힘을 주어 코 근육을 움직인다.
3. 볼에 바람을 넣고 좌우, 위아래로 부풀려 준다.
4. '하, 해, 히, 호, 후'를 외치며 입 근육을 풀어 준다.
5. 전체 얼굴을 움직여 준다.

이렇게 하면 40개의 근육이 어느 정도 풀어졌을 것이다. 그다음에는 "위스키."를 말하면 되는데, 여기서 포인트는 마지막 '키' 발음과 함께 입꼬리를 올리는 것이다. 그 상태에서 3초를 유지하라. '와이키키, 광주리, 막걸리, 개나리, 미나리' 등의 단어를 활용하여 주기적으로 연습하는 것이 중요하다. 거울을 보고 하면 더욱 효과적이다. 입 끝을 들어 올리는 게 아니다. 입 옆에 있는 입 둘레 근육을 같이 끌어올리면 된다. 근육을 잘 안 쓰거나 잘 웃지 않는 사람은 아플 수도 있다.

하지만 이 연습의 효과는 의외로 상당하다. 필자 또한 이를 통해서 미소라인을 가지게 되었다. 필자는 강의하러 가는 차 안이나 일을 할 때도 절대 입꼬리를 내려 놓지 않는다. 잘 웃는 사람은 웃지 않아도 입꼬리가 살짝 올라가 있다. 웨이트 트레이닝을 하면 근육이 발달하는 것처럼, 평소에 많이 웃는 사람은 미소 라인이 돋보인다.

　최근 입매 성형술이 유행이다. 입꼬리 주변에 작은 삼각형 모양으로 피부를 절제해서 입꼬리를 내리는 근육의 힘은 약화시키고, 입꼬리 양끝을 움직이는 근육의 방향을 재배치해서 입꼬리를 올리는 수술이다. 예전에는 연예인들이 주로 했지만, 지금은 미소가 중요한 항공기 승무원이나 서비스 관련 종사자, 취업 준비생뿐만 아니라 어두운 인상 때문에 고민하는 사람들이 많이 받는다고 한다. 비용은 200만 원 정도이다. 하지만 비싼 돈을 주고 수술하지 않아도 된다. 200만 원을 들고 필자에게 오라.

　웃는 연습을 하면 좋은 점이 또 있다. 사람의 뇌는 단순해서 입꼬리를 올리면 '아, 우리 주인님이 기분이 좋은가 보네.'라고 착각을 한다. 이렇게 되면 유쾌하고 긍정적인 마음이 생겨난다. 제임스 랑케는 "행복해서 웃는 게 아니라 웃다 보면 행복해진다."라는 명언을 남겼다. '신바람 박사'로 우리에게 잘 알려진 故 황수관 박사는 눈과 입이 함께 웃어서 보는 사람으로 하여금 기분이 좋아지게 만들었다. 그는 "태어나서 서른 살까지는 부모가 물려준 인상으로 살지만, 그 이후에는 스스로 만들어 가야 한다."고 말했다. 또한 링컨 대통령은 "자기 얼굴에 책임을 질 줄 알아야 한다"고 말했다.

철저하게 자기 경영을 해야 하는 세일즈맨에게 얼굴 경영은 무엇보다 중요하다. 얼굴 경영을 잘하려면 심상 관리부터 잘해야 한다. 아무리 예쁘고 잘생긴 얼굴이라도 안 좋은 일이 있거나 스트레스를 받으면 얼굴색이 어두워지기 마련이다. 세일즈를 하다 보면 실적이나 고객 때문에 스트레스를 받겠지만 마음을 넉넉하게 가져보자. 그리고 활짝 웃어 보자.

잘 웃으면 실적에도 도움이 될까? 정답은 "Yes!"다. 미국 프린스턴 대학교 판매연구소의 제인스 박사팀이 「웃음과 세일즈의 상관관계」라는 제목으로 연구를 했다. 150명의 연기자들을 세 그룹으로 나누어 제품을 판매하면서, A그룹은 시종일관 웃고, B그룹은 무표정, C그룹은 인상을 쓰라고 했다. 30일 지난 후 세일즈 실적을 살펴보았더니 시종일관 웃었던 A그룹은 목표량의 3~10배, B그룹은 30%, C그룹은 하나도 팔지 못했다.

세일즈맨은 '이 고객에게 반드시 팔아야 하는데…….', '이번 달 무실적을 꼭 면해야 하는데…….'라며 95%의 이성과 5%의 감성으로 고객을 만난다. 하지만 고객은 이성적으로 세일즈맨을 대하는 척해도 사실은 감정적인 것에 의해 많은 영향을 받는다. 그런 고객에게 좋은 감성으로 다가갈 수 있는 최고의 방법이 바로 미소다. 밝은 미소가 최고의 이미지메이킹 방법이자, 최고의 세일즈 방법인 것이다.

기본 매너의 힘은 기본 그 이상이다

업무상 사람을 만나면 가장 먼저 하는 일이 인사를 하면서 명함을 주고받는 것이다. 그런데 가끔 세로 방향으로 명함을 주는 등 기본적인 매너를 잘 지키지 않는 사람들이 있다. 그럴 때마다 그 사람의 비즈니스 능력까지 의심하게 된다.

'매너는 기본인데, 굳이 언급할 필요가 있을까?' 하고 생각하는 사람이 있을 것이다. 그러나 이런 기본적인 사항이 의외로 지켜지지 않는다. 미국 컬럼비아 대학교 MBA 과정에서 우수기업 CEO에게 "당신이 성공하는데 가장 큰 영향을 준 요인은 무엇입니까?"라고 물었다. 그 질문에 대한 답은 놀랍게도 1위가 '매너'였다고 한다.

물론 매너가 없다고 해고를 당하거나 인간관계가 바로 어긋나는 것은 아니다. 하지만 고객과 비즈니스를 하는 세일즈맨이라면 기본적으로 매너를 지켜야 한다. 배려가 깃든 매너는 당신의 몸값을 올리고, 고객의 마음을 움직이기 때문이다. 이처럼 매너는 프로 세일즈맨에게는 기본이다. 기본 매너를 지키지 못해 형편없는 세일즈맨이라는 말은 듣지 않아야 한다. 지금부터 제대로 된 매너에 대해 알아 보자.

1. 백 마디 말보다 한 장의 명함을 건네라

하시모토 야스오는 자신의 책 『명함』에서, "명함은 백 마디 말보다 강한 힘, 비즈니스의 전도사, 인맥의 첫 단추를 꿰는 유용한 도구."라고 말했다. 명함은 가장 작은 자기 소개서라는 말처럼 비즈니스의 첫 단계에서 사용한다. 명함을 건넬 때는 세로가 아니라 가로 방향으로 해서 글자 방향이 고객 쪽으로 가도록 해야 한다.

명함은 두 손으로 건넬 때는 명함의 양쪽 끝을, 한 손으로 건넬 때는 가운데를 붙잡고 나머지 한 손으로 그 손을 받힌다. 이때 자신의 손이 회사의 CI나 이름을 가려서는 안 된다. 간혹 보면 명함이 갖가지 홍보 문구로 가득 채워진 경우가 있는데, 이를 생각한다면 적절하게 여백을 둘 필요가 있다. "처음 뵙겠습니다. ○○○회사 □□□입니다." "안녕하십니까? △△△회사 ***입니다."라는 인사말과 함께 건넨다. 혹시 외국인 고객이 많다면 한글/영어로 양면 인쇄를 해서 외국인 고객을 만날 때는 영어 쪽을 위로 해서 건넨다.

명함은 고객의 자리나 상담 테이블에 두는 게 아니다. 상담 시작 전에 고객에게 직접 건네줘야 한다. 고객에게 명함을 건넬 때는 "저는 이러이러한 사람입니다. 제가 책임지고 도와드리겠습니다."와 같은 신뢰도 함께 전달해야 한다. 앉아서 대화를 나누다가 명함을 건넬 때는 일어서서 건네는 게 원칙이다.

또 계단을 오르내릴 때나 화장실 혹은 다른 사람과 대화할 때 명함을 건네는 것은 큰 실례다. 고객은 전화나 문자로 자신을 귀찮게 할까 봐 세일즈맨에게 인적 사항을 공개하려 하지 않는다. 그러나 당신은 어떻게든 고객의 연락처를 받으려고 노력해야 한다. 이런 경우 자연스럽게 "혹시 실례가 되지 않는다면 고객님의 명함을 받을 수 있을까요?"라고 제안하는 것도 좋다.

만약 어렵게 고객의 명함을 받았다면 바로 명함 지갑이나 주머니에 넣지 말고 주의 깊게 본 다음 "아 ○○회사에 다니세요?", "이름이 좋습니다.", "사무실이 서초동에 있군요?"와 같이 관심을 보인 후에 넣는다. 상담 테이블 위에 올려놓고 상담 도중 고객의 이름을 중간중간 불러 도 좋다. 단, 명함을 테이블에 놓은 채 그 자리를 떠나서는 절대로 안된다 .

그렇다면 명함을 주고받는 데도 순서가 있을까? 물론 있다. 나이가 어리거나 직급이 낮거나 용건이 있는 사람이 먼저 건넨다. 상담을 위해 고객을 만났다면 당연히 세일즈맨이 먼저 건네야 한다.

세일즈맨이라면 반드시 명함 지갑을 따로 갖고 있어야 한다. 어떤 세일즈맨은 지갑에서 명함을 꺼낸다. 하지만 생각해 보라. 첫 만남에서 고객에게 지갑 안에 든 신분증이며 신용카드를 고스란히 다 보여줄 것인가? 셔츠 주머니에서 꺼내는 것도 안 된다. 최악의 상황은 막상 고객을 만났는데 명함이 없어서 줄 수 없는 상황이다. 언제 어디서 어떤 고객을 만날지 모르는 것이 세일즈맨의 운명이다. 따라서 명함은 넉넉히 가지고 다녀야 한다.

명함 지갑이 있어도 명함이 튕겨져 나갈 정도로 많이 넣어 가지고 다녀도 좋은 인상을 줄 수 없다. 평소에 명함 정리도 하지 않는 게으른 사람으로 보일 수 있기 때문이다. 그런 상황을 미연에 방지하기 위해 평소에 명함 정리를 잘해 두는 것이 좋다. 명함을 줄 때 실수하지 않도록 자신의 명함과 다른 사람에게서 받은 명함을 분리해서 보관하는 것도 잊지 말자.

명함을 받은 후도 중요하다. 고객과의 만남 이후에 감사의 마음을 간단한 문자로 보낸다면 고객은 당신에게 연락처를 알려준 것을 후회하지 않을 것이다. 또한 고객의 연락처를 바로 고객 관리 프로그램에 입력해서 데이터를 정리해야 한다. 많은 명함을 받다보면 어떤 고객의 연락처인지 헷갈릴 수도 있으므로 연락처를 정리할 때는 고객의 외모 특성이나 만남의 내용을 간단하게 기재하는 것도 좋은 방법이다.

2. 마음을 나누는 인사, 악수하기

악수는 고객과의 스킨십을 통해 좀 더 친밀하게 다가갈 수 있는 방법이다. 악수를 할 때도 지켜야 할 예절이 있다. 악수는 윗사람이 아랫사람에게 먼저 청하는 것이 관례인 만큼 아랫사람이 윗사람에게 악수를 청하는 것은 무례하게 여겨질 수 있다. 또 상대방과 악수를 할 때는 손에 적당히 힘을 실어 진심을 담아 경쾌하게 흔드는 것이 좋다.

또한 상대방의 눈을 맞추며 "반갑습니다!"라는 인사말과 함께 깊숙하게 손을 넣어 2~3회가량 경쾌하게 흔들면 좋다. 특히 악수를 할 때는 왼손잡이어도 대부분의 사람이 오른손인 것을 감안해 오른손으로 청하며, 손을 잡은 채로 계속 말하지 않도록 주의한다.

3. '사모님'이란 말은 자제하라

"사모님께는 이 색이 아주 잘 어울릴 것 같습니다."라고 했다가 바로 해약을 당했다는 한 세일즈맨의 안타까운 에피소드를 들었다. 그 이유는 40대 후반이지만, 아직 결혼을 안 한 고객이었기 때문이다. 요즘은 결혼 연령이 높아졌기 때문에 호칭에 더욱 조심해야 한다. 실제로 결혼했다 하더라도 여성은 '아줌마', '사모님', '여사님'이라는 호칭을 싫어한다. '손님' 혹은 '고객님' 정도가 무난하고, 고객이 사업을 한다면 '사장님', 회사원이라면 직급을 불러주는 것이 좋다. 고객과 친분이 많이 쌓인 경우라면 '형님', '누님', '언니'라고 부를 수도 있다. 하지만 친분이 별로 없는 상태에서 이런 호칭을 사용하는 것은 고객에게 불쾌감을 줄 수도 있다.

4. 고객 안내에도 법칙이 있다

고객을 안내할 때는 고객보다 한두 걸음 앞서되 고객의 시야를 가리지 않도록 우측에서 일정한 간격을 유지하며 안내한다. 방향을 바꿀 때는 "고객님, 우측 방향입니다."라고 미리 말해 준다. 계단을 오를 때는 고객이 먼저, 내려갈 때는 세일즈맨이 먼저 내려간다. 엘리베이터 이용 시에는 먼저 타서 열림 버튼을 눌러 주고, 내릴 때는 고객부터 내리게 한다. 회전문은 고객이 먼저 들어가도록 하여 다치는 불상사가 없도록 뒤에서 고객을 주시한다.

만약 사람을 가리킬 일이 있다면 두 손을, 사물이나 장소를 지칭할 때는 한 손을 써도 무방하다. "화장실은 이쪽입니다."라고 안내하는데 손가락으로 지칭하거나 턱 끝으로 안내해서는 안 된다. 또 손등은 가능한 한 보이지 않게 하고 손바닥을 보여 줌으로써 무의식 중에 열린 소통을 하고 있음을 전달해야 한다. 무엇보다 고객을 안내할 때 가장 중요한 것은, 의식적으로 자신이 고객을 정성껏 안내하고 있음을 느낄 수 있도록 배려하는 것이다.

5. 고객은 전화 예절이 좋은 사람을 원한다

전화는 정보화 시대의 중요한 업무 수단이자 고객과의 소통 창구다. 전화 커뮤니케이션의 구성 비율을 보면 86%가 목소리, 14%가 단어다. 빠르고 간편한 장점이 있지만 얼굴을 보지 않는 비대면 커뮤니케이션이기에 음성 표현에 각별히 신경 써야 한다. 그리고 밝고 정중하되 적극적인 마인드를 전달해야 한다. 아직 한 번도 만난 적 없는 고객과 통화를 하는 경우라면 단 한 통의 전화가 고객과의 만남 여부를 결정할 수 있다. 전화 예절이 좋지 않은 세일즈맨을 만나고 싶은 고객은 없다.

다음은 반드시 지켜야 할 전화 예절이다.

1. 전화는 빨리 받되, 상대방을 기다리게 했을 때는 "늦게 받아 죄송합니다."라고 양해를 구한다.

2. 부득이하게 전화를 못 받았을 때는 확인 즉시 연락을 드린다. 문자도 수신 즉시 답장을 한다. 느린 회신은 고객에게 불신을 준다.

3. 전화를 받을 때나 걸 때나 반드시 신분을 밝힌다.

4. 통화해야 할 내용을 메모하여 길어지지 않도록 한다.

5. 전화기 옆에는 필기도구를 구비하여 메모할 준비를 한다.

6. 절대 먼저 끊지 않는다. 통화 내용은 유쾌했는데 마칠 즈음 상대방 쪽에서 먼저 '뚝!' 하고 끊으면 왠지 모르게 씁쓸하다. 통화가 종료된 후에도 3초의 여유를 갖고 기다리자.

7. 혹시나 소리가 들리지 않을 때는 그냥 끊지 말고 "소리가 잘 들리지 않습니다. 죄송하지만 다시 걸어 주시겠어요?"라고 정중하게 청한

다. 내 쪽에서는 안 들리지만 상대방은 들리는 상황일 수 있으므로, 이때도 정중한 태도를 잃지 말자.

8. 통화 시 옆에 있는 사람들을 배려하자. 자신은 평소 목소리 톤으로 말한다고 생각하지만, 옆 사람에게는 업무에 방해될 정도로 큰 소음이 될 수 있다.

9. 이른 아침, 늦은 저녁, 휴일에는 가급적 전화 통화를 피하자.

10. 고객과 상담 시에는 휴대폰 소리를 묵음으로 설정하여 상담에 지장을 받지 않도록 한다. 부득이하게 전화를 받아야 할 상황이라면 고객에게 먼저 양해를 구하고 받는다.

생활 속 에티켓을 체득하라

VIP 고객이나 특별한 고객을 대접할 때 고급 레스토랑에 가는 경우도 있으므로 테이블 매너와 와인 매너를 미리 익혀 두면 유용하다.

1. 맛있게, 제대로 식사하는 법

누군가와 즐거운 식사를 하고 싶다면 예약을 추천한다. 무턱대고 레스토랑에 가서 빈자리에 앉는 것보다 예약자 리스트에서 이름을 확인하고 웨이터의 안내를 받고 들어간다면 상대방은 좀 더 대접받는 느낌을 받을 것이다. 예약하는 것을 번거롭게 생각할 수 있지만, 이는 상대방에 대한 배려이며, 같은 비용으로 보다 차원 높은 서비스를 제공하는 것이다.

양식 테이블은 복잡해서 일단 겁부터 나고 난감할 수 있지만, 몇 가지 원리만 알면 쉽다. 포크와 나이프 사용법을 모르면 바깥쪽부터 사용하면 된다. 바깥쪽부터 '애피타이저용 → 샐러드용 → 메인디시용' 순으로 놓여 있기 때문이다. 포크의 경우 생선용 포크는 살을 잘 담아야 하기에 가운데가 오목하다. 가장 작은 게 샐러드용과 애피타이저용이며, 육류를 찍어야 하는 메인디시용은 길이가 길다. 생선용 나이프는 '스프 레더'라고 하며 끝

이 날카롭지 않고 뭉툭하다. 나머지 나이프는 톱날이 없으면 애피타이저용, 톱날이 있으면 메인디시용이다.

복잡한 테이블 세팅 때문에 자칫하면 옆 사람 것을 먹을 수 있다. 그럴 땐 '좌빵 우물'을 외워 두면 좋다. 왼쪽의 빵과 오른쪽의 물 잔이 자신의 것이라는 뜻이다. 물 잔과 와인 잔 역시 헷갈리기 쉬운데 물 잔은 다리 부분이 없거나 와인 잔보다 짧다. 레드와인 잔은 보통 테이블 위의 잔 중에서 가장 크므로 화이트와인 잔과 구별된다. 화이트 와인 잔은 좀 더 날씬하다. 테이블 위에 놓인 접시는 되도록 움직이지 않는다. 접시를 임의로 옮겨 놓고 먹으면 다음 순서 요리를 위한 공간이 없어져 서빙을 받는 데 불편할 수 있다.

식전주는 식사 전에 목을 축여 입맛을 돋우기 위한 것으로 취하지 않게 마시도록 한다. 스프는 처음부터 소금이나 후추를 치는 것은 주방장에게 예의가 아니므로 먼저 맛을 본 후에 부족하면 더 넣는다. 미국식은 스푼을 밖에서 안으로, 영국식은 스푼을 안에서 밖으로 먹는다. 손잡이가 있는 스프 그릇은 들고 마셔도 된다. 단, 스푼을 걸쳐둔 채 마시거나 그릇을 든 채 스푼으로 떠 먹는 것은 매너가 아니다. 빵은 손으로 잘라 한입 크기로 먹으면 된다. 빵은 식사 중간에 입을 깨끗하게 비워 깔끔한 상태로 만들어 메인 요리를 더 맛있게 먹도록 도와주는 역할을 하므로 식사 전 고픈 배를 채우고자 많이 먹는 것은 좋지 않다.

생선 요리는 윗면을 먼저 먹고 가시를 분리한 후 아랫면을 먹는다. 절대 뒤집으면 안 된다. 육류는 한꺼번에 다 썰어 놓고 먹는 것이 아니라 한쪽부터 먹을 때마다 적당히 썰면 된다. 고기의 익힌 정도를 뜻하는 레어rare, 미디움medium, 웰던welldon은 순서대로 점점 잘 익힌 정도다. 레어는 덜 익히고, 미디움은 중간, 웰던은 잘 익힌 상태이므로 본인의 식성에 맞게 골라 먹는다. 핑거볼은 베이컨, 과일, 옥수수 등 손으로 먹는 음식을 먹기 전에 손가락을 씻기 위해 준비된 것으로, 손 전체를 담그는 것이 아니라 손가락 끝만을 담가 씻는다.

레스토랑에도 상석이 있다. 연령이 높거나 직위가 높은 사람이 상석에 앉되, 같은 조건이라면 여자가 상석에 앉는다. 보통 상석은 웨이터가 지정한 자리이며, 벽을 등지거나 입구 쪽에서 멀리 떨어져 있어야 한다. 식사 중 포크가 떨어졌을 때는 다른 자리에 방해되지 않도록 손을 살짝 들어 눈을 마주쳐 웨이터를 부른다. 냅킨은 자리에 앉자마자 성급하게 펴지 않는다. 모든 인원이 착석한 것을 확인한 후 깔면 된다. 비행기나 기차 등 흔들리는 곳에서 식사할 경우에는 윗옷에 꽂아 사용한다.

냅킨은 음식물이 무릎 위로 잘못 떨어졌다 하더라도 옷이 더러워지지 않도록 하는 것에 그 목적이 있다. 냅킨이 두 겹으로 접힌 상태에서 접힌 쪽이 자기 앞으로 오게 하고, 입을 닦을 때는 가볍게 눌러 닦되 손이나 땀을 닦거나 여성은 립스틱이 묻어나지 않도록 주의한다. 식사 후 잠시 자리를 비울 때는 의자에, 식사가 끝났을 때는 접어서 테이블 위에 놓으면 된다.

식사를 주문을 할 때 "아무거나 먹지요."라는 모호한 대답은 좋지 않다. 옆 테이블을 가리키며 "저 음식으로 주세요."라고 하는 것도 매너가 아니다. 메뉴 선정이 어려울 때는 일행에게 일임하거나 웨이터에게 추천받는 것도 좋다. 너무 싸거나 너무 비싼 것을 선택하기보다는 중간 정도의 가격이 무난하다. 여러 명이 함께 식사하는 경우에는 요리가 먼저 나왔다 하더라도 조금 기다렸다가 함께하는 것이 좋다. 나이나 직급이 높은 분이 나이프와 포크를 잡은 후에 먹는 것이 좋으며, 식사를 끝내는 타이밍은 비슷하게 맞추면 좋다.

"식사 시작은 8시 20분, 종료는 4시 20분."이라는 말이 있다. 나이프와 포크의 위치다. 식사를 할 때는 한문으로 여덟 팔(八)의 모양으로 하며, 식사를 마친 후에는 두 개를 11자 모양으로 하여 메인 접시의 우측에 비스듬히 올려 둔다.

2. 신의 물방울에 대한 예의

며칠 전 술에는 전혀 관심이 없는 팀장님이 와인 매너에 대해 물었다. 이유를 물으니 우연히 초대받은 자리에서 와인을 못 마시는 것은 물론이고 매너를 몰라 난감했다고 한다. 요즘은 와인이 대중화되어 VIP 고객들에게 와인을 접대할 기회가 많다며 강의를 요청하는 분들도 많다. 개인적 취향이 아니더라도 고객뿐만 아니라 비즈니스 관계, 개인적 모임에서 얼마든지 와인을 접할 상황이 생길 수 있으니 기본적인 상식은 알고 넘어가자.

2007년 삼성경제연구소에서 최고경영자 404명을 대상으로 한 설문 조사에서 "와인 때문에 스트레스를 받은 적이 있는가?"라는 질문에 무려 84%의 CEO가 "그렇다."고 답했으며, "주로 언제 스트레스를 받느가?"라고 물었더니 33.9%가 "와인을 선택해야 할 때."라고 답했다. 와인이 이렇듯 마시기 어려운 술로 인식되는 이유는 첫 번째로 종류가 너무 많기 때문이다. 어떤 학자는 와인의 종류가 떨어지는 물방울의 숫자만큼이나 많다고 말했다. 두 번째로는 먹을 때 지켜야 할 매너가 까다롭다고 알려져 있기 때문이다. 그래서 '와인을 친절하지 않은 술'이라고 한다. 하지만 어려울 것이 하나도 없다. 몇 가지 용어와 매너만 알면 기본은 지키는 셈이다.

와인은 포도나 포도즙을 발효하여 만든 과실주다. 요즘은 글로벌 시대라서 와인을 접할 기회도 많아졌고, 귀하게 모셔야할 VIP 고객에게 비싼 양주나 싼 소주로 대접하기가 애매할 때 품격 있게 접대할 수 있는 술로 여겨지고 있다. 또한 여성의 사회 진출 증가로, 도수 높은 술보다는 도수가 세지 않고 맛 좋은 와인이 선호되고 있다. 와인은 포도를 수확해서 압착한 후 발효하여 병입한다. 그 과정에서 어떤 첨가물도 넣지 않는다. 와인 한 병은 85%의 물과 자연적으로 생겨난 2%의 폴리페놀, 13%의 알코올로 이루어졌다. 그래서 와인을 '살아 있는 물방울(『신의 물방울』中에서)', 플라톤은 '신이 인간에게 준 최대의 선물'이라고 했다.

와인은 색깔로 보면 레드 와인_{적포도}, 화이트 와인_{청포도}, 로제 와인_{레드 와인의 발효 시간을 짧게 하거나 색깔이 덜 우러나게 포도를 일찍 추출함}으로 나눌 수 있다. 또한 식사 시 먹는 타이밍에 따라 식전주_{식사 전}, 식중주_{식사 중}, 식후 주식사 후로 나뉜다. 맛으로 나눌 때는 떫은 것은 드라이 와인, 달콤한 것은 스위트 와인으로 나뉜다. 포도 품종에 따라 레드 와인에는 멜롯, 까베르네 소비뇽, 피노누아르, 쉬라즈, 진판넬, 산지오베제, 화이트 와인에는 샤르도네, 리슬링 등이 있다. 하지만 이것을 다 외울 필요는 없다.

와인을 멋스럽게 주문하는 몇 가지 방법이 있다. 첫째, 평소 즐겨 먹는 와인의 이름을 기억하여 주문한다. 둘째, 소믈리에게 추천을 받되 앞에 언급했던 색깔, 식사 타이밍, 맛 등을 활용하여 "레드 와인으로 식사와 함께 먹을 건데, 드라이한 것 중에 추천해 주실 만한 게 있나요?"라는 식으로 묻는다. 그러면 평소에도 와인을 즐기는 사람처럼 비칠 수 있다. 레드 와인을 마실 때는 좀 크고 오목하게 생긴 잔에 충분히 스월링하여 먹도록 한다. 화이트 와인 잔은 덜 오목하다. 샴페인이나 스파클링 와인을 먹을 때에는 공기방울이 올라오는 것을 잘 볼 수 있게 날씬하고 길쭉한 잔을 이용한다.

이제 본격적으로 와인을 마셔 보자. 와인을 개봉할 때는 전용 병따개를 이용하되 불시에 오픈해야 할 경우도 있으니 평소 충분히 연습해 놓는다. 와인 전문점에 가면 소믈리에가 호스트 테이스팅을 권한다. 이는 오래전부터 손님들에게 서빙될 와인을 미리 주인이 마심으로써 어떤 독약도 들어 있지 않음을 증명했던 의식에서 비롯됐으며, 현재는 와인의 맛이 괜찮은지, 원하던 맛인지, 변질은 되지 않았는지 등을 확인하기 위해 해당 모임의 호스트나 와인을 잘 아는 분에게 먼저 마셔 보게 하는 것이다. 테이스팅은 한두 모금의 와인을 따른 뒤 잔에 5~6초에 안에 마신다. 시음 후에 맛이 괜찮다면 "좋습니다." 또는 눈빛으로 OK 사인을 보낸다.

와인은 상대방의 오른편에서 따르되 한 손으로 따른다. 바로 이때 와인 라벨이 앉아 있는 사람에게 보이도록 하여 다시 한 번 와인 이름을 볼 수 있게 한다. 와인을 따르면서 마지막에는 살짝 병을 돌려주면 테이블에 떨어지지 않고 깔끔하게 따를 수 있다. 잔은 소주처럼 가득 채우지 않고 잔의 1/2이나 1/3이 정도만 채운다.

와인을 받을 때는 와인 잔을 들지 말고 테이블 위에 두면 된다. 다 따라 주면 감사의 말을 하거나 가벼운 목례를 한다. 혹시 상대방이 높은 분이거나 예의를 갖춰야 할 분이라면 손가락 2개 검지와 중지를 모아 잔의 밑받침에 살짝 댄다.

와인을 마실 때는 잔의 허리 부분을 잡는다. 와인이 들어 있는 부분을 잡으면 체온이 와인에 전달되어 맛을 변질시킨다고 해서 생긴 매너다. 와인을 마신다면 우아하게 잔의 허리 부분을 잡고, 레드 와인은 향과 맛을 충분히 느끼기 위해 스월링, 즉 와인 잔을 둥글게 돌리며 마신다. 한 번에 원샷은 금물이다. 또 자신이 다 마셨는데도 따라 주지 않는다면 옆 사람에게 "같이 드시겠어요?", "한 잔 더 마시겠어요?"라며 센스 있게 신호를 준다. 건배를 할 때는 30도를 기울여 부딪히되 맨 윗부분이 아니라 중간 부분을 부딪히며 상대방의 눈을 미소로 맞춘다.

화이트 와인은 8도, 즉 약간 시원하게 해서 마시는 게 좋고, 레드 와인은 14~18도를 유지하기 위해 실온에 보관해서 마시면 좋다. 비싼 와인을 제외하고 무조건 오래된 것이 좋지는 않으니 빈티지를 기준으로 2~3년 안 것으로 먹는 게 좋다. 와인을 보관할 때는 눕혀서 보관해야 와인이 코르크를 강하게 팽창시켜 맛과 향이 새나가는 것을 막을 수 있다.

고정관념일 수도 있지만, 어느 정도 배우고 사회적 지위가 있는 사람은 매너도 그럴 듯할 것이라고 흔히 생각한다. 바꿔 말하면, 좋은 매너를 통해 상대의 퍼스널 가치도 미루어 짐작한다는 것이다.

세일즈맨으로서 매너는 그렇게 보이도록 자신을 포장하는 것이다. 세일즈맨은 상대방에게 비치는 자신의 모습을 항상 염두에 두어야 한다. 물론 좋은 모습으로 말이다.

매력적인 목소리로 설득하라

너무 작은 목소리, 불분명한 발음, 너무 빠른 말투, 반대로 너무 느리거나 남을 졸리게 만드는 목소리 등, 목소리가 고객과의 상담을 방해하는 경우가 있다. 몇 해 전 보이스 트레이닝을 공부하려 갔던 학원에는 의외로 이런 고민을 갖고 찾아온 세일즈맨들이 많았다. 목소리가 좋다는 것은 그만큼 상담에 있어 플러스 요인이다. 가끔 외모는 괜찮은데 사투리를 쓰거나 목소리가 영 아니어서 실망을 하는 경우가 있다. 어떻게 해야 호감 가는 목소리를 가질 수 있을까?

1. 복식 발성을 하라

모기 소리처럼 가는 목소리나 앵앵거리며 찢어지는 목소리가 있다. 좋은 목소리를 내기 위해서는 후두를 진동시켜 산소 공급을 충분하게 해 줘야 한다. 가슴호흡보다 숨을 깊게 들이마셔 배에서 나오는 복식호흡은 30% 이상 폐활량을 확보하여 좋은 소리를 내게 한다.

그렇다면 복식호흡은 어떻게 하는 것일까? 다음과 같은 방법을 따르면 된다.

우선 입을 다물고 코로 숨을 들이쉬어 배가 볼록하게 나오는 것을 느낀다. 숨을 3~5초 정도 참은 다음 배가 쏙 들어가도록 '후~' 하며 내뱉는다. 이런 식으로 숨 쉬는 방법을 연습한 후, 익숙해지면 숨을 들이켜 배가 나온 상태에서 다시 내쉴 때 '아~' 하고 30초 이상 최대한 참으며 발성한다.

복식호흡을 할 때는 가슴이 움직이면 안 되며, 배만 들어갔다 나오도록 해야 한다. 배에서 충분한 숨을 내뱉으려면 자세도 중요하다. 항상 등을 곧게 펴고 이야기하라. 흉식 발성을 하면 가늘고 작은 목소리가 나와 자신감이 없고 소극적인 이미지를 줄 수 있는 반면, 복식 발성을 하면 목소리가 훨씬 크고 안정감이 생겨 신뢰 있는 목소리를 낼 수 있다.

2. 좋은 발음을 유지하라

세일즈맨이 잘 들리지도 않는 목소리로 상담을 한다면 고객은 지루하고 답답할 것이다. 이렇게 웅얼거리는 목소리가 나오는 이유는 뭘까?

첫 번째는 입을 많이 열지 않기 때문이다. 우에노 나오키의 『5분 만에 목소리가 좋아지는 책』에서는, 이야기를 할 때 가능하면 앞니를 내밀라고 말한다. 앞니를 내민다는 것은 결과적으로 입술을 크게 벌린다는 것이고, 그렇게 하면 분명한 소리로 이야기하게 된다는 것이다.

입이 작은 사람은 발음이 부정확한 경우가 많다. 입을 크게 벌리면 정확한 음가를 표현할 수 있다. 그러니 이제부터 말을 할 때는 앞니를 보여라. 잘되지 않는다면 젓가락을 입에 물고 연습해도 좋다

두 번째는 혀의 움직임이 둔하기 때문이다. 성대가 진동해 발생한 소리는 입술, 혀 등의 움직임으로 인해 음이 만들어진다. 혀가 짧은 사람이 선

천적으로 발음이 부정확한 것은 바로 이 때문이다. 바꿔 말하면, 혀를 능숙하게 움직여야 정확한 음을 표현할 수 있다.

◆ 혀 운동하기

'치, 티, 니, 디' 음을 사용하여 혀로 아랫니 안쪽을 쳐준다. 이때 주의할 것은 턱이 움직이면 안 된다는 점이다. 처음에는 생각처럼 잘 안 될 것이다. 하지만 시간이 날 때마다 계속 혀 운동을 한다면 확실히 발음이 좋아졌다는 이야기를 들을 것이다.

◆ 발음 훈련하기

다음 문장을 페이퍼로 만들어 시간이 날 때마다 읽어라. 빨리 읽는 게 중요한 것이 아니다. 한 자 한 자 정확히 발음하는 것이 중요하다. 능숙해지면 점점 빠르게 읽어 나간다. 또한 신문의 사설을 읽어도 좋다. 사설은 육하원칙에 의거하여 전개되기에 말을 할 때 좀 더 논리적으로 이야기할 수 있는 힘도 기를 수 있다. 이때도 마찬가지로 한 자 한 자 정확하게 읽으려고 노력해야 한다.

가갸거겨고교구규그기   아야어여오요우으으이
나냐너녀노뇨누뉴느니   자쟈저져조죠주쥬즈지
다댜더뎌도됴두듀드디   차챠처쳐초쵸추츄츠치
라랴러려로료루류르리   카캬커켜코쿄쿠큐크키
마먀머며모묘무뮤므미   타탸터텨토툐투튜트티
바뱌버벼보뵤부뷰브비   파퍄퍼펴포표푸퓨프피
사샤서셔소쇼수슈스시   하햐허혀호효후휴흐히

3. 웃으면서 말하라

말을 할 때는 소극적이거나 퉁명스러운 느낌이 아니라 밝고 적극적인 느낌을 상대방이 받게끔 해야 한다. 그런 목소리의 비결이 바로 '미소'다. 얼굴 표정과 목소리가 과연 관련이 있을까? 몇 해 전 〈스펀지〉라는 TV 프로그램에서는 '웃는 얼굴로는 절대 화를 낼 수 없다.'고 결론을 내렸다. 정말 그럴까?

다음과 같이 따라해 보라. 먼저 화난 얼굴로 "야!"라고 말하며 소리를 친다. 그다음에는 똑같이 "야!"라고 말하되 웃으면서 한다. 결과는 어떤가? 두 번째 경우 아무리 "야!"라고 하지만 웃으면서 하니까 화난 의도가 표현이 잘 안 될 것이다. 이렇듯 얼굴과 목소리는 한 몸처럼 움직인다. 즉, 웃는 얼굴에서 웃는 목소리가, 찡그린 얼굴에서 화난 목소리가 나온다. 더욱이 음성에 86%를 의존하는 전화 통화에서는 비록 얼굴이 보이지 않지만 이 차이가 더 확실히 드러난다. 그러니 늘 웃는 얼굴로 이야기하라. 확신에 찬 자신감 있는 목소리가 나올 것이다.

4. 음에 변화를 줘라

목소리 톤이 너무 높으면 고객에게 불안감을 줄뿐더러 과장하는 느낌도 들어 고객을 설득하는 데 한계가 있다. 반대로 너무 저음이면 분위기가 처질 수 있다. 가장 좋은 것은 자신의 적절한 목소리 톤을 찾는 것이며, 중저음이 적절하다. 뛰어난 설득가는 말할 때 한 가지 음역대가 아니라 다양한 음역대를 사용한다. 늘 똑같은 톤으로 표현하는 아빠에 비해 다양한 톤으로 읽어 주는 엄마의 동화 구연에 아이들이 더 잘 집중하는 것도 같은 이유에서다.

평소에는 '미', 강조할 때는 '솔'이라는 말이 있다. 실제로 톤의 높낮이가 사람의 뇌를 자극하는 주파수와 관련이 있다는 과학적인 근거도 있다. 상담을 하다 강조할 부분이 있다면 톤을 약간 높여라. 반대로 목소리를 작게 하는 방법도 있다. 고객은 그 목소리를 들으려고 더 집중할 것이다.

말의 빠르기에도 신경을 써야 한다. 너무 느린 말투는 우유부단하고 지지부진한 느낌을 주지만, 너무 빠른 말투는 경솔하고 가벼워 보인다. 말의 속도를 잘 조절하기 위해서는 숨고르기가 필요하다. 쉼표로 이야기하지 말고 마침표의 여유를 가져라. 내용이 전환될 때 한 박자 쉬어라. 그 쉼이 대화를 고급스럽게 느끼도록 만들 것이다. 고객은 '왜 말하다가 쉬지? 할 말을 잊어버렸나?'라고 생각하지 않는다. 급하게 상담하는 것은 아마추어 같은 인상을 줄 뿐이다. 적당한 페이스를 유지하고 여유를 가져라.

단, 이율, 날짜 등 수치를 표현할 때나 주의 사항, 법 관련 사항 등 중요한 내용이나 이해가 필요한 부분을 설명할 때는, 속도를 좀 늦추고 정확하게 표현하여 전달력을 높인다.

5. 목도 관리가 필요하다

성대의 면이 깨끗해야 진동이 정확하게 일어난다. 술이나 담배는 성대를 손상시키므로 가능한 한 피하고 대신에 물을 많이 마셔라. 짧은 시간 안에 지속적으로 상담을 하다 보면 말을 많이 하게 되어 목에 무리가 갈 수 있다. 따라서 상담을 하지 않을 때는 충분히 목을 쉬게 해 줘야 한다. 차로 이동하는 일이 많은 세일즈맨의 경우에는 특히 히터나 에어컨 바람 때문에 목 상태가 안 좋을 수 있다. 또 거래처에서 커피나 녹차 등을 많이 마시면 목에 안 좋은 카페인을 과다 섭취할 수 있으므로, 모과, 생강, 도라지 같은 차를 평소에 많이 마시는 것이 좋다.

고객과의 상담이 잦은 세일즈맨에게 좋은 목소리는 큰 자산이다. 매력적이면서 호감 가는 목소리, 경쾌하고 자신감 있는 목소리로 고객의 마음을 사로잡아 보자.

기아자동차 박광주 부장

1. 자기 소개를 부탁드립니다.
기아자동차에서 20년째 자동차 영업을 하고 있는 박광
주입니다. 1994년에 입사해 2001년부터 13년 연속 전국
판매왕에 선정되었으며, 2014년까지 4,000대 판매를 달성
해 그랜드 마스터가 되었습니다.

2. 고객을 개인적으로 정의한다면? 그중에서 가장 고마운 고객은?
고객은 제 삶의 은인입니다. 가족들과 함께 행복하게 먹고살게 해 주신 분들이기 때문입니다. 아울러 삶의 명예도 안겨 주신 감사한 분들입니다. 그중에서 고마운 한 분을 뽑기란 대단히 어렵습니다, 현재 저의 관리고객은 5,000여 명입니다. 열 손가락 깨물어 안 아픈 손가락이 없듯이, 제게는 고객이 그렇습니다. 그간 영업을 하며 물론 힘든 고객도 있었지만, 그 경험을 통해 똑같은 실수를 범하지 않고, 더 잘할 수 있었습니다. 그런 분들도 지금의 박광주를 만들어 주었다고 말할 수 있습니다. 차를 출하해 준 고객은 물론 소개해 준 고객, 상담만 했던 고객, 불만 고객 모두에게 그저 감사할 따름입니다.

3. 그중에서 특별히 기억나는 고객이 있다면?
저와 20년 동안 인연을 맺으신 서울 반포의 한 어르신 고객이 있었습니다. 젊으실 때부터 차를 몇 대나 사주신 고마운 고객이었습니다. 어느 날 그 댁 할머님께서 전화를 하시더니 "박 부장, 이제 편지 더 이상 보내지 마. 그 사람 이제 이세상에 없어."라고 말씀하시는 게 아니겠습니까? 순간 눈물이 났습니다. 평생함께 하실 것만 같았는데 '영업을 오래하다 보니 이런 분도 있구나!'라는 생각이들었습니다. 새 차를 갖다 드릴 때마다 아이처럼 기뻐하셨는데, 그 미소가 잊히지 않아 내내 마음이 안 좋았습니다. 더 이상 뵐 수 없다는 생각에 마치 부모님을 잃은 것 같았습니다. 그래서 며칠 전 좋아하시던 빵을 사들고 할머님을 찾아뵈었습니다. 제가 할 수 있는 일이 그것밖에 없었습니다.

4. 고객과의 친밀도를 높이기 위한 방법에는 어떤 것이 있나요?
고객들과 골프를 많이 칩니다. 워낙 바쁜 일상 때문에 골프를 사치라고 생각했던 적이 있었습니다. 그래서 뒤늦게 시작했지만 막상 골프의 매력을 알고 나니 '진작 알았더라면.' 하는 아쉬움이 듭니다. 골프의 매력은 고객들과 함께 준

비하는 과정에 있습니다. 함께 골프 칠 날을 기대하며 연습하고, 약속하는 과정에서 자연스럽게 고객들과 친해질 수 있습니다. 산은 혼자 가지만, 골프는 같이 하는 것입니다. 고객들과 이런 시간을 많이 갖기 위해서 최근에는 차를 승합차로 바꾸었습니다.

5. 다년 간 판매왕을 차지하셨는데, 시상식 느낌은 어떤가요?

시상식에는 우리 가족들이 모두 참석합니다. 가장 행복한 것은 상을 받는 아빠의 모습을 보며 아이들의 모습이 달라졌다는 것입니다. 며칠 전에는 큰 아들이 "아빠를 존경합니다."라고 하면서 "커서 아빠처럼 세일즈맨이 되고 싶어요."라고 털어놨습니다. 그런 아이가 기특하기도 하고 고마워서 저는 머리를 쓰다듬어 주었습니다. 앞으로 2대에 걸쳐 세일즈를 하는 세일즈 부자를 꿈꿔 봅니다. 세일즈의 매력 중 하나는 제 고객을 아들에게도 물려줄 수 있다는 것입니다. 생각하니 벌써부터 가슴이 설렙니다.

6. 무척 바쁘실 텐데 가정에서는 어떤 모습인가요?

제가 이렇게 열심히 일할 수 있는 근본적 원천은 바로 가족입니다. 든든히 내조를 하는 지혜로운 아내와 밝게 커가는 두 아이들이 있기에 힘차게 뛸 수밖에 없습니다. 하지만 되도록이면 일찍 퇴근해서 아이들과 놀아주려고 노력합니다. 너무 일만 쫓아가면 어느 순간 무너지고 외로워지기 때문입니다. 그래서 WORK&LIFE 밸런스를 잘 맞추려고 합니다. 가화만사성, 즉 가정이 평안해야 밖에서도 더 신나게 뛸 수 있는 것 같습니다.

7. 어떤 마음가짐으로 고객을 만나세요?

오늘이 마지막이라고 생각하고 고객을 만납니다. 피천득 시인의 『인연』이라는 수필집을 보면, '그리워하는데도 한 번 만나고는 못 만나게 되기도 하고'라는 문구가 있습니다. 고객도 그런 것 같습니다. 오늘 처음 만난 고객을 다시 보고 싶어도 못 볼 수 있습니다. 바로 그런 마음으로 만납니다. 그리고 다른 직원들에게는 받을 수 없는 꼼꼼한 제품 설명과 성실한 자세로 상담에 임합니다. 그런 마음으로 대하면 그 고객은 반드시 다시 옵니다. 또한 저도 고객에게 실수할 때 있습니다. 그럴 때는 진심을 다해 바로 사과합니다. 판매왕이라고 자만하지 않고 늘 겸손한 모습으로 대하려고 노력합니다. 회사에서는 스포트라이트를 받지만, 지금 고객에게는 잘 보여야 하기 때문입니다.

8. 영업을 한 지 20년인데, 향후 20년의 계획은?

특별한 계획은 없습니다. 그냥 오늘처럼 살고 싶습니다. 좋은 컨디션으로 바쁘게 뛰어다니고 고객과 더불어 사는 이 삶이 그냥 좋습니다. 지금보다 더 행복하게 영업을 하고 싶습니다. 그래서 힘이 닿는 날까지 최선을 다하고 멋지게 퇴직하는 것이 계획이라면 계획일 수 있습니다.

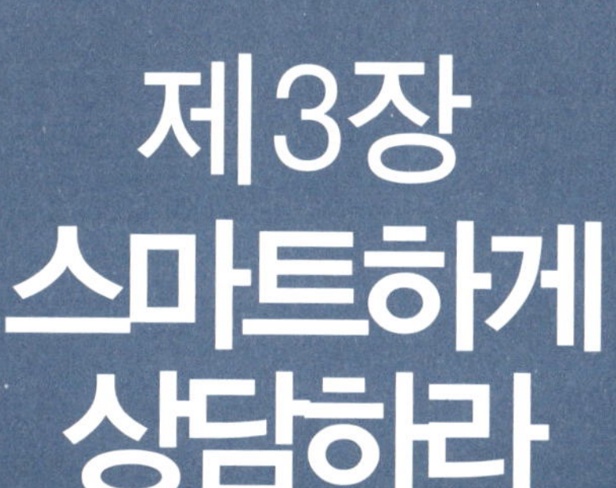

제3장
스마트하게
상담하라

완벽하게 준비하고 똑똑하게 만나라

　　자동차 업계의 영업 달인인 박노진 이사는 자신의 영업 철학을 '좌우지 간左右支干'이라고 했다. 무조건 사람들을 만나서 이야기하라는 것이다. 그는 가만히 앉아서는 아무것도 할 수 없으며 고객을 만나지 않는 세일즈맨은 죽은 목숨이라고 충고한다. 영업의 꽃을 피우려면 고객을 많이 만나야만 한다. 세일즈맨은 고객과 약속을 잡고 직접 찾아가 만나는 것을 두려워해서는 안 된다.

　　그런데 만남에 앞서 무엇보다 중요한 것이 있다. 약속을 잡는 것이다. 고객과 약속을 잡았다면 이제 약속한 날 약속 시간에 고객을 만나러 가면 끝일까? 그렇지 않다. 약속한 날 고객에게 연락해 약속 시간을 최종 점검할 필요가 있다. "고객님, 오늘 10시 20분에 뵙기로 한 것 잊지 않으셨지요? 잠시 후에 뵙겠습니다."라고 약속 시간을 재확인해야 한다. 고객은 약속을 종종 잊곤 한다. 때문에 약속 전에 최종적으로 일정을 체크하면 고객이 약속을 잊어 만남이 취소될 가능성도 적고, 고객 입장에서는 이런 모습에서 신뢰감을 느낄 수도 있다.

　　필자는 며칠 전 보험 가입을 하려고 커피숍에서 12시에 약속을 했다. 점심시간을 활용했던 터라 일찍 마치고 사무실에 들어가야 하는데, 약속 시간이 다 되어도 세일즈맨은 오지를 않았다. 결국 그 세일즈맨은 25분이 지나서야 도착했다. 그날따라 날씨도 더운 탓에 땀에 범벅이 되어 뛰어오는 그의 첫인상이 내게 좋을 리 없었다. 우리에게 남은 시간은 오직 30여 분이었다. 자연스레 그분의 목소리는 빨라지기 시작했고, 나는 남은 시간을 계산하다 보니 그의 설명에 집중할 수 없었다. 세일즈맨에게는 한 시간이라는 고객과의 만남이 짧게 여겨지겠지만, 고객에게는 무척 어렵게 마련한 시간일 수도 있다.

Q. 평소 당신의 약속 습관은 어떤가요?
1. 미리 도착한다.　2. 정시에 온다.　3. 가끔 늦는다.　4. 항상 늦는다.

당신에게 이 질문의 정답은 말할 필요도 없이 1번이 되어야 한다. 만약 2번이라고 답했다면 다시 생각해 볼 필요가 있다. 정시에 맞추려다 보면 3번처럼 꼭 늦는 때가 생긴다. 그래서 어떤 세일즈맨은 시계의 시간을 16분 빨리 맞춰 놓는다고 한다. "길이 막혀서요.", "버스가 늦게 와서요.", "갑자기 급한 일이 생겨서요." 라는 핑계들이 고객에게는 통하지 않는다.

사쿠라이 히데노리의 『무엇을 해도 풀리는 사람의 성공습관』이라는 책을 보면, "실패하는 사람은 시간관념이 흐릿해서 5분이라는 시간의 중요성을 알지 못한다. 성공하는 사람은 손목시계를 5분 빠르게 해 둔다. 실패하는 사람은 허둥대고, 잊어 버리고, 변명하는 세 가지 결점이 있다. 성공하는 사람은 준비하고, 일찍 도착하고, 미리 몸을 푸는 세 가지 장점을 갖고 있다."라며 성공한 사람과 실패한 사람의 특징을 이렇게 설명했다.

약속 시간이 3시라면 3시인 것이다. 고객과의 약속 시간에 미리 도착하여 상담할 자료를 다시 한 번 챙기고, 옷매무새를 가다듬고, 여유롭게 고객을 만나라. 헐레벌떡 숨이 찬 상태로 허둥지둥 고객을 만나지 마라.

그렇다고 고객의 자택이나 사무실에서 약속했을 때, 약속 시간보다 너무 일찍 도착하는 것도 좋은 방법이 아니다. 요즘 고객들은 철저하게 개인적이며 사생활 노출을 꺼린다. 고객은 개인적인 상황으로 인해 어떤 불편함을 감수하고 세일즈맨을 만날 수도 있다. 급히 집 안을 청소하고 있을 수도 있고, 샤워를 하거나 옷을 갈아입고 있을 수도 있다. 이런저런 이유로 예정보다 너무 이른 세일즈맨의 등장은 고객을 당황스럽게 만들기에 충분하다.

어느 세일즈맨은 여유롭게 도착하여 미팅 자료를 검토하고, 그날 제안할 제품에 대해 프레젠테이션을 준비하다가 고객과 약속한 시간 20초 전에 정확하게 도착한다고 한다. 이것은 그가 영업을 하면서 지키는 영업 철칙이다. 그렇게 해서 매번 고객과의 약속 시간을 철저하게 지키는, 정확하고 성실한 세일즈맨으로 인정받는다고 한다. 만약 당신의 시간 개념이 불분명하다면 성공하는 세일즈맨이 되기 위하여 시간 개념을 재정립할 필요가 있다.

고객을 만날 때 시간개념 못지않게 중요한 것이 또 있다. 바로 자신감이다. 생각보다 많은 세일즈맨들이 고객을 만날 때 긴장을 많이 하며 행여 거절당하지 않을까 두려워한다. 어떻게 하면 자신감 넘치는 모습으로 고객을 만날 수 있을까? 다음 방법들을 활용해 보자.

첫째, 고객을 만나기 전에 거울을 보고 살짝만 입꼬리를 올려 웃는 인상을 만들자. 세일즈맨도 사람이기에 기분이나 몸의 컨디션이 나쁠 때도 있다. 그러나 고객을 만날 때도 컨디션이 좋지 않은 상태로 만난다면 상담이 잘 풀리기 어려울뿐더러 고객도 당신의 부정적인 기운을 그대로 전달받아 좋은 성과로 이어지기 어렵다. 고객을 만나기 전에 당신의 입꼬리를 'U' 자로 만들어 환하게 웃어라! 그러면 불안한 감정은 조금씩 누그러지며 안정감과 자신감을 되찾게 될 것이다.

둘째, 이미지 트레이닝을 하자. 당신의 머릿속에서 고객과의 계약 장면을 그려 본다. 고객과의 계약이 성사되는 장면을 구체적이고 생생하게 묘사하는 것이다. 고객과 당신이 계약을 한 후 활짝 웃고 있다. 무슨 일이든 잘될 것이라는 긍정의 생각과 자신감으로 무장한 채 부딪혀라! 긍정적 이미지 트레이닝은 긍정의 힘을 발휘해 좋은 결과를 가져올 것이다.

『두근두근 고객발굴의 기술』이라는 책에서 신윤순 씨는 확률 법칙을 강조한다. 세일즈맨이 고객에게 접근했을 때 60%가 경청하고, 그중 20%만이 구매한다는 것이다. 즉, 10명의 고객에게 접근하면 6명이 조금은 귀를 기울이고 그중 1~2명은 반드시 구매한다는 것이다. 그 한두 명의 고객을 만나기 위해서 오늘도 웃으며 고객을 만나기 바란다. 즐겁게 일하는 당신은 멋진 세일즈맨이다.

고객의 기억을 지배하라

요즘은 아이돌이 대세다. 그룹들도 너무 많다. 시대에 뒤처지지 않으려고 나름 신경 써서 아이돌 그룹을 외우려 해도 누가 누군지 도통 모르겠다. 워낙 아이돌 그룹들이 많다 보니 그들도 차별화된 홍보 전략을 짠다고 한다. 그래서 다음과 같이 팬들이 쉽게 기억할 만하고, 오래도록 각인될 수 있는 짧은 인사말을 반복해서 한다.

"We the B.E.S.T 씨스타입니다!"

"제국의 아이들 파이팅! 제국의 아이들입니다!"

"빛나는 샤이닙니다!"

"지금은 소녀시대, 앞으로도 소녀시대, 영원히 소녀시대!"

워낙 경쟁 상대들이 많으니 이런 인사법은 요즘 아이돌들에게 필수 사항이라고 한다. 한 신문사와의 인터뷰에서 달샤벳 소속사 해피페이스엔터테인먼트 이주원 대표는 "인사를 하며 동시에 포즈를 취하면 팬들의 궁금증을 더욱 유발해서 좀 더 쉽게 이름을 기억한다. 또한 리듬감이 있어 자꾸 들어도 질리지 않고, 괜히 또 듣고 싶은 느낌까지 준다."며 아이돌들의 인사말 효과에 대해 설명했다.

세상에는 너무나 많은 세일즈맨들이 있다. 하물며 당신과 동일한 제품을 판매하는 세일즈맨들은 또 얼마나 많은가. 어떻게든 고객이 당신을 떠올리게 해야만 한다. 고객이 만난 수많은 세일즈맨들 중에서 당신을 생각나게 해야 하는 것이다.

어떻게 하면 고객의 머릿속에 가장 먼저 떠오르는 세일즈맨이 될 수 있을까? 누군가 당신에게 "무슨 일을 하세요?"라고 물었을 때 당신은 어떻게 대답하는가?

"네. 저는 제약 영업을 합니다."

"저는 자영업을 하고 있습니다."

물론 정확한 대답이다. 하지만 상투적이고 지루하다. 질문 하나에도 특색 있고 인상 깊은 답변을 해서 고객의 머릿속에 각인되어야 한다. 필자가 인상 깊게 들었던 몇 가지 인사말을 소개해 본다.

어떤 보험회사 판매왕은 자신을 "상위 1% OO생명 FC □□□."라고 소개한다. 그래서 판매왕이 된 후에 인사말을 이렇게 바꾼 것이냐고 물었더니, 그게 아니라 신입 때부터 이렇게 고객과 만날 때마다 이렇게 소개하면서 자신의 목표와 신념을 수도 없이 되뇌었다고 한다. 그리고 지금은 진짜 사내에서 1% 안에 드는 보험왕이 되었다고 한다.

"가장 현명한 제안으로 고객님의 자산을 컨설팅해 드립니다. △△△입니다."

"아름다움을 입혀 드립니다. ＊＊패션 ◇◇◇입니다."

"환상을 현실로 바꿔 감탄사로 돌려 드리겠습니다. ☆☆인테리어 ♧♧♧입니다."

자신의 외모를 활용해 소개하는 세일즈맨도 있었다. 세일즈를 시작하면서 항상 빨간 넥타이를 매고 다니면서 열정적으로 고객과 만났던 한 직원은 "빨간 넥타이, ○○○입니다."라고 자신을 소개한다.

제프 블랙먼의 『365일 매일 읽는 마케팅전략 100』이라는 책에서는 "당신도 날마다 사회생활을 하면서 분명 같은 질문을 받았을 것이다. 당신이 믿건 그렇지 않건 간에 그 대답이 기회를 몰고 오기도 하고 멀리 쫓아버리기도 한다."라며, 다음과 같이 개성 있는 자기 소개법 세 가지를 소개한다.

1. 최대한 짧게 한다.
2. 흥미를 유발하고, 웃음을 주는 내용이면 더 좋다.
3. 의미가 있고, 기억되기 쉬어야 한다.

한마디 인사말로 "왜 빨간 넥타이에요?", "자기 소개가 참 흥미롭네요.", "정말 유쾌하시네요?"라는 말처럼 고객에게 긍정적인 반응을 이끌어 냈다면, 당신은 프로 세일즈맨으로 한 발짝 더 다가선 것이다. 프로는 짧은 순간에도 자신을 홍보하고, 상대방에게 강하게 어필한다. 당신은 앞으로 고객을 만날 때 명함을 건네면서 어떻게 인사할 것인가? 다소 엉뚱하거나 유치해도 좋다. 당신의 강점이나 특징을 개성 있게 살려서 고객의 뇌리에 각인되어야 한다. 당신의 인사말을 듣고 고객이 소리 내어 웃는다면 그것만으로도 성공이다.

한국형 세일즈를 하라

세일즈 공부를 시작할 즈음 도서관에서 관련 책들을 찾는데 외국 책이 정말 많았다. 물론 그중에는 양서도 많았지만, 우리나라 정서에는 맞지 않는 부분들이 많아 현장에 적용하려고 해도 제한이 있었다.

미국을 기반으로 전 세계에 300여 개 지점을 오픈한 'Build a Bear Shop'이 있다. 완성 제품이 아닌 말 그대로 곰인형을 만드는 가게다. 고객은 직접 곰인형 옷의 색, 단추, 신발 등을 선택한 후 천에 솜을 넣어 몸을 만들고, 샤워를 시킨다. 심지어 이름을 지어 출생신고도 한다. 세상에서 단 하나뿐인 나만의 인형을 직접 제작하는 방식이 신선하다. 국내에도 2005년도에 잠실 롯데월드점을 시작으로 몇 개의 점포를 오픈했다.

하지만 지금은 한 군데도 남아 있지 않다. 왜 그럴까? 그 실패 요인을 분석해 보면, 인형을 끔찍이도 사랑하고, 테디 베어를 가장 갖고 싶은 물건이자 분신처럼 여기는 미국인들과 다른 우리나라만의 문화적 특성을 꼽을 수 있다. 그 밖에 저출산 현상으로이 기본적 수요가 줄었고, 체험형 인형에 대한 인식 부족, 높은 가격 등을 실패 요인으로 들 수 있다.

이처럼 외국 상황과 우리나라 현실이 다른 것처럼 세일즈 역시 우리나라 고객들의 특징과 정서를 고려해 그에 맞게 응대와 설득을 해야 한다. 그리기 위해서는 한국인의 성향을 잘 파악해 활용할 줄 알아야 한다. 무엇보다 한국인들은 인간적인 면을 중시한다. 고객님이라는 다소 딱딱한 호칭보다 때론 형님, 누님, 어머님처럼 실제 가족은 아니지만 가족적인 호칭을 사용하면 경계심을 낮추고 친근감을 높일 수 있다.

서양인들에게는 '정'이란 개념이 없다. 그들 입장에서는 정 많은 한국인이 비합리적이고 의존적인 사람이라고 오해를 할 수도 있다. 하지만 우리 입장에서는 그들이 무정하거나 매정하다고 느낄 수도 있다.

며칠 전 지인과 점심식사를 하기로 했는데 시간이 맞지 않아 부득이하게 커피만 마시게 되었다. 오랜만에 만나서 대화를 나눴는데도 헤어지는데 뭔가 허전했다. 그런데 헤어질 때 나도 모르게 "다음에는 제가 식사 대접하겠습니다. 먼저 연락 드릴께요."라는 말이 나왔다. 그렇다! 한국인에게는 한국인에게 맞는 소통의 기술이 있다. 우리나라 사람들의 대표적인 안부 인사가 "식사하셨어요?"인 것을 보면 한국인들은 뭔가를 함께 먹으면서 정을 쌓는 것 같다. 이런 한국인의 특징을 세일즈에 활용한다면 고객과 끈끈한 정이 쌓여 의외로 좋은 결과로 이어질 수 있다.

1. 고객과 상담 도중 차를 마셔라

별것 아닌 것 같지만 고객과 차 한잔을 마시면 심리학 법칙 두 가지를 활용하는 것이다.

첫 번째는 상호성의 원리다. 사람은 뭔가를 주면 되돌려 주는 성향이 있다. 정에 약하고 인간적인 한국인들에게는 아주 좋은 방법이다. 며칠 전 지인과 선약이 있어 약속 장소에 도착했는데 시간이 많이 남아서 근처 액세서리 가게에 들어갔다. 시간도 때우고 아이쇼핑을 할 요량으로 들어갔더니 주인아주머니가 냉장고에서 강장제를 하나 꺼내 손수 따 주었다. 마침 날씨도 더웠기에 마시고 났더니 그냥 나갈 수가 없었다. 왠지 미안한 마음이 들었기 때문이다. 가게를 나서는 내 손에는 어느새 귀걸이 한 세트가 들려 있었다. 물론 커피 한잔을 사준다고 해서 구매를 안 하려던 사람이 구매하는 것은 아니다. 하지만 고객에게 적당한 부담감을 주는 것은 좋은 효과를 불러올 수 있다. 모든 것은 'Give & Take'다. Give가 먼저다.

두 번째는 '오찬의 효과'다. '음식의 효과'라고도 하는데, 즉 당신이 고객과 함께 뭔가를 먹으면 다음과 같은 효과를 기대할 수 있다.

1. 맛있는 음식을 먹으면 긍정적인 감정이 생긴다.
2. 함께 음식을 먹은 사람과 친밀감이 형성된다.
3. 상대방에게 긍정적 감정이 생긴다.

사나운 맹수도 무언가를 먹고 나면 순한 양이 되고, 울어대던 아기도 젖을 먹이면 새근새근 잠이 든다. 이것이 바로 음식의 효과다.

어느 날 수입 자동차를 벤치마킹하러 갔더니 작은 바구니에 초콜릿, 쿠키 등이 담긴 바구니를 차와 함께 내 주었다. 점포에는 혹시 입냄새가 나지 않을까 불안해하며 상담을 받는 고객을 위해서 껌 같은 것을 준비해 두는 것도 좋다. 만약 고가의 제품을 판매하는 매장이라면 조금 고급스러운 음식을 준비해 보라. 차 종류도 일반 커피나 녹차보다는 질 좋은 원두커피나 유기농 녹차, 다양한 허브차를 구비해 놓으면, 고객은 매장이 많은 배려를 하고 있다는 인상을 받을 수 있다.

또 고객에게 차를 권할 때는 멘트에도 세심하게 신경을 써야 한다. 평소에 여느 사람들처럼 "고객님, 차 한잔하시겠어요?" 또는 "커피 한잔하시겠어요?"라고 하고 있지는 않은가? 그렇다면 별로 좋은 멘트가 아니다. 고객은 판매원들이 제공하는 음식에 대해 기본적으로 부담감을 갖기 때문에 피할 수 있다. 또 이런 질문은 "예." 혹은 "아니요." 중 하나를 택해야만 하는 상황으로 몰아가기 때문에 고객은 별 생각 없이 거절할 수도 있다. 그렇기 때문에 고객에게 차를 권유할 때는 다음과 같이 요령 있게 말하는 것이 좋다.

"고객님, 커피와 녹차가 준비되어 있습니다. 어떤 것으로 준비해 드릴까요?"

"고객님, 기다리시는 동안 차 한잔 준비해 드리겠습니다. 커피, 녹차, 주스 중 어떤 게 좋으시겠어요?"

이렇게 몇 가지 음료를 제시하면 그중 하나를 고를 확률이 매우 높기 때문에 고객과 자연스럽게 차를 마시며 이야기를 나눌 수 있다. 이런 질문에도 물론 거절 의사를 밝힐 수 있다. 그럴 때는 당황하지 말고 "고객님, 그러면 날씨가 더운데 시원한 물 한잔 준비해 드릴까요?"라고 한 번 더 제안하는 것도 좋다. 필자의 경험이지만 거의 모든 고객은 "네!"라고 대답했다. 다음은 고객과 함께 차를 마실 때 지키면 좋을 몇 가지 요령이다.

1. 차는 고객만 주지 말고 본인도 함께 마셔라.

2. 차를 한꺼번에 너무 빨리 마시지 마라.

3. 차는 반드시 쟁반에 받혀 드려라.

우리나라 사람들이 자주 쓰는 말 중 하나가 바로 '체면'이라는 단어다. "내 체면이 뭐가 돼?", "체면 차리지 말고 많이 먹어.", "남편 체면 좀 세워 줘야 되는 거 아냐?"라는 말을 흔히 한다. 다른 사람을 의식하는 경향이 큰 것이다. 왜 이렇게 체면을 중시할까? 남들에게 자신의 모습이 초라해 보이는 것을 원하지 않기 때문이다. 그래서 우리나라 고객은 더더욱 알아봐 주고 대접을 잘해야 한다. 고객에게 차를 대접하는데 컵만 달랑 준다면 고객은 자신이 대접받는다고 느끼지 못할 수 있다. 별다른 생각 없이 한 행동 하나가 고객의 마음을 불쾌하게 할 수도 있다.

2. 고객과 함께 식사하라

그저 안부만 묻기에는 소홀해 보일 수 있고, 그 이상의 정성이 필요한 고객이거나, 고마움뿐만 아니라 죄송한 마음을 표현해야 할 고객과 관계를 돈독하게 하는 좋은 방법 중 하나가 바로 식사다. 우스갯소리지만 한국인의 거짓말 1위가 "언제 식사 한번 하시죠?"라고 한다니 그만큼 식사에는 인간관계를 친밀하게 하는 힘이 있는 것 같다. 하물며 스타벅스 창업주 하워드 슐츠는 자신의 성공 습관을 매일 다른 사람과 점심을 먹는 것이라고 했다.

당신은 누구와 점심을 먹는가? 물론 부담 없는 상대와 함께 점심 식사를 하면 밥 먹는 시간이 훨씬 편할 수는 있다. 하지만 당신이 세일즈에 대해 진정으로 고민한다면 점심시간을 생산적으로 보내는 습관을 가져야 한다. 이를 위해 점심 다이어리 쓰는 것을 추천한다. 막상 점심때가 되면 '오늘은 누구랑 먹지?' 하고 고민만 하다가 막상 실천하기 어려울 수 있으므로, 언제 누구와 점심을 먹을지 미리 계획해서 기록해 보라는 것이다. 처음에는 막막할 수도 있지만, 계속해서 하다 보면 많은 사람들을 만나면서 똑똑하게 시간 관리를 할 수 있다.

저녁보다 점심 약속을 하라는 이유는 무엇일까?

첫째, 저녁때는 긴장이 풀려 자칫 흐트러진 인상을 줄 수 있는 것과 달리, 점심시간은 근무 중 만남이기 때문에 반듯한 인상을 줄 수 있다. 둘째, 시간이 지체되는 것을 막을 수 있다. 점심이라는 한정된 시간을 활용하기 때문에 시간 낭비 없이 함축적으로 만날 수 있다. 저녁때까지 고객 응대가 계속된다면 건강 관리에도 좋을 리 없다. 셋째, 술자리를 피할 수 있다. 지금 당장 전화기를 붙잡고 "고객님, 오늘 점심 어떠신가요?"라며 약속을 잡아 보자.

내가 아는 어떤 세일즈맨은 고객과의 대화 중 고객이 어떤 음식을 좋아하는지 자연스럽게 물어본 후 반드시 메모하여 나중에 식사 메뉴를 정할 때 활용한다고 한다. "고객님, 지난번 사무실에서 뵈었을 때 청국장을 좋아한다고 하셔서 제가 정말 맛있는 집을 알아 두었습니다. 청국장 괜찮으신가요?"라고 말하는데 감동하지 않을 고객이 어디 있겠는가. 참 현명한 식사 세일즈 방법이다.

EBS제작팀과 김종명 공저의 『설득의 비밀』이라는 책을 보면, "술자리나 식사 자리 등을 이용하여 인간적인 분위기를 만들어라. 한국 사람들은 인간적인 면을 매우 중시한다. (중략) 특히 감정과 관련된 부분이라면 자연스럽게 식사라도 하면서 서로에 대해 좀 더 친근감을 느낄 수 있는 분위기를 만들어 놓고 대화를 나누는 것이 긍정적인 결과를 낳을 가능성이 높다."라는 내용이 나온다. 이제부터 한국인에게 잘 통하는 맛있는 음식 세일즈로 고객의 마음을 움직여 보자.

말보다 비언어에 집중하라

코칭을 하다 보면 "상담을 잘하려면 어떻게 해야 하나요?", "저는 말주변이 없는데 제가 세일즈를 잘할 수 있을까요?"라는 질문을 많이 받는다. 말을 잘하면 좋겠지만, 지나치게 말을 늘어놓는 것은 오히려 세일즈맨의 매력을 떨어뜨릴 수 있다. 중간 관리자로 있을 때 우리 지점에 맹○○과장이 있었다. 말도 좀 어눌하고 약간 더듬기까지 해서 과연 고객과 상담은 어떻게 할까 하고 걱정을 했지만 실적이 늘 좋았다. 마찬가지로 필자의 지인인 판매왕 박□□부장이 상담하는 모습을 옆에서 보면 그렇게 말을 많이 하지 않는다.

그런데도 고객이 지갑을 여는 이유는 무엇일까? 이들에게는 공통점이 있다. 그건 세일즈를 떠나서 만나는 사람과 진심으로 소통을 하며 만나서도 부담감을 주지 않는다는 것이다. 특별히 말의 기교도 없고, 말을 많이 하지도 않는데 사람들과 소통하는 그들만의 대화 기술이 있는 것이다.

미국의 심리학자인 메라비안에 따르면 커뮤니케이션의 구성 비율은 다음과 같이 세 부분으로 나뉜다고 한다.

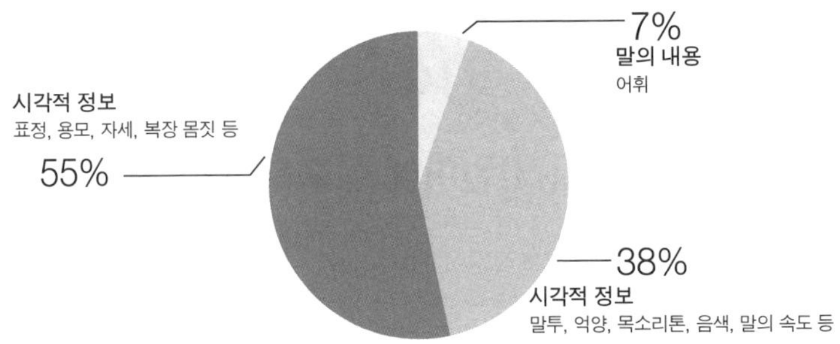

대화를 나눌 때 말이 차지하는 비율이 7%인 것을 감안하면 언어 자체의 영향력은 미미하다. 그보다는 청각적이거나 시각적인 정보, 즉 그 사람의 태도와 보디랭귀지가 중요하다. 스티브 잡스는 신제품을 출시할 때마다 직접 프레젠테이션을 했는데 그때마다 스크린을 활용했다. 하지만 그 스크린에 언어는 많지 않았다. 눈으로 보여 주고 귀에 들려 주는 등 '시각 〉 청각 〉 언어'의 순으로 소통을 실행했다.

이제 돌을 갓 지난 필자의 조카는 아직 말은 못하지만 몸짓으로 식구들과 소통한다. 하물며 금실 좋은 부부는 굳이 말을 하지 않아도 눈빛만으로 서로의 마음을 안다고 하지 않는가.

정리하면, 커뮤니케이션을 결정짓는 요소는 언어가 7%, 비언어가 93%이다. 93%의 비언어를 잘 표현하는 사람이 정말 말을 잘하는 사람이다. 그러니 말주변이 없다고 해서 콤플렉스를 가질 필요도 없고, 상담 시 굳이 말을 많이 할 필요도 없다. '무엇을 말하는가'보다 '어떻게 말하는가'가 더 중요하다. 그렇다면 어떻게 비언어적 요소를 활용해야 할까?

---

1. 너무 바짝 다가앉지 마라

화장실에 변기가 나란히 3개가 있다. 먼저 온 사람이 1번에 들어갔다. 그다음에 당신이 들어간다면 몇 번으로 들어가겠는가? 정답은 아니겠지만 대부분의 사람들은 다음 칸을 건너뛰고 3번으로 들어갈 가능성이 높다.

동물에게는 '임계 거리'라는 게 있다. 누군가 자신의 영역에 들어오면 으르렁거리며 경계한다. 임계 거리는 사람과 사람 사이에도 존재한다. 고객과의 만남은 엄연히 사회적인 만남이다.

며칠 전 고객과 서서 상담하는 직원을 보았다. 안 그래도 몸짓이나 목소리가 큰데 고객과 채 50센티미터도 안 되는 거리에서 이야기하는 모습이 열성적이기보다 불안해 보였다. 어쩌면 고객은 식사 후 양치를 못 해 입안이 불편하거나 바삐 뛰어오느라 땀에 젖어 누군가가 가깝게 다가오는 게 부담스러울 수도 있다. 아니나 다를까. 바짝 다가서는 세일즈맨 때문에 고객은 점점 뒷걸음질을 치고 있었다.

그렇다고 너무 멀리 떨어져도 안 된다. 그렇다면 가장 적절한 거리는 어느 정도일까? 바로 1미터 전후로, 팔을 뻗어서 닿을 듯한 거리가 좋다. 서서 상담해야 한다면 1미터 2~30센티미터 정도가 좋다. 고객과 적당한 거리를 유지하는 것이 고객을 배려하는 일임을 잊지 말자.

2. 끄덕끄덕하라

대화를 잘하는 사람들의 공통점은 경청을 잘한다는 것이다. 자신이 말을 잘 못하는 편이라면 고객의 말을 잘 들어라. 입이 하나고 귀가 두 개인 이유도 이 때문이라 하지 않든가! 단지 잘 듣기만 하면 되는 것이 아니라, 잘 듣고 있다는 것을 고객에게 표현하는 것도 중요하다. 그중 가장 쉽지만 가장 강력한 방법이 바로 고객의 말에 '끄덕끄덕' 반응해 주는 것이다. 고객은 자신의 이야기에 경청한다고 생각하면서 신나게 대화를 이어갈 것이다.

3. 눈으로 말하라

미국의 슈퍼마켓에서 물건을 털다가 붙잡힌 10만 명을 수용한 교도소에서 설문 조사를 했다. 흥미로운 사실은 이들의 95%는 막상 슈퍼마켓에 들어갔지만, 종업원이 눈을 맞추고 인사할 때는 강도짓을 하지 못했다고 한다. 반면에 이들이 범죄를 저지른 이유로 손꼽은 것 중에 하나가 '상대방이 자신과 눈도 맞추지 않고 무시했기 때문'이라고 했다. 다른 사람과 이야기할 때 상대의 눈을 맞추지 않고 피한다면 상대방은 자신이 무시당한다고 느낄 수 있다. 따라서 고객과 대화할 때는 편안한 눈빛이 고객을 향하도록 해야 한다.

4. 아무렇게나 앉지 마라

사람들과 앉아서 이야기할 때의 자세 역시 중요하다. 다음 예시를 보자.

- 왼 쪽 : 가까이 앉은 두 사람의 모습에서 적극적인 대화의 자세를 엿볼 수 있다. 상대방의 이야기가 정말 흥미진진하면 자세는 나도 모르게 그 사람을 향해 몸이 기울어진다.

- 오른쪽 : 양측에 날이선 대립각이 느껴진다. 한쪽은 손을 올려 대
  화를 시도하는 듯하지만 팔꿈치는 여전히 몸에 붙어 있고
  상대방 역시 몸 전체가 전혀 다른 방향을 향하는 등 서로
  자기방어를 하는 모습이다.

고객과 대화 시 적극적인 경청의 자세를 보이라! 나이토 요시히토는『만
남의 기술 첫 1분을 훔쳐라』라는 책에서, "상담에서도 약간 앞으로 기우는
자세로 대화하도록 하자. 의자에 앉는다면 그것이 어떤 디자인의 의자든
의자 등이 없는 듯한 기분으로 앉으면 좋을 것이다."라고 적고 있다. 너무
꼿꼿하게, 또 너무 의자에 등을 기대지 마라. 적극적이고 열정적인 당신의
마음을 상대에게 보여주듯 몸도 살짝 상대방 몸 쪽으로 기울여 보라. 상담
테이블에 두 손을 살짝 올려 놓으면 자연스럽게 몸이 앞쪽으로 기운다. 경
청은 귀로만 듣는 것이 아니라 온몸으로 듣는 것이다.

5. 마주 앉지 마라

고객과 마주 앉지 마라. 마주 앉는다는 것은 뭔가 대결 분위기를 조성
한다. 그럼에도 불구하고 무의식적으로 이런 실수를 한다. 낯선 사람과의

만남 시 당장은 편할 수 있지만 고객을 당신 편으로 만드는 데는 실패할 가능성이 높다. 고객과 비스듬이, 굳이 각도로 표현하자면 약 120도, 즉 L자 포지션을 이루는 것이 좋다. 상담 테이블은 네모난 것보다는 둥근 것을 선택하는 것이 효과적이다.

6. 고객의 마음을 읽어라

고객의 마음을 어떻게 하면 읽을 수 있을까? 고객과의 대화 시 비언어를 잘만 읽어낸다면 상당한 도움이 된다. 고객이 아무리 입으로는 "Yes."라고 말했더라도 그의 눈빛이 흔들리고 표정이 어둡다면 왠지 그 말에 신뢰가 가지 않을 것이다. 언어는 거짓이 가능하지만, 비언어는 거짓말을 하기가 힘들다. 하품을 하거나 딴 곳을 쳐다보는 등 비언어는 무의식중에 표현되기 때문에 그만큼 통제하기가 쉽지 않기 때문이다. 몇 가지 비언어적인 표현에 담긴 의미를 살펴보자.

1. 팔을 포갠다. - 방어적이다. 걱정이 있다.
2. 눈을 심하게 깜빡거린다. - 스트레스를 받고 있다.
3. 메모를 한다. - 관심이 있다.
4. 목청을 가다듬는다. - 예민하다.
5. 턱을 괴고 있다. - 어떤 평가나 생각을 한다.
6. 양손을 문지른다. - 초조하다. 무언가를 기대한다.
7. 시선을 아래로 향한다. - 실망하거나 절망적인 감정을 느낀다.
8. 손으로 입을 가린다. - 지루하다.

9. 양손을 뒤로 한 채 서 있는다. - 자신이 있다.

10. 다리를 떤다. - (습관일수도 있지만) 불안하다.

비언어적인 부분에서 긍정적 혹은 부정적 표현은 다음과 같다.

◆ 긍정적 표현

• 몸을 앞으로 숙인 채로 있다.

• 얼굴에는 미소가 머물고, 눈맞춤이 잦다.

• 손은 편한 상태로 있다. 계산기를 사용해서 꼼꼼하게 따져 본다. 힘차게 악수한다.

◆ 부정적 표현

• 몸을 전체적으로 뒤로 젖힌다. 다리를 꼰다.

• 얼굴에는 긴장한 표정이 역력하고, 시선을 잘 맞추지 않으며, 말수가 적다.

• 손을 자주 비비고, 악수할 때는 손끝만 잡고 한다.

이렇듯 센스 있는 세일즈맨은 고객의 비언어에 주목하고 고객의 마음을 읽는다. 또한 고객의 상태에 따라 다음 순간에 어떻게 대처해야 할지를 재빨리 판단한다.

데일 카네기는 『세일즈 바이블』이라는 책에서, "세일즈맨은 비언어적 단서를 감지하는 것을 좀 더 어렵게 느끼며 어떤 때는 신호를 잘못 해석하기도 한다. 때때로 사람들은 구매의사가 없으면서도 예의를 차리느라 제품에 관심이 있는 척하기 마련이다. 하지만 가장된 행동 뒤에 숨겨진 진짜 감정을 숨기는 일은 쉽지 않은 법이다. 그렇기 때문에 진짜로 구매에 관심이 있는 사람들에게서 발견할 수 있는 행동을 알아둘 필요가 있다."고 말했다. "눈치가 빠르면 절간에 가도 젓갈을 얻어먹는다."는 속담이 있듯이, 고객과의 상담을 성공적으로 이끌기 위해서는 고객의 비언어에 관심을 기울이는 것은 당연한 전략이다.

7. 고객에게 마음을 표현하라

고객의 마음을 읽는 것 못지않게 당신 역시 비언어적 표현에 신경 써야 한다. 다음은 상담 중 당신이 주의해야 할 비언어적 표현이다.

1. 팔짱을 끼는 것은 고객에 대한 자기방어 및 거부의 뜻이다.
2. 다리를 떠는 것은 고객이 상담에 집중할 수 없을 뿐더러 거만해 보인다.
3. 악수를 할 때 손끝만 잡는 것은 마음을 활짝 열지 않았다는 표현이다.
4. 턱을 치켜세우는 것은 거만해 보일 수 있다.
5. 슈트의 단추를 마지막 하나까지 잠근 채 앉아 있는 모습은 뭔가 답답해 보일뿐더러 폐쇄적으로 비친다.
6. 상담 중 시선을 다른 곳으로 향한다면 고객은 소외감을 느낄 수 있다.
7. 미소가 없는 무표정한 얼굴은 고객의 마음을 상하게 하고 서로 교감을 이룰 수 없다.

자, 상상을 해보자. 둥근 상담 테이블에서 고객과 당신이 상담을 하고 있다. 평소 당신의 모습은 어떤가.

순천향대 관광경영학과 이려정 교수는 2013년 발표한 「레스토랑 직원의 커뮤니케이션이 고객 감정과 충동 구매에 미치는 영향」이라는 논문에서, 비언어적 커뮤니케이션이 충동 구매와 상당한 관련이 있다는 연구 결과를 내놓았다. 레스토랑 종사자와 이용자 300명을 대상으로 설문 조사한 결과, 눈빛, 표정 등 비언어적 커뮤니케이션에서 얻는 긍정적 감정과 지출의 상관계수가 0.585로1에 가까울수록 상관관계가 높음 나타났다. 그리고 부정적 감정과 지출의 상관관계는 0.302로 나타났다. 즉, 레스토랑 직원의 눈빛이나 표정에서 좋은 느낌을 받으면 추가 메뉴를 주문하는 등 충동 구매를 하지만, 부정적인 감정을 갖게 되면 더 이상의 소비를 하지 않는다는 것이다.

간바 와타루는 『사람은 왜 남의 실패를 즐거워하는가』라는 책에서, "말을 잘하는 세일즈맨일수록 영업 실적이 오른다고 흔히 말하지만 실제로는 그 반대다. 훌륭한 세일즈맨의 대부분은 오히려 말솜씨가 없는 사람, 입이 무거운 사람이며, 또 대화에 있어서도 상대가 말을 걸어오도록 유도하며 계속해서 대화를 나누는 사람이다."라고 적고 있다. 똑똑한 상담을 하기 위해서 똑똑한 비언어적 커뮤니케이션은 필수다.

고객과 친구가 돼라

당신은 고객과 친해져야 한다. 왜 그래야 할까? 고객은 세일즈맨에게 먼저 다가올 필요가 없다. 아쉬울 게 없기 때문이다. 고객은 객관적인 기준으로 냉정하게 제품과 세일즈맨을 평가해 선택하면 되지만, 세일즈맨은 그렇지 않다. 세일즈맨은 고객과 친해질수록 좀 더 편안한 분위기를 연출할 수 있고, 제품을 설명하는 데 들이는 노력과 시간을 훨씬 더 절약할 수 있다. 그렇다면 고객과 친해질 수 있는 방법에는 어떤 것들이 있을까?

1. 고객의 이름을 불러 줘라

며칠 전 자동차 수리를 받으려 정비업체에 갔다. 고객 쉼터에서 대기하고 있는데 수리를 다 마친 엔지니어가 "K7 9559 고객님!"이라며 필자를 불렀다. 순간 "네!"라고 대답했지만, 가만히 생각해 보니 '내 이름이 9559는 아닌데?' 하는 생각이 들어서 기분이 썩 좋지 않았다.

내가 아는 화장품 회사의 한 세일즈우먼은 고객에게 전화를 받을 때 "여보세요?"라고 하지 않는 게 영업 철칙이라고 한다. 대신에 "김소영 선생님!", "정 사장님!"처럼 고객의 이름을 불러주면서 친근감을 표현한다고 한다.

우리은행이 최근 고객 가치 경영의 일환으로 'Great 서비스'를 도입할 때 각 영업점마다 강조한 다섯 가지 핵심 테마가 있었다. '밝은 웃음, 관심과 표현, 고객 눈맞춤, 감사의 마음'과 마지막으로 강조한 항목이 '고객 이름 부르기'였다. 이름을 불러주면 고객은 이렇게 생각한다. '나를 특별한 고객으로 여기는구나.', '참 친절하군.', '최선을 다해서 자신의 일을 하고 있구나.', '이런 마인드라면 영업도 잘하겠구나.'라고 말이다.

문자를 보낼 때도 이름을 넣어 보내면 좋다. 동시다발적으로 오는 문자지만, 그중 내 이름이 들어간 문자는 왠지 더 끌린다. 여기에 회사 직급이나 사회적 지위가 있다면 ○○차장님, ■■사장님처럼 호칭을 붙이면 효과는 배가된다.

그러니 고객의 전화가 왔을 때는 반드시 이름을 입력해 놓도록 하라. 또한 고객의 이름을 잘 외우기 위해서는 고객과 이야기할 때 의도적으로 반복해서 부르거나, 외모와 같은 특징을 고객의 이름과 함께 기록해 두면 좋다.

2. 나를 오픈하라

새로운 고객과 만날 때 수박 겉핥기가 아니라 진심으로 고객과 만나 소통하고 싶다면 먼저 자신을 공개해야 한다. 개인적인 이야기를 하면 더욱 좋겠지만, 그렇다고 해서 첫 만남부터 가족 사항이나 취미 같은 것들을 나열하듯 풀어낼 수도 없을 것이다. 이럴 때는 자연스럽게 한 가지 주제를 가지고 이야기를 꺼내면 좋다. "우리 아이는요…….", "제가 어렸을때는요……", "저의 집은……"과 같이 고객의 관심사와 연관된 이야기를 꺼내 서로 공감대를 형성한다면 성공적이다. 사적인 이야기를 한다고 해서 아마추어처럼 보이는 것은 아니다. 절묘하게 고객과 친밀해질 수 있도록 문고리를 당기는 것이다.

사적인 정보를 공개하는 것을 심리학에서는 '자기공개'라고 한다. 자신을 공개하면 고객은 '나는 당신에게 마음을 열고 있어요. 당신도 마음을 열어 주세요.'라는 메시지를 전달받을 수 있다.

이때 개인적 고민을 자연스레 이야기해도 좋다. "맞벌이라서 아이들에게 잘해주지 못하는 게 안타까워요.", "제가 사는 동네는 공기가 좋지 않아서 다른 곳으로 이사를 갈까 생각 중이에요."와 같이 자신의 고민을 털어놓으면 고객은 인간적인 친밀감을 느끼거나 경계를 늦출지도 모른다. 사람은 누군가 약한 모습을 보이거나 어려움에 처했을 때 도와 주려는 심리가 있기 때문이다.

미국의 심리학자인 한센과 슐츠는 자신의 정보를 자꾸 공개해 나가면 그만큼 상대방도 호감을 가지고, 뭔가를 자꾸 숨기려고 하면 친밀한 관계로 발전하지 못한다고 했다. 그러니 고객에게 솔직하게 자신을 드러내라. 당신이 먼저 마음의 벽을 허물지 않으면 고객은 더 굳게 자신의 문을 잠글 것이다.

3. '우리'가 돼라

'2/3 + 3/4 = ?'이라는 수학 문제를 풀어 보자. 가장 먼저 해야 할 일은 무엇일까? 공통분모를 찾는 것이다. 즉, 12를 공통분모로 해서 '8/12 + 9/12'

로 바꿔서 더해 주면 간단하게 '17/12'이라는 답을 얻을 수 있다. 고객과의 관계도 마찬가지다. 고객과의 공통분모, 즉 공통점을 찾으면 자연스럽게 친해질 수 있다.

"아! 고향이 ○○세요? 저도 그 옆 □□인데, 같은 전북 출신이네요."

"저도 주말에는 주로 등산을 다닙니다. 어디 산을 즐겨 찾으세요?"

이처럼 상대와의 공통점을 발견하면 어느새 서로를 가로막고 있던 담이 허물어지고 공통 주제로 시간 가는 줄 모르고 대화를 이어 갈 수 있다.

그래서 일부러 다양한 취미를 갖는 사람들도 있다. ▲▲ 제약 Y직원은 "다양한 고객들과 파트너가 되려면 스스로 폭넓은 분야에 관심을 갖고 지식을 쌓아야 한다."고 강조한다. 그는 사진 촬영을 취미로 가진 고객을 만나면 곧바로 카메라를 사서 공부한다고 한다. 대단한 열정 아닌가! 고객과 공통점을 만들기 위해 새로운 취미를 갖는다니 말이다. 그만큼 고객과 공통점이 있다는 것은 좋은 신호다. 이 공통점을 놓치지 말고 대화 주제로 활용함은 물론 고객과 더욱더 친해지는 계기로 만들자.

4. "감사합니다!"라고 자주 표현하라

고객과 처음 만나는 자리거나 서먹서먹한 관계라면 "감사합니다!"라는 말을 많이 하라.

"직접 전화 주셔서 감사합니다!"

"이 과장님 먼 곳까지 직접 찾아 주셔서 감사합니다!"

"많이 바쁘실 텐데 기다려 주셔서 감사합니다."

공문선의 『히든 커뮤니케이션』에서는 "대화의 물꼬를 트는 방법은 '고맙다'고 말하는 것이다. 상대에게 대화에 참여해 준 것에 대해 진심 어린 감사를 표현하며 시작함으로써 대화의 분위기를 이끌어 갈 수 있다."는 내용이 나온다.

이 말은 계약이 성사되지 않은 고객에게 써도 좋다.

"고객님 오늘 저에게 상담할 수 있는 영광을 주셔서 감사했습니다. 충분히 고민해 보시고 다음에 좋은 인연이 되기를 기대하겠습니다."

오늘 계약을 결정하지 않았더라도 이런 말을 들으면 고객은 괜시리 미안해져서 마음을 돌릴 수도 있다.

『감사의 힘』이라는 책의 저자 데보라 노빌은 "감사합니다!"라는 한마디 말이 엄청난 시간과 에너지의 소비 없이도 자연스럽게 성공을 불러오는 말이라고 강조했다. 그는 온갖 어려움을 딛고 성공한 사람들의 공통점을 취재하다가 그들이 "감사합니다!"라는 말을 많이 쓴다는 것을 발견했다. 또한 이 말을 많이 하면 병에 대한 면역력도 높아지고, 스트레스를 더 잘 극복할 수 있다.

이제부터라도 고객들에게 항상 감사하다고 말하라. 당신 스스로 긍정의 에너지를 얻게 되고, 고객에게도 긍정의 에너지가 전해져 좋은 열매로 돌아올 것이다.

고객에게 맞춰라

며칠 전 가족들과 서해안으로 여행을 갔다. 굴밥이 맛있다고 하는 식당을 찾았다. 소문만큼이나 손님들이 많았고, 대기는 필수였다. 막상 들어가서도 식사가 나오는 데는 한참이 걸렸다. 손님이 많아서도 그럴 수도 있겠다 싶었다.

그런데 사장님의 목소리가 정말 컸다. 추가 반찬을 주문했더니 "갖다 드릴게요." 하는데 톤도 높고 소리도 커서 순간 심장이 벌렁거렸다. 분명 그 사장님은 추가 반찬 요청에 "No!"라고 하지는 않았지만 또다시 뭔가를 요청하기가 불편했다.

세일즈 현장을 다니다 보면 이처럼 고객을 배려하지 않는 세일즈맨들이 의외로 많다. 자신의 성격이나 스타일로 단순하게 고객을 응대하기 때문에 고객에게 편안한 느낌을 주지 못하니 신뢰를 쌓기도 힘들다. 고객과 보조를 맞추는 것은 매우 중요하다. 이를 '페이싱pacing기법' 또는 '매칭matching'이나 '미러링mirroring'이라고 한다. 고객과 공감대를 형성하기 위해 고객과 함께 호흡한다는 의미다.

당신은 그렇다면 고객과 무엇을 맞춰야 할까?

1. 목소리를 맞춰라

몇 해 전 신종플루가 크게 유행했다. 나만은 피해 갈 줄 알았지만, 나 역시 걸려 버렸다. 인터넷에서 관련 병원을 검색해 찾아간 곳은 내과였는데 신종플루 환자도 있었지만 일반 환자들도 많았다. 신종플루라 하면 누구든 경계했기에 접수창구에 가서 조용히 병명을 이야기했다. 그러자 간호사가 큰소리로 "신종플루는 체온을 재야 되는데요?"라는 것이 아닌가. 순간 쥐구멍이라도 있다면 숨고 싶었다. 고객 입장은 전혀 상관없다는 듯한 간호사의 응대가 너무나 불쾌했다.

당신은 목소리 크기를 고객의 목소리에 맞춰야 한다. 목소리가 크면 시원시원할 수도 있지만, 위압감을 주거나 차가운 인상을 풍기기 십상이다. 고객은 대개 상담 내용이 철저하게 비밀에 부쳐지기를 원하고 최대한 조용히 상담을 받고 싶어한다. 목소리가 큰 고객에게 너무 작은 목소리로 응대해서도 안 된다. 중요한 것은 고객의 목소리 톤과 페이스에 맞추는 것이다.

며칠 전 가전제품을 사러 갔는데 젊은 판매 직원의 목소리는 작기도 했지만 제품을 설명하는 게 어찌나 느리던지, 성격이 급한 필자로서는 속이 터질 지경이었다. 그래서 설명 중간중간에 말을 끊고 궁금한 점을 묻는 식으로 흐름을 빠르게 바꾸려 했는데 직원은 필자의 의도를 전혀 알아채지 못했다. 고객에게 주의를 기울이지 않고 자신의 방식만을 고수하는 세일즈맨은 고객의 마음을 움직일 수가 없다.

2. 몸짓을 맞춰라

인천의 한 주유소에서 주유를 한 적이 있는데 특별한 서비스에 감동을 받았다. 결제를 하는데 신용카드 영수증을 갖고 와서는 무릎을 꿇고 사인을 요청하는 것이었다. 다른 곳에서는 받아 보지 못했던 서비스였기에 처음에는 당황스러웠지만 고객을 배려하는 모습에 고마운 생각이 들었다. 직원은 필자의 눈높이와 맞추기 위해 무릎을 꿇었던 것이다.

이처럼 고객은 앉아 있는데, 세일즈맨이 서서 상담한다면 올바른 방법이 아니다. 상대의 몸짓을 똑같이 따라해 호감을 주는 것을 심리학에서는 미러링 효과라고 한다. 고객이 다리를 꼬면 당신도 다리를 꼬고, 고객이 박수를 치면 당신도 박수를 쳐 보라. 몸짓을 따라 하면 마치 거울을 본 듯한 착각이 들어 고객은 당신에 대한 심리적 경계를 허물고, 친근감을 느낄 것이다.

3. 말의 양을 맞춰라

상담을 하면서 고객이 말을 너무 하지 않아서 곤혹스러운 적이 있을 것이다. 고객은 왜 말하지 않는 걸까? 원래 말이 없어서일까? 제품에 관심 없어서일까? 혹시 당신이 그 원인이라고 생각해 본 적은 없는가? 당신이 지나치게 말을 많이 하면 고객은 입을 열 일이 없다. 당신만 말한다면 고객의 요구나 정보를 얻을 수 없으며, 당연히 제대로 된 상담 방향을 잡지 못할 것이다. 결론을 말하면 상담에 득이 될 게 하나도 없는 것이다.

며칠 전 콜센터에 제품 문의 차 전화를 했는데 상담사가 말할 틈을 주지 않았다. 그뿐 아니라 필자가 말하는 중간에 가로채기까지 했다. 나중에는 어이가 없어서 그냥 듣고 있다가 끊어 버렸다. 고객인 나로서는 그 시간이 전혀 유익하지 않았던 것이다. 당신이 말을 너무 많이 한 탓에 고객은 짜증이 났을 수도 있다. 혹시나 고객이 아무런 말도 없어서 어색함을 참다 못한 당신이 의도적으로 많은 말을 할 수도 있다. 하지만 지금 고객은 생각 중일 수도 있다. 고객의 시간을 방해해서는 안 된다.

상담 시 고객과 새일즈맨 간의 가장 이상적인 말의 비율은 얼마일까? 7:3 내지 8:2다. 당연히 3 혹은 2가 세일즈맨의 분량이다.

고객과 상담할 때는 필요한 말만 하고 고객의 말을 더 많이 들어 주는 게 좋다. 아마추어는 제품을 설명하거나 구매 시 이점에 대해 주저리주저리 많은 말을 늘어놓느라 정작 고객의 반응은 주의 깊게 살피지 못한다. 하지만 프로 세일즈맨은 여유롭게 고객에게 질문하고, 고객의 이야기에 경청하며, 고객의 반응에 따라 적절하게 응대한다.

세일즈 설득력 강사인 케빈 호건과 윌리엄 호튼은, 사람은 자신과 닮은 사람에게 호감을 느끼기 때문에 상대방과 속도를 맞추면 설득력이 높아진다는 사실을 몇 가지 연구를 통해 발견했다. 고객과 목소리 톤이나 빠르기, 음색, 몸짓과 대화의 양을 맞춘다면 둘 사이의 거리가 좁혀져 좀 더 친근하게 다가갈 수 있고, 고객은 상담 시간을 한결 편안하게 느낀다. 고객과 속도를 맞추지 않으면 일방적인 커뮤니케이션이 된다는 사실을 잊지 말자.

상담 적응력을 높여라

몇 년 전 SBS 개그 프로그램 〈웃찾사〉에서 컬투가 '미친 소' 분장을 하고 영어 문장을 기상천외하게 해석하여 큰 호응을 얻은 적이 있다. 예를 들면 "I am a boy."를 "아이가(I) 앰앰(am) 우는 매미를 보고 어(a)하고 놀랍니다. 왜냐하면 매미가 보이(boy)니까요."로 해석하는가 하면, "I'm a girl."의 경우 I'm을 해석할 때는 "이 아이(I'm)는 다른 아이입니다. 그건 그때그때 달라요. 이 아이는 점이 달린 아이입니다."라고 말하는 식이었다. 이 코너의 제목이 바로 '그때그때 달라요'였다.

고객과의 상담도 상황에 따라 그때그때 달라야 한다. 적극적으로 밀어붙여야 할 때가 있는가 하면 느긋하게 기다려야 할 때가 있고, 간단명료한 전달력이 필요한가 하면, 구체적인 설명이 필요할 때가 있다. 이처럼 다양한 상황 가운데서 몇 가지 상반된 상황을 예로 들어 보자.

1. 밀어 붙여라 VS 좀 참아라

세일즈맨이 어떤 모습일 때 고객은 '적극적'이라거나 반대로 '소극적'이라고 생각할까?

◆ 적극적이라고 여겨질 때

목소리에 자신감이 넘치고, 고객의 이야기를 경청하며, 고객의 질문에 적극적으로 대답한다. 또 이동하며 제품을 소개할 때는 고객보다 앞장서서 걸으면서 고객을 리드한다. 고객에게 제품 구매 시 구체적인 혜택에 대해 설명해 주는 등 친절하게 응대하고, 구매에 대해 강하게 제안한다.

◆ 소극적이라고 여겨질 때

목소리가 딱딱하고, 단답형으로 말하며 고객의 말을 가로막는 등 불친절하다. 또 고객과 시선을 맞추지 않고 제품 소개에 소극적이고 말투가 처진다.

상담에서 적극성은 세일즈맨으로서 판매하려는 의지이자, 열정의 표현이다. 맹목적이고 공격적인 것과는 다르다. 세일즈맨이 소극적인 태도를 취할 때 고객은 '내가 안 살 사람처럼 보이나?', '내가 귀찮나?'라는 생각을 하면서 구매 동기를 접고 만다. 상담에서는 주도권을 고객에게 빼앗기면 안 된다. 브로슈어 제공, 가격 제시, 제품 시연, 음료 대접, 안내, 계약 권유 등을 재빠르고 적극적으로 할 때 고객은 세일즈맨을 신뢰한다.

◆ 섣부른 판단은 금물

'내가 세일즈 경력이 몇 년인데…….', '딱 보면 냄새가 나지!'라며 고객을 '산다', '안 산다'로 섣불리 판단하는 것은 매우 위험하다. 다음 그림을 통해서 세일즈맨의 판단과 고객의 결정에 따른 네 가지 상황별 세일즈맨의 심리에 대해 생각해 보자.

좌측은 세일즈맨이 고객을 보고 '산다', '안 산다'라고 판단하는 것이고, 위쪽은 고객이 실제적으로 '산다', '안 산다'에 대한 판단을 내린 것이다.

	Customer	
	산다	안산다
산다	(1) **만족**	(2) **불만**
Sales Man		
안산다	(3) **매우 만족**	(4) **만족**

(1) 영역은 세일즈맨이 고객이 '살 것'이라고 생각하고 열심히 상담했는데, 아나나 다를까 정말로 계약하는 경우다. 이때 세일즈맨의 기분은 어떨까? 열심히 노력한 대가를 받았기에 무척 뿌듯할 것이다. 따라서 세일즈맨의 심리는 '만족'이다.

(2) 영역도 세일즈맨은 고객이 '살 것'이라고 예상해 열심히 상담하고 제품 시연까지 해 가며 노력했는데, 고객은 끝내 구매하지 않았다. 이럴 때 세일즈맨은 허망할 것이다. 이때 중요한 것은 속상한 마음은 빨리 털어버리고 다시 힘을 내는 것이다. 하지만 안타깝게도 이런 경우에 많은 세일즈맨들은 상심하며 쉽게 미련을 버리지 못한다. 이때 세일즈맨의 심리는 '불만'이다.

(3) 영역은 반대의 상황이다. 세일즈맨이 고객은 '안 살 것'이라고 판단하고 대충 응대했는데 이게 웬일인가! 지금 당장 그 제품이 필요하다며 배

송을 요청한다. 큰 노력을 하지 않았는데도 제품을 판매했으므로 이때 세일즈맨의 심리는 만족을 넘어 '매우 만족'이다.

(4) 영역은 세일즈맨이 고객이 '안 살 것'이라고 생각했는데, 정말로 고객이 안 사는 상황이다. 딱 보니 안 살 것 같아 카탈로그만 주고, 고객의 질문에 간단히 답변했다. 역시나 고객도 그냥 한번 알아만 본 것이고, 지금 당장 구매할 계획이 없단다. 이때 세일즈맨의 심리는 그다지 좋지는 않지만, 그렇다고 해서 '불만'을 느낄 정도는 아니다. 큰 노력도 하지 않았고 시간도 그다지 허비하지 않았기 때문에 특별히 기분 좋을 것도, 나쁠 것도 없다.

정리를 해보면 고객이 '살 것'이라고 생각했을 때의 결과는 '만족' 아니면 '불만'이다. 그런데 처음부터 '안 살 것'이라고 생각하면 '매우 만족' 아니면 '만족'을 느낀다. 사람은 누구든 안전주의적인 경향이 있어 의도적으로 편안한 쪽, 나중에 상처를 덜 받는 쪽으로 생각을 한다. 그래서 세일즈맨은 고객이 '안 살 것'을 미리 대비하여 섣부른 판단을 하는 것이다.

그런데 처음부터 고객이 '살 것'이라고 생각할 때는 적극적으로 응대하며 밀어 붙이지만, '안 살 것'이라는 생각이 들기 시작하면 자신도 모르게 소극적인 태도로 고객을 대하게 된다. 세일즈 현장을 가보면 이런 상황들을 많이 접하게 된다. 고객은 제품을 구입하려 할 때 적극적으로 의사 표현을 한다.

그러나 제품에 큰 관심을 보이지 않는다고 해서, 또 고객의 허름한 외모만 보고 '안 살 것'이라고 쉽게 판단해 버린다면 계속해서 실패를 맛보게 될 것이다. 고객을 만날 때 '선 판단'은 세일즈맨에게 있어 매우 안 좋은 습관이다. 의외로 안 살 것 같은 고객이 지갑을 여는 상황도 많다. 세일즈맨의 섣부른 판단이 종이 한 장 차이일 것 같지만 그 결과를 보면 너무나 큰 차이를 가져오는 것이다.

당신은 어떤 상황, 어떤 고객이든 긍정적으로 생각해야 한다.

2. 밀어 붙여라 vs 좀 참아라!

소비자 행동론을 보면 '요크스 다드슨의 법칙'이란 게 있다. 환기 수준이 낮을 때는 주의가 산만해서 정보 처리 능력이 낮고, 환기 수준이 높아지면 주의도 집중되어 정보 처리 능력이 좋아진다는 것이다. 예를 들어, 의류 매장에 들어섰을 때 판매원이 쳐다보지도 않고, 자기 볼일만 본다면 환기 수준이 낮아 정보 처리 능력, 즉 구매 의욕은 낮아진다. 적극적 응대가 중요한 이유다.

하지만 같은 상황에서 판매원이 고객에게 바짝 다가와서 "이 옷 좀 입어 보세요.", "어떤 스타일을 좋아하세요?"라고 너무 적극적으로 응대한다면 고객은 부담감을 느껴 오히려 구매 의욕이 반감될 수 있다. 고객은 혼자 천천히 둘러보고 결정하고 싶은데 너무 강한 밀착이 부담스러운 것이다.

며칠 전 어느 매장을 방문했는데 들어서자마자 카탈로그를 들이밀면서 묻지도 않은 제품에 대한 설명과 함께 지금 구매 시 혜택에 대해 혼자 늘어놓는 게 아닌가! 필자는 막 매장에 들어서서 겨우 숨을 고르고 있는데 말이다.

세일즈맨은 기다릴 줄도 알아야 한다. 지금 고객은 워밍업을 하고 있을 수 있다. 무관심한 태도도 좋지 않지만, 처음부터 제품 소개나 계약에 대한 욕심을 표현하면 고객은 마음의 문을 닫아 버릴 수도 있다. 고객의 마음이 스르르 풀릴 때까지 당신도 숨고르기를 하며 기다려야 한다.

3. 간결하게 vs 구체적으로

한 고객이 텔레비전을 사러 갔는데 다음과 같이 두 세일즈맨을 만났다.

A직원 : 최신 LED TV는 240Hz 주파수를 사용해 기존 제품보다 훨씬 화질이 좋습니다. 전기료도 약 40% 정도 절감할 수 있고, 두께도 절반 수준이죠. 그리고 이 LCD TV는 LED와 비교해 화질은 조금 떨어지지만 가격은 100만 원 이상 저렴합니다. 전원 버튼에 터치 센서를 적용한 신제품이죠. 그리고 이 PDP TV로 말씀드릴 것 같으면…….

고 객 : 그래서 뭐가 좋은데요?

B직원 : 30평대 아파트에는 이 정도 화면 크기면 충분하고, 가격도 저렴한 편입니다. 좀 더 좋은 화질을 원하신다면 왼쪽, 세련된 디자인을 원하신다면 오른쪽 모델을 권하고 싶습니다.

고 객 : 아, 네. 그러면…….

2009년 7월 18일자 조선일보에, '암호문 같은 제품 설명 좔좔대기만 하는 앵무새 직원엔 고객들 짜증나기 일쑤'라는 제목의 기사가 났다. 이런 A 같은 직원들에게는 공통점이 있다. 첫째, 고객보다 말이 많다. 둘째, 어떤 고객이든 똑같은 스크립트로 대한다. 셋째, 고객의 요구에 귀 기울이지 않는다. 넷째, 고객의 성향을 고려하지 않는다. A 같은 직원을 만난 고객은 물건을 고르기도 전에 먼저 지치고 상담하는 시간이 지겹게만 느껴질 것이다. 선택 가능한 상품을 너무 많이 제시해도 고객은 고개를 돌린다. 결론은 고객에게 짧고 간결하게 설명하라는 것이다.

◆ 고객의 정보를 적극적으로 습득하라

먼저 고객의 상황은 어떤지, 예전에 사용했던 제품은 어떤 점이 불편했는지, 새로 제품을 사려고 할 때 어떤 점이 해결되었으면 하는지, 예산은 어느 정도인지, 세일즈맨이 어떻게 해줬으면 하는지를 파악해야 한다. 각 고객의 상황을 감안하지 않으면 어떤 고객이든 똑같은 스크립트로 응대할 수밖에 없다. 고객 맞춤식 응대를 하려면 일단 고객의 정보를 잘 파악해야 한다. 그러기 위해서는 고객에게 정확하게 질문할 수 있는 스킬을 숙지해야 한다.

◆ 고객의 성향을 파악하라

구구절절 상담하는 것을 싫어하는 고객도 있지만, 보다 자세한 상담을 선호하는 고객도 있다. 고객의 성향이 모두 같지는 않기 때문이다. 따라서 고객의 성향을 잘 파악하여 그에 맞는 상담을 해야 한다.

◆ 제품에 대해 공부하라

제품에 대해 자신 없는 세일즈맨일수록 A부터 Z까지 죄다 설명한다.

고객은 모든 정보가 필요한 게 아닌데도 말이다. 제품 공부는 세일즈맨이라면 항상 해야 한다. 그래야 고객에게 필요한 제품을 정확하게 추천할 수 있다.

4. 간결하게 vs 구체적으로

타사 모니터링을 갔는데, 자신감만 넘치던 세일즈맨이 "이만한 차가 없습니다. 동급 차량 중에서는 최고입니다."라는 말만 할뿐 도대체 무엇이 최고이고, 어떤 점이 경쟁사 대비 내세울 만한 점인지에 대해서는 아무런 이야기도 하지 못했다.

"디자인이 최고죠!"

"최고로 인기가 좋습니다."

"이 제품으로 그냥 하세요."

이런 상황에서 고객은 자기 제품에 대해 자부심이 넘치는 세일즈맨으로 생각할 수도 있지만, 구체적인 정보 없이 최상급이라는 등의 절대적 표현은 고객의 반감만 살 뿐이다. 왜 최상급 제품인지 고객을 설득할 수 있는 설명이 반드시 있어야 한다. 상담 시 숫자를 포함해 설명하면 설득력을 더할 수 있다. 다음과 같이 바꿔 보라.

A. "연비가 가장 좋습니다."

⇨ "이 차는 연비가 13km/l 인 반면, A사의 차량은 12.5km/l입니다. 한 달 60리터 기준 시 월 연료비가……."

B. "무척 많이 팔렸습니다."

⇨ "작년 한 해 전체 가입자의 절반인 50만 명이 이 보험 상품을 선택
하셨습니다."

C. "다음 달쯤이면 출시될 예정입니다."

⇨ "정확한 날짜는 추후 말씀드리겠지만, 약 20일 전후가 될 것 같습
니다."

이처럼 고객에게 정확한 정보를 근거로 설명하면 신뢰감을 높일 수
있다.

상담 시간을 주도하라

고객과 미팅 시간을 잡는 것은 한두 번 만에 되는 게 아니다. 세일즈맨에게 신뢰가 어느 정도 있다거나 제품 구입에 대한 니즈가 있을 때 고객은 시간을 낼 가능성이 크다. 이때가 세일즈맨에게는 기회의 시간이기에 철저한 준비로 고객에게 유익하고 유쾌한 시간을 만들어 줘야 한다.

며칠 전 집 근처의 ○○텔레콤에 가서 휴대 전화를 바꾸려고 상담을 받았는데 판매원이 너무 열심히 설명한 나머지 혼자서 이야기한다는 느낌을 받았다. 제품에 대해서 정말 잘 알고 있었고, 소구점에 대해서도 정확히 제시하였기에 어느 정도 믿음이 갔지만, 이상하게도 고객인 내 입장에서는 그 시간이 무척 지루했다. 빨리 그 상황을 벗어나고 싶었다.

왜 그랬을까? 판매원의 말이 너무 많았기 때문일까? 물론 그것도 맞다. 하지만 더 큰 이유가 있었다. 다음은 그 판매원과 필자가 나눈 대화 내용 중 일부다.

"저는 휴대전화를 구입할 때 용량을 가장 많이 생각하거든요. 왜냐하면……."

"이 제품이 가장 많이 판매되었거든요. 제가 지난 달 프로모션에서……."

그 판매원은 고객 입장이 아닌 자신의 입장에서만 이야기하고 있었다. 누구나 자신이 말하는 시간은 짧게 느껴지게 마련이지만, 상대방의 이야기를 듣기만 하면 무료해지는 법이다. 고객 입장에서 상담하는 시간이 짧게 느껴지도록 하는 방법은 간단한다. 흥미를 가질 만한 화제를 제공하여 고객이 많은 이야기를 하도록 하는 것이다. 고객은 바쁘다. 세일즈맨의 이야기를 넋을 놓고 들어줄 시간이 없다.

고객 : 제가 시간이 없는데…….
세일즈맨 : 고객님, 그럼 어느 정도 시간을 내주실 수 있으시겠어요?
　　　　　30분 정도는 괜찮으시겠어요?
고객 : 일단 말씀해 보세요.

때론 자신이 요청한 상담인데도 고객은 큰맘 먹고 세일즈맨에게 시간을 내줬다고 생각한다. 그렇기에 어떻게든 확보된 상담 시간을 잘 활용해야 한다. 어떻게 상담을 이끄느냐에 따라 고객의 체감 시간은 전혀 달라진다. 만약 고객 입장에서 상담 시간이 전혀 지루하지 않다고 느낀다면 한 시간도 연장이 가능하다. 처음에는 경직된 표정으로 상담을 받기 시작했더라도 점점 여유를 되찾을 수 있다. 고객 입장에서 이야기하고, 고객이 흥미를 느끼는 주제로 상담을 이끌어 간다면 고객은 그 시간을 전혀 아깝지 않다고 느낄 것이다.

"고객님, 예전에 보험 드시고 혹시 수혜를 받은 적 있으세요?"

"큰 사고 경력이 없는 걸 보니 베스트 드라이버이신 것 같네요. 운전은 언제부터 하셨어요?"

"요즘 건강상 가장 걱정되는 부분이 어디세요?"

그렇다고 무작정 오래 상담을 진행하는 것 역시 좋은 방법이 아니다. 고객 니즈가 충족되고, 세일즈맨에게도 유익한 시간이 되었다면 마지막을 성공적으로 마무리하는 것이 프로 세일즈맨의 능력이다.

그렇다면 어느 타이밍에 상담을 마무리하는 것이 가장 좋을까? 대화의 분위기가 최고조에 이르렀을 때다. 계약도 되었는데 계속 앉아 있으면 효과는 반감된다. 대화를 하다가 할 말이 없어졌다면 그때는 너무 늦은 것이다.

너무 오래 앉아 있지 말라. 질질 끌지도 말라. 고객과 좀 더 이야기하고 싶다는 생각이 들 때 일어서면 된다. 고객도 좀 더 함께했으면 하는 마음이라면 다음 만남을 즐겁게 기다릴 것이다. 그리고 마지막은 다음과 같이 항상 감사의 인사를 하며 마쳐라.

"고객님, 오늘 귀한 시간을 내주셔서 감사합니다."

"오늘 고객님과 함께하는 시간이 정말 즐거웠습니다."

"골프에 대해 오히려 제가 더 많이 배웠습니다. 나중에 또 시간 좀 내주십시오."

고객의 주된 관심사나 만남에 대한 고마움을 표현하라. 고객 입장에서 혹시나 뭔가 부족하게 느껴진다고 해도 마지막의 이런 인사말은 세일즈맨과의 만남이 유쾌하고 단정했다는 인상을 남긴다.

세일즈맨이 어떻게 이끄느냐에 따라 고객이 느끼는 상담 시간의 질이나 체감 시간이 달라질 수 있다. 그러고 보면 고객은 절대 강자가 아니다.

당신이 어떻게 하느냐에 따라 얼마든지 달라질 수 있기 때문이다. 세일즈가 단순한 경험의 반복이 아니라 과학이라고 하는 것도 때문이다. 참 매력적인 세일즈다.

불만 고객에게 더 잘해줘라

요즘 고객들은 예전과는 다르다. 첫째, 더 많은 서비스를 요구한다. 비즈니스 욕구뿐만 아니라 인간적 욕구도 채워지길 원한다. 둘째, 인터넷을 통한 지식을 많이 갖고 있다. 셋째, 예전에는 직원에게 불만을 표출했지만, 이제는 인터넷에 유포하거나 기업에 직접 클레임을 건다. 그야말로 고객으로서 막강한 힘을 발휘하는 것이다.

요즘 세일즈가 힘든 것도 이 때문이다. 예전에는 고객 10인 1색의 시대였다. 그래서 그 1색만 맞춰 주면 되었다. 하지만 지금은 10인 10색을 넘어 1인 100색의 시대라고까지 일컬어지니 이쯤 되면 심각한 상황이다.

세일즈맨의 성과는 실적으로 대변된다. 제품 하나 판매하거나 계약하기도 힘든데 불만 고객을 만나 일일이 그 불만을 해결해 주려고 쫓아다니다 보면, 실적 쌓기는 점점 멀어지고 심리적으로도 무척 힘들어진다. 하지만 고객의 불만 역시 피하고 싶어도 피할 수 없다면 그것을 받아들이고 적극적으로 응대해야 한다.

K자동차 C차장은 신입 사원 때 초방 활동을 하면서 시장 골목에 있는 에어컨 설치 업체를 지속적으로 방문했다. 우연찮게 만삭인 사장님 부인

을 차로 병원에 모셔다 드린 게 인연이 되어 생각보다 쉽게 첫 계약을 따낼 수 있었다. 하지만 밋션 불량으로 세 번이나 차량을 교환하며 고객은 만 킬로미터도 주행하지 못하고 손해를 보고 팔게 되었다.

그 고객은 두 번 다시는 K사의 차를 사지 않겠다고 다짐했지만, 3년 후 또다시 K사의 화물차를 구매하게 되었다. 그런데 이번에도 차량에 이상이 생겼다. C차장은 화물차를 수리하기 위해 수차례 서비스 센터를 방문하면서 밤늦게까지 최선을 다했다. 그런 C차장의 정성을 알았는지 일 년 후 그 고객은 또다시 승합차를 구매했다. 운명의 장난인지 그 차마저 고장이 잦아지자 C차장은 또다시 긴 시간을 AS 응대로 보내야만 했다.

이쯤 되자 C차장은 그 고객에게 한 번만 더 기회를 달라고 할 용기조차 나지 않았다. 하지만 그간 고객 관리에 쏟아부은 시간이 너무 아까웠고, 오기까지 생겼다. 그래서 이전보다 더 열심히 그 고객을 찾아뵙고 경조사도 꼼꼼히 챙겼으며 사모님과의 관계를 친밀하게 만들기 위해 회사 판촉물이 나올 때마다 전해 드렸다.

그런 C차장의 태도에 감동한 그 고객은 다음번 구매는 물론 주변 사람을 C차장에게 소개해 주는 등 최고의 포스트 고객이 되었다. C차장을 울고 싶게 만들었던 클레임이 오히려 기회가 된 것이다. 물론 C차장의 갖은 노력의 결실임은 말할 것도 없다.

리츠칼튼 호텔에서는 "고객이 불만을 터트리는 것은 기회다."라고 외친다. 장정빈의 『먼저 돌아서지 마라』라는 책에서는 불만 고객을 '보석이 어디 있는지 알려주는 사람'이라고도 표현했다. 고객의 불만은 모든 비즈니스의 안전 밸브이자, 조기경보 시스템인 것이다.

제품에 대해 불만을 갖는 고객의 심리를 한번 살펴보자. 고객이 불만을 갖기 전에 고객은 '만족'한 상태다. 그리고 고객이 '불만'을 느끼게 되면 원래의 만족도는 떨어진다. 하지만 그 불만이 해소될 경우 고객은 이전보다 '더 만족'한다고 한다. 고객의 불만에 최선을 다해 정성껏 응대하여 불만이 해소된다면 오히려 당신의 충성 고객이 될지 누가 알겠는가.

그런데 왜 불만 고객들은 항상 까칠할까? 불만 고객들은 대부분 목소리가 크고 무척 예민하다. 처음 제품을 상담할 때 만났던 순한 양과 같은 고객이 더 이상 아니다. 그들은 왜 변했을까?

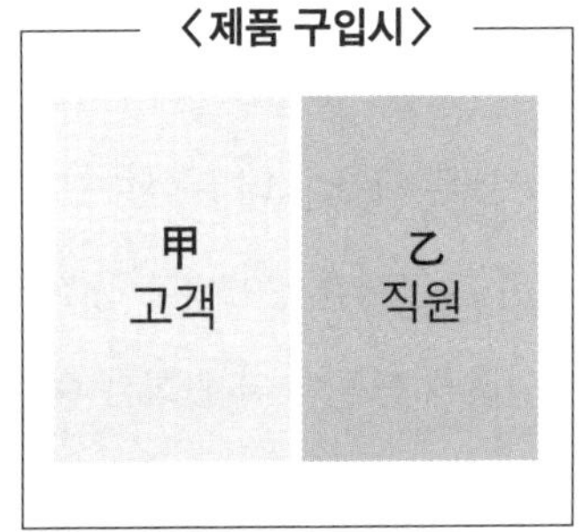

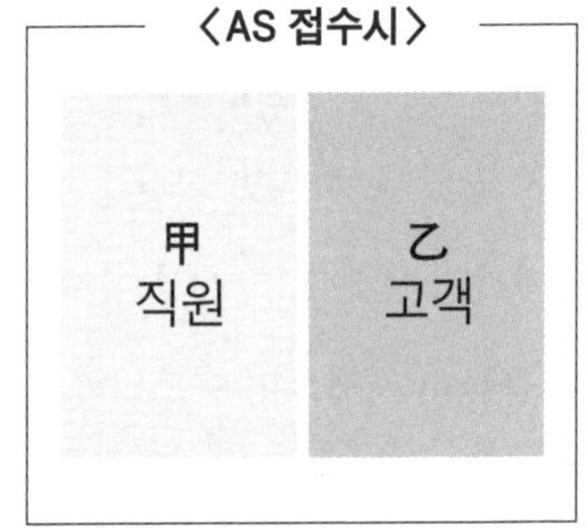

고객은 제품을 구매할 때는 '갑'의 입장인 반면, 세일즈맨은 '을'의 입장이다. 그래서 어깨에 힘이 들어가기도 하고 무척 당당하다. 하지만 이런 고객도 불만을 접수할 때는 다른 모습을 보인다. 물론 기대에 못 미친 제품 및 서비스에 대한 감정 표현도 하겠지만, 이때 고객의 심리를 들여다보면 '과연 AS를 잘해줄까?', '거절당하면 어쩌지?', '혹시 내가 조용히 말하면 나를 무시하고 처리를 제대로 안 해주는 것 아냐?'라고 생각하는 등 극도로 불안해 한다. 이처럼 불안한 마음을 숨기기 위해 고객은 더 큰 목소리로 더 강하게 나오는 것이다.

이때 정성껏 응대해 준다면 고객은 안심을 하며 충성도가 높아지지만, 그렇지 않으면 마음에 상처를 입고 더 오기를 부리게 된다. 따라서 클레임을 제기한 고객의 태도에만 신경 쓰기보다는 고객의 진짜 마음을 헤아리는 것이 중요하다.

며칠 전 백화점 식당에서 한창 식사를 하는데, 짬뽕 속에 파리가 들어 있었다. 일반 식당도 아니고 서울 강남 한복판에 있는 백화점에서 이런 허술한 위생 관리가 있을 수 있는지 너무나 불쾌했다. 담당 매니저에게 이 상황을 이야기하자, 그의 답변은 "다시 음식을 준비해 드릴게요."라는 말뿐이었다. 필자는 물질적 대응을 바란 게 아니었다. 상황에 대한 설명과 진심 어린 사과를 받고 싶었던 건데, 매니저는 그 상황을 수습하기에 급급했다. 나로서는 마음이 쉽게 풀리지 않았다.

이런 상황에서는 어떤 대처가 필요할까? 먼저 다음과 같이 감정적인 보상을 해야 한다.

"고객님, 많이 놀라셨죠? 저희도 이런 일이 일어난 것에 대해 무척 당황스럽습니다. 진심으로 사과드립니다."

"고객님, 많이 불쾌하셨죠? 대단히 죄송합니다. 저희가 어떻게 해드리면 마음이 조금이라도 풀릴까요?"

즉, 고객의 기분에 먼저 공감하고 동조적인 반응을 보여야 한다. 화가 난 고객에게 형식적으로 사과하는 것은 오히려 기름을 불에 붓는 격이 되어 상황을 더 악화시킬 수 있으니 주의해야 한다.

혹시 보상해 줄 수 있는 부분이 아니었는데 어쩔 수 없이 보상해 주었다면 마무리도 멋지게 해야 한다. 고객은 안 되는 것을 뻔히 알고도 나름 논리를 세우며 우긴다. 그런데 세일즈맨이 백기를 들며 자신의 요구를 들어준다면 뭔가 승리자가 되었다는 사실에 기쁘기도 하지만, 한편으로는 자신이 너무 심하게 군 것 같아 미안한 마음도 들 것이다. 이럴 때 세일즈맨은 마지막 말로 고객을 더욱 미안하게 만들어야 한다.

"이제 되셨어요? 이번은 해드리지만 다음부터는 그러시면 안 됩니다." 라는 말을 들으면 고객은 오히려 죄책감이나 미안함이 없어지고 오기가 생긴다. 때론 자신이 이런 물질적 보상을 받으려고 떼쓴 옹졸한 사람으로 치부되는 것 같아 화가 나기까지 할 것이다. 이런 경우에는 "고객님, 문제가 잘 해결되어 정말 다행입니다. 또 불편한 점이 있으면 연락 주세요." 와 같이 그냥 고객이 승자가 되도록 놔두어야 한다.

○○보험 C씨는 영업 철칙이 있다. 그는 고객을 다시 설득해도 마음을 바꾸지 않으면 결국 해약을 인정하면서 이렇게 말한다.

"고객님 혹시 저와 함께 상담하시면서 불편하셨던 점이 있으셨습니까?"

이렇게 이야기하면 대부분의 고객들은 미안해한다.

"아니요, 사정이 안 돼서 다시 생각 좀 해봐야 될 것 같아요."

"무척 안타깝습니다. 충분한 고민해 보시고, 제게 다시 기회를 주신다면 성심성의껏 모실 것을 약속드리겠습니다. 고객님과 다시 한 번 좋은 인연이 되기를 기다리겠습니다."

이런 세일즈맨이 진정 프로가 아닐까? 약속을 지키지 않았기에 고객에게 볼멘소리를 할 수도 있었을 텐데, 그 잘못을 자신에게로 돌리며 고객을 승자로 만들어 주었으니 말이다. 이렇게 하면 실제로 몇몇 고객이 다시 돌아온다고 한다. 그런데 대부분의 세일즈맨들은 고객이 해약을 요구할 때 자신의 불편한 감정을 그대로 표현하는 경우가 많다.

"음…… 해약하시면 제가 무척 곤란한데요."

이렇게 말하면 고객은 죄인이 된 채, 다시 돌아오고 싶어도 돌아오지 못할 것이다. 어차피 받아들여야 할 일이라면 고객과 좋게 마무리하라. 그게 바로 진정한 프로다.

영화 〈대부〉에 이런 대사가 나온다.

"충성 고객, 로열 고객과는 가까이 지내고, 까다로운 고객과는 더욱 가까이 지내라."

다혈질의 피곤한 고객이 나만의 고객이 되었을 때 뭔가 쾌감 같은 게 느껴지지 않는가? 불만 고객을 잘 응대하는 것이야말로 당신이 갖춰야 할 중요한 스킬 중 하나다.

제대로 공부하고, 정확히 설명하라

얼마 전 손가락이 부어서 가까운 병원을 찾았다. '파상풍인가? 아니면 뭔가 감염이 되었나?' 하는 걱정이 앞섰다. 하지만 필자의 손을 본 의사는 깊이 생각하지 않은 채, "일단 처방전을 드릴 테니까 드셔 보세요."라며 모호한 말만 할 뿐이었다. 정말 걱정이 됐던 터라 원인에 대해 재차 물었지만 왜 그런지 모르겠다는 말만 돌아왔다. 의사라면 환자의 병명에 대해 정확히 설명을 해주든가 아니면 뭔가 짐작되는 것이라도 말해 주어야 하지 않나? 순간 의사의 자질이 의심되었다.

환자들이 으레 '의사라면 당연히 알고 있겠지.'라고 생각하는 것처럼 고객도 세일즈맨에게 기대하는 바가 있다. '○○회사 직원이고, □□를 판매하는 세일즈맨이니까 당연히 알고 있겠지?'라고 생각하는 것이다. 그런데 고객이 질문한 사항에 바로 답변을 주지 못하면 고객은 순간 '세일즈맨이 이것도 몰라?'라며 자질을 의심하고 더 이상 신뢰하지 않게 된다. 고객의 질문에 답변하기 위해 당황해서 카탈로그를 뒤적인다고 생각해 보라. 무능해 보이지 않겠는가.

이렇듯 당신이 제품에 대해 많이 알아야 하는 첫 번째 이유는, 고객은 당신이 관련 정보에 대해 당연히 알고 있을 거라고 생각하기 때문이다.

두 번째 이유는 요즘 고객은 무척 똑똑하다는 것이다. 갈수록 세일즈맨들의 상담 시간은 점차 줄어들고 있다. 고객이 이미 많은 정보를 알아보고 세일즈맨을 만나기 때문이다. 때로는 신제품 사양을 세일즈맨보다 더 잘 알고 있다. S전자 AS센터 ○○○직원은 요즘 고객들은 자신보다 부품에 대해 더 잘 알고, 고장의 원인뿐만 아니라 가격까지 미리 다 알아 와서 고객 응대가 무척 긴장된다고 말했다. 고객은 일차적으로 정보를 알아본 후에 그 이상의 것을 물어온다. 그러니 최소한 고객보다는 더 많이 알아야 하지 않겠는가!

세 번째 이유는 적극적인 상담이 가능하기 때문이다. 세일즈 현장에서 세일즈맨이 소극적인 테는 다 이유가 있다. 그중 한 가지는 제품에 대한 지식이 부족하기 때문이다. 제품에 대해 자신 있고, 고객의 어떤 질문에도 답할 준비가 되어 있다면 적극적으로 고객을 이끌 수밖에 없다. 그러나 그 반대라면 소극적일 뿐 아니라 고객에게 질질 끌려다니게 된다.

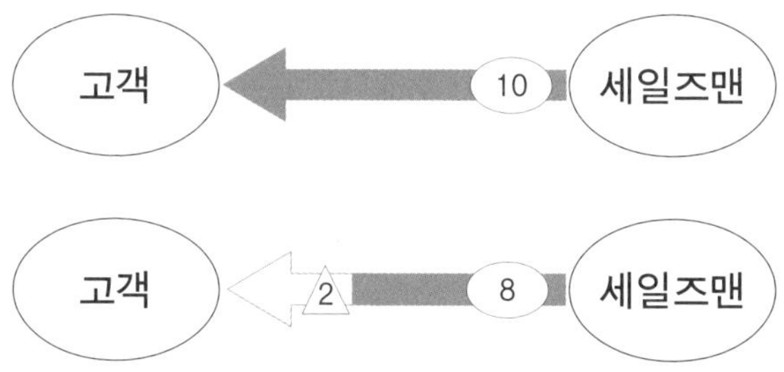

네 번째 이유는 똑똑한 제품 설명은 계약으로 연결되기 때문이다. '제품 지식 VS 계약 총량의 법칙'이란 것이 있다. 세일즈맨의 제품 전달력을

10으로 봤을 때, 열정적으로 최선을 다한 상담은 10 모두가 고객에게 전달된다. 그만큼 계약할 확률이 높아진다. 하지만 제품에 대해 잘 모르고 또 적극적으로 상담하지 못했을 때는 고객에게 8이라는 에너지밖에 전달되지 못한다. 2가 채워져도 고객은 계약을 할까 말까인데 말이다. 얼마만큼의 에너지를 고객에게 쏟아부었는가에 따라 계약에 가까워질 수도, 멀어질 수도 있다.

제품에 대한 공부는 신입이든 경력 직원이든 누구나, 언제나 해야 한다. 평생 교육이란 말이 있듯이, 세일즈맨으로서 평생 공부해야 할 과목은 바로 제품 지식이다. 혼자 하는 것도 좋지만, 세일즈 현장에서 관리자 주도하에 제품별 담당자를 두어 주기적으로 하는 것이 좋다. 해당 제품을 잘 판매하는 직원이 PM을 해도 좋다. 성공적인 계약을 이끄는 비결이 분명히 있기 때문이다.

당신은 잘 팔리는 제품이야 공부하지 말라고 해도 할 것이다. 또 제품을 많이 상담하다 보면 자연스럽게 상담 기술도 좋아지게 마련이다. 하지만 잘 안 팔리는 제품이라고 해서 방심해서는 안 된다. 고객이 언제 그 제품을 찾을지 모르기 때문이다. 제품에 열외 없이 세일즈 소구점을 찾아 나름의 스크립트를 짜 보는 것도 좋다. A라는 제품을 소개할 때 어떤 점부터 어떻게 설명할 것인지 미리 연습해 본다면 좀 더 똑똑한 상담을 할 수 있을 것이다. 이 시대의 최고의 프레젠테이션 전문가였던 스티븐 잡스의 성공 비결은 바로 철저한 준비와 연습에 있었다.

제품에 대한 지식뿐 아니라 그달마다 다른 프로모션 및 관련 세법, 상식 등도 꿰고 있어야 한다. 또 고객이 타사 제품을 사이에 두고 고민할 때 공략할 소구점도 숙지해야 한다. 혹시 제품 공부를 많이 했는데도 다음과 같은 상황이 닥칠 수도 있다.

Q. 고객이 모르는 것을 물었을 때는?

괜히 주눅 들지 마라. 모르면 솔직히 모른다고 하라. 오히려 아마추어처럼 얼버무리거나 어설픈 정보를 제공하는 것이 더 위험하다. 다음과 같이 조만간 답변을 드리겠다며 최선을 다하는 모습을 보여 줘라.

"고객님, 죄송합니다. 이 부분은 최근 변동된 부분이어서 제가 아직 숙지를 못했습니다. 잠시만 기다려 주시겠어요? 제가 바로 확인해서 알려 드리겠습니다."

고객은 솔직하고 당당한 직원을 더 신뢰한다. 늦지 않게 답변을 드려 신뢰의 손실을 만회하라.

Q. 고객이 세일즈맨 본인보다 제품에 대해 더 많이 안다면?

"고객님 이 분야에 상당한 조예가 있으시네요.", "제가 많이 궁금했던 부분인데 고객님께 배워야겠습니다." 라며 자체를 인정하고 고객을 칭찬하라. 고객은 순간 우쭐해져 우호적으로 상담을 이끌 수 있을 것이다.

저수지에 물을 채워 놔야 농번기에 유용하게 쓸 수 있듯이, 제품에 대한 지식은 당신에게 필수다. 그렇다면 열심히 숙지한 제품 지식을 고객에게 좀 더 효과적으로 설득하는 방법에는 어떤 것이 있을까?

1. 시각 자료를 활용하라

고객에게 제품에 대해 설명해 주고 100분 후 얼마만큼 그 내용을 기억하는지 실험을 해 보았다. 그런데 놀랍게도 말로만 설명했을 때는 4%를 기억했고, 카탈로그 등 시각 자료를 보여줬더니 19%를 기억했으며, 시각 자료를 보여주며 함께 말로 설명했더니 70%를 기억했다. 이처럼 시각 자료를 함께 활용하면 고객이 오래 기억할 수 있다. 또 제품에 대한 강한 인상을 줘서 구매 충동을 불러일으킬 수 있다. 푸드 코트 같은 곳에 가면 정말 먹음직스러운 음식 모형이 있다. 그걸 보면 식욕이 더 자극되는 것과 같은 이치다.

카탈로그, 관련 브로슈어뿐만 아니라 신문 자료를 활용하는 것도 좋다. ○○자동차 K 과장은 매일 아침 신문에서 상담에 필요한 자료를 스크랩한다. 복사한 자료, 인터넷 자료도 좋지만 가급적 신문에서 발췌한다. 고객이 궁금해하는 사항을 동영상으로 보여주는 것도 좋다. IT 기기를 사용해 설명해 주면 고객은 당신에게서 전문가다운 인상을 받아 높은 점수를 줄 수도 있다. 마지막으로 통계와 같은 숫자 데이터는 자료의 정확성과 신뢰도를 더 높여 준다.

2. 제품 구매 시 이익을 강조하라

특징과 이익은 다르다. "고객님, 이 ○○차에는 열선 시트가 장착되어 있습니다." 는 제품의 특징을 사실 그대로 나타낸 말이다. 이익을 강조하려면 "고객님, 열선 시트를 사용하시면 아무리 추운 날에도 이 엉덩이를 따끈하게 데워 주기 때문에 훨씬 편안한 출퇴근길이 되실 겁니다."와 같이 고객 입장에서 설명해야 한다. 이렇게 고객이 제품을 구매했을 때의 이익을 설명해 줄 때 고객은 제품에 대한 구매 욕구가 커질 것이다.

3. 제품을 경험하게 하라

이는 고객이 직접 보고, 만져 보고, 사용해 보게 하라는 것이다. 아파트 건설업체가 많은 예산을 들여서 모델하우스를 짓는 것은 왜일까? 고객이 직접 경험해 보고 제품에 대해 만족하면 지갑은 열리게 되어 있다.

고객은 상품을 살 때 금액과 상품을 저울질해 어느 쪽이 더 가치가 높은지를 비교하여 제품의 가치가 더 높을 때 구입한다. 고객이 별로 살 마음이 없거나 사야 할 필요성을 느끼지 못할 때, 사고 싶은 마음이 들도록 불을 잘 지피는 것이 당신의 역할이라고 할 수 있다.

퍼포먼스를 실행하라

"영업은 퍼포먼스다."

이 말은 필자가 진정 공감하고, 좋아하는 문장이다. 퍼포먼스perfor-mance의 정확한 의미는 무엇일까? 넓은 의미로는 '실행'이라는 뜻도 있지만, 좁은 의미로는 '연기'라는 뜻도 있다. 고객 앞에서 연기를 하라면 부정적으로 느낄 수도 있지만, 억지 연기를 하라는 말이 아니다. 영업을 하면서 고객의 말에 좀 더 강하게 동조하거나 반응할 필요가 있다는 것이다. 이렇게 해서 고객과 소통이 되고, 고객의 마음을 얻을 수 있다면 어느 정도의 연기는 필수다.

1. "고객님, 3시 40분에 찾아뵙겠습니다"

대부분의 사람들은 보통 약속 시간을 정할 때 "고객님 7시 어떠세요?", "제가 11시까지 사무실로 가겠습니다."와 같이 정시로 정한다. 심리학에 '단수 효과'라는게 있다. 사람들이 보통 대략적인 숫자보다 세세한 단수에 더욱 집중하는 것을 말한다. 대표적인 예가 상품의 가격을 1만 원, 2만 원이 아닌 9,900원, 19,900원과 같이 세세한 단위로 매기는 것이다. 겨우 100원 차이인데 고객이 느끼는 체감률은 그 이상이다. 마찬가지로 사업 매출액 목표도 100억 원이 아닌 98억 원으로 잡는 것이 직원들을 더욱 긴장시킨다.

이 '단수 효과'를 고객과 약속시간을 정할 때 활용해 볼 수 있다. 세일즈맨들이 흔히 하듯이, 정시 혹은 30분 단위가 아닌 10분, 5분 단위로 약속 시간을 잡는 것이다. 고객은 언뜻 다소 불편하다는 생각이 들 수도 있겠지만, 한편으로는 독특하고 시간 관리를 잘하는 사람으로 기억할 수 있다. 또 이러한 행동이 습관이 되면 시간을 훨씬 더 절약하면서 일정을 관리할 수도 있다.

2. "고객님, 더 궁금하신 사항이 있으신가요?"

퍼포먼스의 매력은 고객과의 대화에서도 빛을 발한다. 고객과의 상담을 마친 후 "고객님, 제가 설명 드린 것 외에 궁금하신 사항이 있으신가요?"라고 물어보라. 이는 고객을 응대하는 세일즈맨들이 가장 많이 해야 할 말 중에 하나다. 이 말을 들은 고객이 실제로 물어볼 것이 생각났다면 그에 대한 답변을 해 주면 될 것이다. 궁금한 사항이 없더라도 고객은 세일즈맨이 자신을 배려하고 있으며, 무척 섬세한 사람이라고 느낄 것이다. 더욱이 이 말을 상담을 마칠 즈음에 한다면 고객에게 상담이 잘 마무리됐다는 인상을 남길 수 있다.

마케팅에 '보랏빛 소' 이론이 있다. 자동차가 평원을 달리고 있다. 끝없이 펼쳐진 푸르른 평원에 누런 소와 얼룩소가 줄지어 풀을 뜯고 있다. 처음에는 멋진 광경이라며 감탄하지만 20여 분 동안 같은 장면을 보고 있자니 이젠 흥미롭지 않고 하품만 나온다. 그때 저 멀리서 보랏빛 소가 한 마리 나타난다. 이내 졸음은 달아나고 두 눈이 휘둥그레진 채 소리를 지르며 사진을 찍어 댄다.

남들과 똑같은 패턴으로 상담하고, 비슷한 방식으로 설득한다면 고객이 특별히 당신에게 제품을 사거나 계약할 이유가 없다. 따라서 당신은 고객에게 자신만의 차별화된 브랜드를 확실히 인식시켜야 한다. 어떤 고객에게는 한껏 기분 좋게 칭찬을 하고, 다른 고객에게는 감성적인 멘트로 마음을 사로잡아 보자. 당신은 그런 것을 할 줄 모르는 성격이라고? 천만의 말씀이다. 당신이 고객의 마음을 얻기 위해 특별한 퍼포먼스를 하지 않는다면 누가 해야 한단 말인가. 하다못해 고객과 상담 중에 고개를 끄덕이는 것도, 활짝 미소를 짓는 것도, 고객의 이야기를 열심히 메모하는 것도, 모두 퍼포먼스다. 이런 모든 행위는 당신이 진지하게 경청한다는 느낌을 준다.

최근 SNS 마케팅을 하는 세일즈맨들이 많다. 필자는 SNS에 '영업 일기'를 써볼 것을 추천한다. 다음과 같이 열심히 뛰는 당신의 일상을 SNS에 생생하게 기록하는 것이다.

"오후에는 경기도 하남으로 가서 ○○를 상담했다. 아직 결정하시지는 않았지만 긍정적으로 생각하시는 것 같아 서울로 돌아오는 발길이 무척 가벼웠다."

"오늘 □□□고객님과의 상담은 맨땅에 헤딩 같았지만 그래도 잘해 보련다. 아자아자 파이팅!"

시시콜콜하지만 때로는 고객과 함께했던 점심 식사 사진이나 고객이 대접한 맛있는 고구마 사진, 회사에서 받은 자랑스러운 판매왕 사진도 올려 보라. 평범해 보이는 당신의 일상 속에 열심히 살아가는 세일즈맨의 모습, 세일즈맨으로서의 소신, 고객에 대한 마음가짐 등을 담아 자연스럽게 인간미를 얹는다면, 그것을 보는 고객들에게 좋은 메시지가 될 수 있다. 지금은 바로 연기가 아닌 실행의 퍼포먼스가 필요한 시점이다.

동아제약 서성배 과장

1. 자기 소개를 부탁드립니다.

동아쏘시오그룹의 의약품 전문 기업인 동아ST에서 입사 10년차 과장으로 현재 삼성서울병원을 담당하고 있습니다. 입사 후 1년 만인 2006년에 클리닉 담당 판매왕을, 2010년 종합병원 담당 판매왕을 달성했습니다. 제약 영업은 판매왕을 2번 하기가 어렵습니다. 동아ST에서도 전무합니다. 판매왕이 되면 목표가 더 많이 주어지고, 거래처가 순환해서 배정되기 때문에 새로운 퍼포먼스를 연이어 내기가 쉽지 않기 때문입니다.

2. 제약 영업이 일반 영업과 다른 점은 무엇인가요?

자동차, 보험 등이 불특정 다수에게 하는 영업이라면 제약은 특정인, 즉 대부분 병원, 특히 의사 등을 대상으로 하는 영업입니다. 고객층이 대부분 대학을 나왔고, 의사 면허를 갖고 있는 분들입니다. 만나는 사람이 전문가이기 때문에 그 이상의 지식을 갖고 있어야 합니다. 자동차 영업이야 자동차를 만드는 사람에게 세일즈를 하는 경우가 많지 않을 것입니다. 제약 영업은 이 제품에 대해 너무도 많이 알고 있는 분들을 대상으로 합니다. 몇 년 동안 학교와 병원에서 끊임없는 공부와 학회 활동을 통해 실력을 연마하는 분들인 것입니다. 그런 분들에게 일반적인 소구점으로 어필한다는 것은 한계가 있습니다. 그것보다는 그분들이 정말 궁금한 것, 우리 제품만의 우수한 포인트 등으로 치밀하게 다가가야 합니다. 때론 생각지도 못한 질문이 나오기도 합니다. 모르는 걸 물어보면 스텝부서에 도움을 요청하거나 "이 부분은 제가 준비를 못했는데 다시 알아보고, 다음 미팅 시 답변을 드리겠습니다."라고 솔직하게 말씀드립니다. 얼렁뚱땅 얼버부리듯 넘어갔다가는 낭패를 보기 십상이기 때문입니다. 우리 제품이 무조건 좋다고 포장하지도 않습니다. 정직하게 고객을 대하려고 노력합니다.

3. 의사 고객의 성향적 특성은 어떤가요? 또한 나만의 응대 노하우는?

자부심이 강합니다. 그래서 고객을 최대한 인정합니다. 입사 후 1년 만에 판매왕이 된 비결도 바로 이것입니다. 처음엔 모든 게 부족하고 어색했습니다. 그래서 고객들에게 솔직하게 이런 부분을 얘기해 드리고, 되도록 질문을 많이 했습니다. "어떻게 생각하시나요?", "이럴 때는 어떤 치료 방법이 있나요?"라고 말입니다. 이분들은 관련 분야에 대해서 많이 알고 있다는 자부심이 있습니다. 그래서 오히려 잘 모를 때 물어보면 잘 가르쳐 줍니다. 질문 자체는 그분을 인정한 것입니다. 그리고 기회가 되면 "저희 회사는 OO제품이 있는데요."라고 적절한 타이밍에 들어갑니다. 또한 고객에게 배운 것을 다른 고객에게 써먹습니다.

내가 이루고자 하는 목표를 위해서는 우리 회사의 제품이 너무 좋아서 99계단은 올라갈 수 있겠지만, 마지막 1계단은 반드시 감성적으로 다가가야 합니다. 인간적으로 대해야 하는 것입니다. 나머지 1계단은 내가 올라가고 싶다고 해서 올라갈 수 있는 게 아닙니다. 고객이 올라오라고 해야 올라갈 수 있습니다. 내 마음이야 하루만에 100계단을 올라가고 싶겠지만, 무리하면 미끄러질 수 있습니다. 환자가 약국에 갔을 때 반드시 약이 있도록 사후 관리를 철저히 하고, 계속 거절하더라도 꾸준한 방문을 통해 성실함을 보여주면 마지막 1계단을 오르라고 고객이 손을 잡아 줍니다.

4. 영업의 신조가 있습니까? 있다면 무엇인가요?

배려입니다. 늘 고객 입장에서 생각하려고 노력합니다. 얼마 전에 의사 고객하고 같이 식사를 했습니다. 그분은 혈액종양내과에서 암 분야의 진료를 보시는데, 방문을 하면 종종 인상을 쓰시길래 연유를 여쭸습니다. 고객은 순간 무척 미안하다며 사유를 말씀해 주셨습니다. 유방암/폐암을 보는데 유방암은 젊은 분들이 많이 걸려서 치료 경과를 어느 정도 예측을 할 수 있는 데 반해, 폐암 환자는 나이가 있거니와 생각지도 못한 병이 경과되어 내원하는 분들을 보면 의사로써 스트레스를 받는다는 것이었습니다. 사유를 몰랐을 때에는 "왜 그러시지?" 하고 답답했지만, 그분의 사연을 듣고 보니 충분히 이해가 됐습니다. 영업사원의 방문도 중요하지만, 환자의 생사를 책임지고 있는 의사로서는 당연히 그게 더 먼저일 것입니다. 그래서 항상 고객 입장에서 생각하려 합니다. 많은 분들을 대하면서 상처받는 일이나 화나는 일도 많지만, '그분에게 무슨 일이 있겠지…'라고 이해하려고 합니다.

5. 회사에서는 어떤 교육을 받나요?

세일즈 스킬, 제품 지식, 프리젠테이션 기법과 최근에는 와인도 배웠습니다. 때로는 시험을 보기도 합니다. 제약 영업을 하는 사람이라면 교육을 많이 받아야 고객을 따라갈 수 있습니다. 단, 교육담당 부서에서는 고성과를 내는 사람을 무조건 따라가라는 식의 교육보다는 직원들의 현재 상황을 파악하고, 한 단계 더 업그레이드를 할 수 있도록 학습 목표를 설정하여 교육을 했으면 합니다. 개인적 성향이 있어서 무조건 다 따라갈 수는 없기 때문입니다.

6. 세일즈를 하는 데 자기 성격의 장단점을 꼽아본다면?

성격이 활달하지 못하고, 술도 못 마시며, 노래도 못 부르고, 노는 것도 잘 못합니다. 물론 다 잘하면 좋겠지만, 이를 부정적으로 생각하지 않고 단점은 보완하고 장점을 강화시키려고 노력합니다. 다소 내성적이고 소극적인 성격이기에 상담 시 주도적으로 리드하지는 못하지만, 대신 고객의 이야기를 많이 듣습니다. 그리고 많은 질문을 합니다.

7. 슬럼프 극복 방법이 있다면 말씀해 주세요.

저에게는 초단기적 목표, 1년 목표, 장기 목표가 있습니다. 물론 영업을 하면서 쉬고 싶을 때도 있습니다. 하지만 그럴 때마다 목표를 생각합니다. 참고로 그 목표는 회사가 내게 설정한 목표가 아닌 내가 자신에게 설정한 목표입니다. 그 목표를 되새기면서 다시 일어서려고 합니다. 슬럼프라고 느끼기 전에 시도합니다.

8. 하루 시간 관리는 어떻게 하시나요?

하루 시간은 제가 직접 통제합니다. 아마 대부분의 세일즈맨들이 그럴 것입니다. 그래서 저는 나태해지지 않도록 오늘 만나야 할 사람을 정합니다. 제약 영업의 특성상 때론 많이 기다리기도 합니다. 부재중이면 기다렸다 미팅을 하기 때문에 자칫하면 리듬이 깨질 수 있습니다. 출근은 7시에 해서 외국어 공부를 하고 하루를 시작합니다.

9. 앞으로의 계획은?

2가지입니다. 첫째는 제약 영업하는 후배들을 당당하게 일하도록 만들어 주고 싶습니다. 물론 고객에게 고개를 숙이는 것은 당연한 거지만, 좀 더 자신감으로 팔 수 있게 말입니다. 예를 들면 직접 신약을 개발할 수는 없겠지만, 외국의 좋은 약을 갖고 오는 것입니다. 제가 분명 할 수 있는 일이 있을 것 같습니다. 두 번째는 경제적 부자가 아닌 마음의 부자가 되고 싶습니다. 사회에 기부나 봉사를 통해 옳은 일로 보답하고 싶습니다. 곧 둘째가 태어납니다. 사랑하는 우리 가족들에게 자랑스런 아빠가 되고 싶습니다.

제4장
마법의 화법을
구사하라

질문이 영업력을 키운다

상담을 잘하고, 고객과 소통을 잘하는 세일즈맨은 질문 기술이 탁월하다. 질문을 잘하면 어떤 점이 좋을까? 자연스럽게 고객의 문제를 알 수 있고, 고객의 요구를 정확히 파악할 수 있으며, 상담의 주도권을 가져올 수 있다. 아울러 고객은 질문에 답함으로써 자신의 요구를 인식하거나 문제점에 대해 생각해 볼 수 있어 상담이 지루하게 느껴지지 않는다. 또한 진정한 커뮤니케이션이 이루어지고 있다는 느낌을 받아 우호적인 상담이 가능해진다. 질문의 유형은 크게 두 가지로 나눌 수 있다.

1. 질문 유형에 따른 질문

◆ 열린 질문

"고객님, 차를 구매하실 때 연비가 중요한가요? 아니면 디자인이 중요한가요?"

이렇게 묻는다면 고객은 둘 중 하나를 답하든가, 아니면 다른 요소를 단답형으로 대답할 것이다. 고객이 단답형으로만 말한다면 오늘 당장 필요로 하는 적합한 모델을 추천해 줄 수가 없다. 즉, 고객의 니즈와 상황을 파악하는 데 걸림돌이 된다. 이럴 때는 다음과 같이 질문을 약간 바꿔 보자.

"고객님, 차를 구입하실 때 특별히 중요하게 생각하는 게 있나요?"

이렇게 물어보면 이전의 질문보다 훨씬 더 풍부한 정보가 깃든 대답을 들을 수 있다. 이러한 질문 유형을 '열린 질문'이라 한다. 열린 질문은 답변하는 사람이 단순히 'Yes.'나 'No.'로 답하기 어렵기 때문에, 질문자가 얻고자 하는 정보를 훨씬 쉽게 얻을 수 있다.

고객에게 많이 할수록 좋은 질문이 있다. 그것은 바로 "고객님, 이번 주말에 뭐하세요?"라고 묻는 것이다. 이 질문에 고객들은 "이번 주에는 큰녀석이 졸라서 가족들과 리조트에 놀러가려고 해요. 애들이 워낙 스키 타는 걸 좋아하거든요.", "아버님께서 이번에 칠순이셔서 좀 뵙고 오려고요."와 같이 답할 것이다. 그러면 굳이 고객에게 취미나 가족 사항 등을 질문하지 않아도 자연스럽게 많은 정보를 얻을 수 있다.

마찬가지로 "휴가 잘 다녀오셨어요?"라고 묻기보다는 "휴가 어떻게 보내셨어요?"라고 열린 질문을 하는 것이 더 많은 이야기를 이끌어낼 수 있다. "이번에 새로 나온 신제품에 대해서 어떻게 생각하세요?", "이 보험이 만기가 되면 목돈을 어떻게 활용하실 건가요?"와 같은 열린 질문은 대화가 끊기지 않고 자연스럽게 이어지도록 해 준다. 훌륭한 상담 역시 중간 중간 열린 질문을 활용하면 매우 효과적이다. 그러니 고객의 정보와 생각을 듣기 위해 열린 질문을 하라!

◆ 닫힌 질문

닫힌 질문은 열린 질문과 달리 질문에 대한 답을 양자택일로 제한하는 질문이다. 어떤 질문에 답해야 할 때, 적절한 답변을 찾지 못해 곤란했던 경험이 한 번쯤은 있을 것이다. 이렇게 답변에 대한 갈피를 잡지 못해 당황스러울 때, 닫힌 질문은 답변하는 쪽의 편의를 생각해 질문과 답의 범위를 제한해 준다. 특히나 상담 약속을 잡거나 판매를 마무리할 때, 둘 중 하나를 고르도록 하기 때문에 고객은 'No.'라고 말하기가 어렵다. 즉, 이럴 때 닫힌 질문을 사용하면 당신은 유리한 입장이 될 수 있다.

"2시에 갈까요? 아니면 3시쯤 찾아뵐까요? 언제가 편하세요?"

"결재는 일시불로 하시겠어요? 할부로 하시겠어요?"

"제품은 평일에 받으시겠어요? 아니면 주말에 받으시겠어요?"

이런 질문에 일일이 답변하다 보면 어느새 고객의 최종 결론은 'Yes.', 즉 계약이 눈앞에 다가와 있다. 당신이 의도한 대로 상담을 이끌어 가기 위해서는 닫힌 질문을 활용하면 좋다. 열린 질문으로 상대방의 정보나 상황을 인지하고 나서, 닫힌 질문으로 계약을 유도해 나가는 것이다.

2. 상담 흐름에 따른 4단계 질문법

상담의 흐름에 따라 다음의 4단계 질문법을 적절히 사용해 보자. 먼저 친숙 질문을 통하여 친밀감을 형성하고, 고객의 상황을 파악하고자 탐색 질문을 하며, 닫힌 질문으로 계획했던 방향으로 유도하여 심화 및 해결 질문을 통해 구매 결정을 촉진하는 것이다.

다음에서 각각의 질문법과 그 활용법을 자세히 살펴보자.

친숙 질문 — 탐색 질문 — 심화 질문 — 해결 질문 →

◆ 친숙 질문

고객과의 첫 대면 시 친숙 질문이나 칭찬으로 고객의 마음을 자연스럽
게 여는 방법이다. 다음 상황을 한번 보자

상황 1)

세일즈맨 : 안녕하세요? ○○회사 □□□입니다. 좋은 신제품이 있어서
　　　　　이렇게 찾아뵈었는데 잠시 시간 좀 내주실 수 있나요?

고객 : 필요 없습니다. 저 지금 바쁘거든요?

상황 2)

세일즈맨 : 안녕하세요? △△△입니다. 머리 스타일이 바뀌셨네요? 지난
　　　　　번에 을 때보다 훨씬 더 젊어 보이시는데요?

고객 : (못 이기는 척하며) 네, 지난번에 한 번 오셨죠?

"고객님 가방을 고르시는 센스가 대단하신데요? 주로 어디서 구입하세
요?", "목소리가 정말 좋으세요. 고객님 비결 좀 알려주세요."와 같은 칭찬
을 싫어할 고객은 없다. 고객에게 진심을 담아 구체적으로 칭찬하고, 친숙
한 질문을 통해 관계를 형성한 후에 자연스럽게 상담을 이어 가도록 한다.

만나자마자 고객의 요구나 의향도 묻지 않은 채 당신 마음대로 다짜고짜 특정한 모델을 추천한다면 고객은 불쾌할 것이며 당신을 신뢰하지 않을 것이다. 탐색 질문은 다음과 같이 고객의 니즈를 알아내는 질문이다.

"혹시 건강상 어디가 가장 신경 쓰이세요?"

"이제까지 사용하신 화장품은 어떤 점이 불편했나요?"

고객은 이러한 질문에 답하기 위해 스스로 생각을 정리하다 보면, 자신의 니즈와 문제점을 알게 된다. 당신은 그것을 파악하여 적합한 상품이나 해결책을 제시하면 된다.

◆ 심화 질문

당장 구매 결정을 하지 않은 고객에게, 구매하지 않으면 생길 손해에 대해 유추하도록 질문함으로써 바로 지금 결정하도록 설득하는 것이 바로 심화 질문이다.

"나중에 또 고장이 나면 수리비가 훨씬 많이 들 텐데 그게 더 손해이지 않을까요?", "만약 고객님께서 나이가 들었을 때 연금 수입이 없다면 지금 가입하지 않은 것을 후회하지 않겠어요?"와 같이 심화 질문은 조금 강한 질문법이다. 탐색 질문을 했음에도 고민하는 고객에게 빠른 결단을 내리도록 도와 준다.

◆ 해결 질문

"이 차를 타고 아침에 편하게 출퇴근할 것을 생각해 보세요. 정말 신나

지 않을까요?”, “건강식품을 드신 남편 분의 컨디션이 한결 좋아질 것을 생
각해 보세요. 많이 흐뭇하시지 않겠어요?”와 같이 제품을 구입했을 때 생
기는 이익에 대해 그림을 그려주는 질문법이 바로 해결 질문이다. “~하면
참 좋겠지요?”라고 말하며 구매를 촉진하는 효과가 있다.

당신은 단순하게 말을 늘어 놓지 말고, 그 전에 적절하게 질문하는 습관
부터 가져야 한다. 적절한 타이밍에 질문을 하면 고객은 당신의 말에 더욱
집중하게 된다. 아울러 심사숙고해 질문에 대한 답을 내놓는 고객의 말을
적극적으로 경청해야 한다. 고객에게 질문을 잘하고 잘 듣는 것이야말로
진정한 영업력임을 잊지 말자.

고객의 마음을 헤아려라

음성통화에서 영상통화로 넘어갈 즈음 좋은 반응을 일으켰던 통신사 CF가 있었다. 할아버지와 할머니가 휴대전화 영상통화에서 고장 난 흑백 TV를 두드리며 호탕하게 "아무것도 필요 없다."라고 전화기에 대고 외친다. 이를 본 아들은 재치 있는 부모님의 모습에 함박웃음을 지으며 "네 보내 드릴게요."라고 답한다. 배송된 TV를 보며 할머니와 할아버지는 덩실덩실 춤을 춘다.

이처럼 말로는 아무것도 필요 없다고 하지만, 진심은 정반대임을 CF 속 아들은 눈치 빠르게 알아챈 것이다. 그 아들이 부모님의 말을 100% 믿었다면 할아버지와 할머니의 마음은 어땠을까?

사람의 마음을 빙산에 많이 비유한다. 우리는 빙산이라고 하면 단순히 물 위에 보이는 얼음만을 생각한다. 하지만 사실 수면 아래는 더 큰 얼음 덩어리가 있다. 사람의 심리가 바로 이 빙산과 같다. 우리는 입으로 뭔가 말을 한다. 하지만 겉으로 내뱉는 말로 매번 속마음을 표현하는 것은 아니다. 대부분의 사람들은 겉으로 표현하지 않거나 정반대의 마음을 가지고 있다.

이를 커뮤니케이션 용어로 표현하면 겉으로 드러나는 부분을 '요구'라고 하고, 속마음을 '욕구'라고 한다. 요구는 실질적, 표면적, 이성적인 부분이며, 욕구는 암묵적, 존중받거나 이해받고 싶은 마음을 일컫는다.

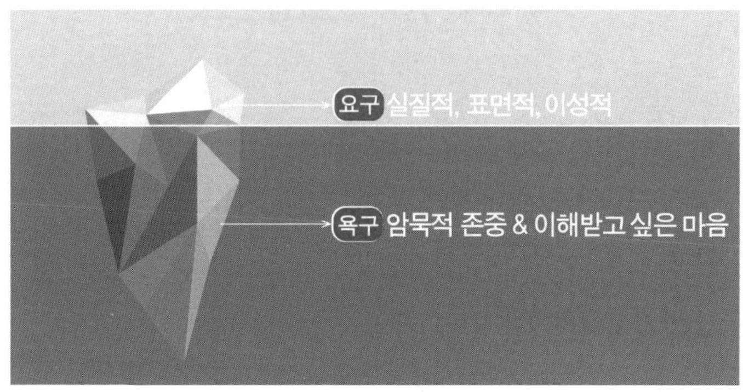

며칠 전 남편과 한창 인기리에 방영되었던 드라마를 보는데, 극중 악역으로 나오는 배우의 행동에 너무 화가 났다. 순간 "저 사람 때문에 정말 화가 나서 못 보겠네!"라고 했더니, 그 말이 끝나기가 무섭게 남편이 채널을 돌리는 게 아닌가. "아니, 재미있게 보고 있는데 왜 딴 데를 틀어요?"라며 쳐다보았더니, 남편은 무척 당황한 듯한 표정으로 "아니 못 보겠다며?"라고 되물었다.

비록 그 상황에서 필자의 요구는 '못 보겠네!'였지만, 마음속 욕구는 '우아! 이 드라마 흥미진진하네. 그 다음 스토리가 더욱 궁금한데?'였다. 이처럼 누군가가 입 밖으로 뭔가를 말한다고 해서 그 말만으로 모든 것을 판단해서는 안 된다. 사람의 속마음, 진짜 의도가 뭔지를 알아차려야 한다. 이런 요구와 욕구를 제대로 파악하지 못해 생기는 커뮤니케이션의 오류가 상당히 많다.

이는 고객과의 관계에서도 마찬가지다. 식당에서 고객이 시금치나물을 추가로 요청했다면 "다 떨어졌는데요?"가 아니라 "고객님, 죄송하게도 오늘은 손님이 많아서 다 떨어졌는데요. 대신 맛있는 콩나물무침을 더 드릴까요?"라고 말하는 게 좋지 않을까? 이렇게 말하면 대부분의 고객들은 서운한 마음을 가지지 않는다. 그런 상황에 대해 고객에게 양해를 구했기 때문이다. 당신은 이처럼 자신의 입장보다는 고객 입장에서 생각하고 실천해야 한다.

그렇다면 고객들이 가지는 공통된 심리에는 어떤 것들이 있을까? 첫 번째로, '나는 고객이다!' 라고 생각한다. "고객은 왕."이라는 말이 있듯이 항상 친절하게 응대해 주고, 극진히 대접받기를 바란다. 두 번째로, 직원이 뭔가 실수를 하거나 고객의 요구 사항을 들어주지 못했을 때는 정중하게 사과하기를 원한다. 즉, 고객은 탁월한 제품, 빠른 업무 처리, 사후 관리 등의 비즈니스적 요구도 중요하게 여기지만, 친절한 응대와 감정적 서비스는 기본이라고 생각한다. 그래서 감정적 욕구가 채워지지 않거나 무시당했다는 생각이 들면 불쾌감을 느낀다. 반대로 자신의 속마음을 알아채고 살펴주는 직원에게는 호의와 신뢰를 갖게 된다.

판매를 잘하는 사람들을 보면 교묘하게 이런 고객의 마음을 파악하고 감정적인 만족감을 제공한다. 그리고 고객이 마음의 문을 열기 시작할 때 자신의 편으로 더욱 강하게 끌어당겨 설득한다.

고객을 응대할 때 속마음을 제대로 읽지 못한다면 별것 아닌 일로도 고객과 트러블이 생기게 마련이다. 모든 것이 꼬여 버리는 것이다. 반대로 항상 고객의 마음이 어떨지를 염두에 두고 현명하게 처신한다면 나머지 부분은 자동으로 따라온다.

며칠 전 지방 출장 중 자전거와 부딪히는 사고가 났다. 당황한 필자는 정신을 차리고 보험회사에 신고를 했다. 그러는 사이 많은 사람들이 사고 현장을 가득 에워쌌다. 겁을 잔뜩 집어먹고 덜덜 떨고 있는데, 한참 후 보험회사 직원이 다가오더니 필자에게 이렇게 말했다.

"고객님, 어디 다치신 데는 없으신가요? 너무 걱정 마세요. 제가 다 알아서 도와드리겠습니다."

그 직원은 사고 처리에 급급하기보다 고객의 안전과 마음을 먼저 헤아렸다. 순간 필자는 긴장이 풀리며 고마운 마음에 눈물이 쏟아졌다. 그리고 비록 짧은 시간이지만 그 직원에게 신뢰감이 생기자 사고에 관한 모든 것을 온전히 믿고 맡길 수 있었다. 이처럼 프로 세일즈맨은 고객의 머리가 아닌, 마음과 대화한다.

고객은 소신껏 이야기하는 부분도 있지만, 굳이 말하지 않는 부분도 많다. 그럴 때 고객의 가려운 부분을 알아서 시원하게 긁어줄 수 있다면 당신은 이미 프로다. 고객의 마음을 잘 읽어 관계를 발전시키고, 상담에 훈풍을 불러일으키시기를!

적극적인 리액션은 고객도 춤추게 한다

악플보다 무서운 것이 무플이라고 한다. 댓글이 없는 것보다 악성 댓글이라도 있는 것이 낫다는 것은, 무관심이나 무반응이 그만큼 상대방을 민망하게 하고 김빠지게 한다는 뜻이다. 가끔 대화를 하다 보면 마치 벽을 보고 나 혼자 이야기하는 느낌을 받을 때가 있다. 그럴 때는 망망대해에 혼자 떠 있는 것처럼 외롭다.

캐나다 오타와 대학의 폴 스윙글 박사가 이에 관한 연구를 했다. 대학생 63명에게 서로가 적절히 맞장구치면서 대화하는 장면과 아무런 맞장구도 치지 않고 대화하는 장면을 각각 보여주고, "어떤 인상을 받았는가?"라는 질문을 했다. 그러자 호감도를 매기는 점수에서 맞장구를 잘 쳤던 그룹은 71점을, 맞장구를 치지 않았던 그룹은 60점을 받았다. 즉, 만나서 기분 좋은 사람은 대화를 하면서 적절하게 맞장구를 쳐 주는 사람인 것이다.

A : 어제 사거리에 있는 ○○식당에서 저녁을 먹었어. 왜 그때 오픈식 하는 것 보고 한번 먹으러 가자고 네가 그랬잖아?

B : 응.

A : 오픈한 지 얼마 안 됐는데 사람이 무척 많더라고.

B : …….

A : 가서 뭘 먹을까 고민하다가 점원에게 어떤 음식이 제일 맛있느냐
고 물었더니 삼겹살과 목살을 반반씩 섞은 '돼지고기 한 판'이라는
메뉴가 가장 잘 팔린다는 거야. 마침 세 명이 가서 딱 맞겠다 싶어
서 시켰지.

B : 응.

A : 막상 나온 걸 보니 진짜 제대로 된 한 판이더라고. 고기도 육질이 무
척 좋아 보이고 말이야. 거기에 신선한 쌈이랑 계란찜은 무한정 리
필이라는 거야. 진짜 맛있더라. 언제 한번 가자!

B : 응, 그래.

A : 너 별로 안 내키는구나?

B : 응, 아닌데?

위의 대화에서 A는 맛있게 음식을 먹고 신이 나서 말하는데, B의 호응
이 시원찮아 보인다. 그래서 다음번에 같이 가자는 제안에 B가 가겠다고
했음에도 A는 B의 마음이 진심인지 의심하고 있다. 그렇다면 이번에는 같
은 상황에서 B가 A의 말에 적절히 맞장구치는 대화를 살펴보자.

A : 어제 사거리에 있는 ○○ 식당에서 저녁을 먹었어.

B : 우아, 진짜?

A : 왜 그때 오픈식 하는 것 보고 한번 먹으러 가자고 네가 그랬잖아?

B : 응, 맞아.

A : 오픈한 지 얼마 안 됐는데 사람이 무척 많더라고.

B : 오, 역시!

A : 가서 뭘 먹을까 고민하다가 점원에게 어떤 음식이 제일 맛있느냐
고 물었더니 삼겹살과 목살을 반반씩 섞은 '돼지고기 한 판'이라는
메뉴가 가장 잘 팔린다는 거야. 마침 세 명이 가서 딱 맞겠다 싶어
서 시켰지.

B : 우아! 잘했네.

A : 막상 나온 걸 보니 진짜 제대로 된 한 판이더라고. 고기도 육질이 무
척 좋아 보이고 말이야. 거기에 신선한 쌈이랑 계란찜은 무한정 리
필이라는 거야. 진짜 맛있더라. 언제 한번 가자!

B : 정말 맛있었겠다.

A : 응, 우리 조만간 한번 가자!

B : 좋아! 정말 기다려지는데?

두 번째 대화는 첫 번째 대화보다 훨씬 에너지가 느껴지고, 대화가 잘
이루어지는 느낌이다. A는 B가 자신의 이야기를 열심히 들어주고 적절히
호응해 준 것에 대해 만족감을 느끼고, B 역시 A의 제안을 기꺼이 받아들
이며 음식을 주제로 한 대화를 유쾌하게 마무리했다.

강의를 하다 보면 열심히 반응해 주는 교육생이 무척 고맙고, 더 신이 나
서 강의하게 된다. TV 프로그램을 녹화할 때도 방청객들이 열심히 호응하
면 진행자들은 더 열심히 또 즐겁게 프로그램을 진행할 것이고, 시청자들

은 방송을 더 흥미롭게 보게 될 것이다.

이처럼 적절한 반응, 즉 좋은 리액션은 경청하는 사람의 자세이자, 말하는 사람에 대한 예의다. '당신의 이야기를 잘 듣고 있어요.'라는 뜻을 상대방에게 전달함으로써 더 진솔하고 풍부한 대화를 이어갈 수 있으며, 대화 내용을 더 잘 흡수해 본질을 이해할 수 있다는 장점이 있다. 따라서 당신은 고객과의 대화에서 이런 적극적이고 리액션이 풍부한 사람이 되어야 할 것이다. 그렇다면 좋은 리액션에는 어떤 것들이 있을까?

1. 맞장구를 쳐라

맞장구치기는 그 성격에 따라 크게 다음 세 가지로 나눌 수 있다.

첫 번째는 '공감의 맞장구'로, "아, 그렇죠?", "네, 그렇겠군요.", "맞아요, 정말 그렇습니다."처럼 상대방의 이야기에 공감하며 호응해 주는 것이다.

두 번째는 '재촉의 맞장구'로, "정말 재미있는 내용인데요?", "흥미진진해요. 빨리 이야기해 주세요."라며 상대의 말에 가치를 부여하고 더 많은 이야기를 이끌어내, 대화를 더 맛있게 하는 것이다.

그리고 마지막은 '정리의 맞장구'다. 당신은 고객의 이야기가 아무리 길어져도 끝까지 경청해야 한다. 고객이 하는 이야기 중에는 물론 중요하지 않거나 시시껄렁한 농담이 섞여 있을 수도 있다. 그렇더라도 언제 중요한 정보가 흘러나올지 모르므로 긴장을 늦추지 말고 모두 들은 후에 포인트만 간단히 정리하여 고객에게 다시 들려줘야 한다.

"네, 그러니까 이렇게 저렇게 된 거라는 말씀이시죠?"하고 말하면 고객은 '내가 이렇게 구구절절 말했는데 그 긴 이야기를 다 듣고 있었군.', '뭔가 해결책을 주려고 노력하고 있군.' 하고 당신을 긍정적으로 생각하게 된다.

맞장구는 이렇듯 고객과의 대화는 물론 관계에까지 강력한 효과를 발휘한다. 단, 대화에서 맞장구를 너무 많이 치다 보면 이야기의 핵심이 흐려질 수도 있으니 적절하게 조절할 필요가 있다. 또 입으로는 쉴 새 없이 맞장구치고 있지만, 막상 시선이나 행동이 맞장구치는 것과 다르다면 가식처럼 여겨져 상대방의 불쾌감만 살 수도 있으니 주의하자.

2. 긍정의 말로 시작하라

이야기의 서두를 "네,……."라는 긍정의 말로 시작해 보라. "네, 이 제품 말씀이시죠?", "네, 제가 도와드리겠습니다."와 같이 말이다. "네,……."라는 말이 없다면 무척 딱딱하게 느껴질 것이다. 이 말을 서두에 넣음으로써 대화가 환기되며, 훨씬 더 수용적으로 이어지고, 고객 입장에서는 자신의 이야기에 당신이 긍정적으로 반응하고 있다는 생각을 하게 된다.

3. 고객의 말을 반복하라

고객의 질문에 즉각 답변하기보다는 한 번 더 고객의 질문을 재확인해 줄 때 고객은 자신의 말이 잘 경청되고 있다고 느끼며, 그렇게 함으로써 정확한 의사 소통이 가능해진다. 다음의 대화처럼 말이다.

고객 : 만약 제가 월 100만 원을 10년 납기로 적금한다면 만기에는 얼마를 받을 수 있을까요?

세일즈맨 : 네 고객님. 보험 만기 금액이 궁금하신 거죠?

필자는 아침에 출근하면 팀원들과 하이파이브를 나눈다. 웃는 얼굴로 눈을 맞추고, 두 손을 마주친다. 비록 많은 말을 하지는 않지만 이렇게 하면 팀원들과 소통하고, 서로에게 힘을 주면서 힘차게 하루를 시작할 수 있다. 대화에서도 적극적인 리액션을 통해 고객과의 상담을 유쾌하게 이끌어 가야 한다.

고객과 한 팀을 구축하라

며칠 전 일을 하는데 어깨가 아파서 옆에 있는 동료에게 "요즘 왜 이렇게 어깨가 아프죠?"라고 물었다. 그랬더니, "원래 나이 들면 그래. 혹시 오십견 아니야?"라고 말하는 게 아닌가. 순간 사무실 여기저기서 웃음소리가 터져나왔다. 바로 그때 팀장님께서 벌떡 일어나더니 "어깨 아파? 나도 요즘 그런데. 너무 아파서 한 시간에 한 번씩은 주물러 줘야 한다니까. 그러니까 열심히 일하는 것도 좋지만 스트레칭도 하면서 쉬엄쉬엄해."라며 따뜻한 말을 건네셨다. 필자의 말에 공감하며 걱정해 주는 팀장님의 말이 큰 위로가 되었다.

이렇듯 대화에는 안기는 대화가 있고, 밀어내는 대화가 있다. 안기는 대화란 마치 캐치볼 게임과 같이 한쪽에서 이야기를 하면 다른 한쪽에서 상대의 이야기를 품어주는 것이다. 그래서 안기는 대화는 서로 공감하며 같은 지향점을 향해 나아간다.

반대로 밀어내는 대화란 핑퐁 게임처럼 한쪽에서 이야기하면 상대방이 맞받아치는 식이기 때문에 주제가 분산되고, 대화가 단절되기 십상이다. 그렇게 되면 고객이 마음의 문을 열지 않아 상담은 더 이상 진척되지 않는다.

'고객님은 고객님이고, 저는 저예요.'가 되어서는 안 된다. 이렇게 되면 세일즈맨의 입장에서는 좋을 게 하나도 없다. 고객에게 제품의 장점을 열심히 설명하면서 설득하려 해도 고객은 당신을 장사꾼으로만 여기고 마음의 문을 더 굳게 잠근다. 따라서 당신은 고객을 한 팀으로 만들어야 한다. 어떻게 하면 고객과 한 팀이 될 수 있을까?

1. '우리'라는 말을 자주 사용하라

판매왕들이 가장 많이 사용하는 단어가 '우리'라는 말이라고 한다. 만약 처음 만난 고객이라면 '오늘 처음 봤는데, 무슨 우리야?'라며 불편해 하거나 멋쩍어 할수도 있다. 하지만 계속해서 '우리'라는 말을 듣다 보면 고객은 자신도 모르게 당신과 한 팀이라는 착각을 하게 된다. '이 사람이 나에게 뭔가를 팔려고 그러는구나.'가 아니라 '정말 나의 입장에서 생각해 주고, 나에게 꼭 필요한 것을 추천해 주는군.'이라고 생각하면서 말이다.

공문선의 『히든 커뮤니케이션』이라는 책에서는 이렇게 말한다.

"'우리'라는 말은 대화 당사자들을 나와 너의 대립 관계가 아닌 공통의 관심사를 가진 동반자 관계로 바꿔 준다. 따라서 '우리'라는 주어를 쓰는 것만으로도 힘을 한곳으로 모으고, 고통을 분담하며, 성과를 함께 나누게 하는 강력한 메시지를 만들 수 있다."

당신과 고객이 '나'와 '당신'이 아닌 '우리', 즉 운명 공동체임을 확실히 인식시키자.

2. '고객의 거울'이라는 마법을 활용하라

오프라 윈프리는 맞장구 화법으로도 유명하다. 세계에서 가장 영향력 있는 유명인사 100인 안에 드는 그녀는 토크쇼에 청중이 나와서 이야기 할 때면 "당신도 그랬나요? 나도 그랬어요!"라며 적극적으로 공감을 표시 한다. 여기에 솔직하고도 진솔한 제스처, 적절히 동기를 부여하는 카리 스마가 더해져 그녀를 더욱 매력적으로 보이게 한다.

앞서 유사성의 원리에 대해 이야기했다. 상대방이 자신과 비슷한 것이 있으면 끌리기 마련이다. 그러니 고객과 친해지고 싶고, 고객의 마음의 문을 열고 싶다면 다음과 같이 공통분모를 만들어라.

상황 1)

고 객 : 저는 비 오는 날이 싫어요.

세일즈맨 : 아, 저도 그래요. 비 오는 날은 기분이 우울해지고 출근하
기도 불편해요.

상황 2)

고 객 : 이 부분 이율이 왜 이렇게 이해가 안 되죠?

세일즈맨 : 네, 고객님 저도 처음에 그랬습니다. 많이 헷갈리시죠?

고객과 대화 할 때는 혼자 그네를 타는 것이 아니다. 고객과 함께 시소 를 탄다는 생각으로 해야 한다. 그네는 다른 사람과의 호흡이 필요 없다. 혼자 앞뒤로 씽씽 오간다. 하지만 시소는 한 사람이 올라가면 다른 한 사

람은 내려간다. 두 사람 간에 힘의 균형과 마음이 잘 맞아야 시소를 재미

있게 탈 수 있다. 상담도 그렇다. 고객과 시소를 타듯 고객의 말에 공감해

주며 호흡을 맞춰야 한다. 한 팀이 되어서 말이다.

고객을 인정하고 칭찬하라

며칠 전 모 대리점에서 강의를 하는데, 얼굴을 모르는 분이 뒤에서 기다리고 계셨다. 누군지 궁금해서 여쭀더니 홍삼을 판매하는 사람이라고 했다. 필자의 강의가 끝나자마자 그 분은 몇 가지 제품과 홍보 책자를 가지고 와서 열심히 홍삼의 장점에 대해 늘어놓았다. '저 분이 어떻게 프레젠테이션을 할까?'라는 호기심에 필자도 고객 입장이 되어 열심히 들었다.

그런데 그분이 한참을 설명하다가 문득 나를 가리키면서 "고객님도 잘 아시겠지만, 홍삼에는 사포닌 성분이 많잖아요?"라고 하는 것이었다. 솔직히 필자는 이제까지 홍삼을 한 번도 먹어 보지도 않았고, 홍삼에 무슨 성분이 들어있는지는 더더욱 몰랐다. 하지만 '어머, 내가 그렇게 유식해 보이나?'라는 생각에 어느새 어깨에 힘이 들어가 그분의 이야기에 집중하고 있었다.

과연 그 세일즈맨의 어떤 말이 필자를 기분 좋게 만들었을까? 바로 '고객님도 잘 아시겠지만······.'이라는 말이었다. 이 말에는 상대방을 인정한다는 의미가 담겨 있다. 반대로 사람들은 상대방이 자신에게 뭔가를 잘 모른다거나 틀렸다고 말하면 불쾌감이 들고 상대에게 반감이 생기기 마련이다.

예전에 한 보험회사에 변액연금을 가입하려고 하는데, 변동이율과 고정이율에 따른 지급금 차이에 대한 설명 부분이 무척 어렵고 헷갈렸다. 그래서 용기를 내어 재차 설명을 요구했다. 그랬더니 세일즈맨이 하는 말이 "고객님, 제가 방금 말씀드렸잖아요?"라고 하는 것이 아닌가! 순간 어디론가 숨고 싶었다. 그 얘기가 '왜 좀 전에 충분히 설명해 줬는데도 못 알아듣느냐?', '다른 고객은 이렇게 설명해 주면 다 이해하는데, 당신은 왜 그러느냐?'라는 말로 들려 상당히 불쾌했다. 우리는 상담 중 다음과 같은 말로 은연중에 고객의 마음을 불편하게 만들 수도 있다.

"고객님, 그건 틀린 말씀이에요. 제가 지금부터 설명드릴 테니 잘 들으세요."

"법이 바뀌었잖아요. 뉴스 못 보셨어요?"

앞의 문장처럼 고객을 낮추거나 무시하는 듯한 발언은 절대 삼가야 한다. 이런 말을 들은 고객은 자존심이 상해 그다음부터는 당신의 이야기를 들으려 하지 않을 것이다.

구보야마 데쓰오의 『서비스 철학』이라는 책에는, "말투가 싸가지 없다, 무시했다 등 직원과 마음이 통하지 않았을 때 고객은 가장 심하게 분노하는 것 같다. 일상생활에서의 인간관계도 마찬가지겠지만, 클레임의 대부분은 서비스가 마음이 들지 않았을 때 생긴다."라는 내용이 있다. 직원은 고객을 무시하려고 한 의도가 아니었을지 몰라도 고객에게는 상처가 될 수 있다. 당신이야 이미 제품에 대해 공부했고 늘 상담하는 제품이기에 너무나 쉽고 친숙한 내용일 수 있지만, 고객은 이쪽 분야에 대한 지식이 전혀 없거나 그 제품을 처음 접해서 이해를 잘 못할 수도 있다. 고객을 절대 무시하지 마라! 고객을 존중하고, 있는 그대로 인정하라.

"우아! 우리 채연이는 정말 동생하고 싸우지 않네?"

"석이는 아침에 혼자서도 잘 일어나는데?"

만약 아이들의 행동을 변화시키고 싶다면 당신은 이와 같이 아이의 행동이 이미 변화된 것처럼 말하며 칭찬해 줘야 한다. 그러면 아이들은 그렇게 되려고 노력한다. 이것을 심리학에서는 '레테르 효과'라고 한다.

레테르 효과를 고객에게도 얼마든지 활용할 수 있다. 며칠 전 만났던 어느 직원은 이 효과를 무척 잘 활용하고 있었다. 예전에 수입 중형차를 줄곧 타다가 대형차를 원하는 고객에게 그는 고급 대형 승용차를 설명하고 있었다. 고객에게 한참을 설명하다가 시승을 권유하는데 이렇게 얘기하는 게 아닌가!

"고객님께서는 고급차를 많이 타보셔서 웬만한 차에 대해서는 많이 아실 거라고 생각합니다. 이 차는 고객님께서 지금껏 타신 차에 있는 웬만한 고급 사양은 다 들어가 있기 때문에 큰 불편함이 없으실 겁니다."

순간 고객은 생각할 것이다. '정말 내가 그렇게 고급스러워 보이나?', '내가 유식해 보이나?'라고 말이다. 그 고객은 자신을 높이 평가해 준 세일즈맨에게 더 기품 있고 매너 있게 행동했다. 그리고 이내 몇 가지만 물은 후에 흔쾌히 계약서에 서명했다.

우리는 보통 고객을 지칭할 때 "왕이다.", "신이다."라고 이야기한다. 하지만 어떻게 보면 힘이 약한 존재이기도 하다. 때로는 이런 한마디로 고객의 행동까지 바꿀 수 있으니 말이다. 당신도 레테르 효과를 잘 활용하면 고객과의 상담이 훨씬 편해질 것이다.

황근기 씨가 쓴 『설득이 밥 먹여준다』라는 책에는, "누구든 자신이 모르고 있다는 것을 사람들 앞에서 인정하고 싶지 않은 법이다. '이미 잘 알고 계시겠지만…….'이라는 말 한마디는 상대의 주의를 환기하는 데 무척 효과적이다."라는 내용이 나온다. 그러니 당신도 다음과 같이 "고객님도 잘 아시겠지만……."이라는 말을 상담 중간중간에 많이 사용해 보라.

"고객님도 아시다시피, 이 제품은 무이자 할부가 되지 않습니다."

"고객님도 잘 아시겠지만, 이 모델은 지난해 베스트 모델로 선정되었습니다."

물론 고객이 모를 수도 있다. 그렇더라도 이렇게 이야기함으로써 자신을 존중하고 인정하며 높여 주는 것을 싫어할 고객은 없다. 혹시나 고객이 정말로 잘 모르고 있다면 이렇게 말해 보라.

"고객님, 많은 고객님들이 이 부분을 헷갈려하세요."

"고객님, 제가 다시 한 번 안내해 드려도 괜찮으시겠어요?"

그리고 만약 고객이 정말 당신보다 더 많이 알고 있다면, 다음과 같이 깨끗이 인정하고 존경을 표하라.

"정말 많이 알고 계시네요. 제가 더 분발해야겠습니다!"

"맞는 말씀입니다. 아주 정확한 정보를 알고 계시네요."

절대 고객 위에서 군림하려고 하지 마라. 고객을 당신 어깨 위에 태우고 가듯 기분 좋게 상담으로 이끌어 가라.

고객을 안심시키고, 확신을 줘라

고객의 심리는 금방 이렇다가도 저렇게 확 바뀔 수도 있고, 단순한 사실 하나 때문에 계약서에 서명을 하기도 한다. 그래서 고객 심리를 잘 알면 상담할 때 상당히 도움이 된다.

흥미로운 것 중 하나는 제품을 구입하기 전과 구입한 후의 고객 심리가 너무나 판이하다는 것이다. 제품 구입 전에 고객은 많은 의심을 한다. 가장 먼저 제품을 의심한다. '과연 이 제품이 괜찮을까?', '타 회사 제품도 알아봐야 하는 것 아닐까?'라고 말이다. 그다음에는 세일즈맨을 의심한다. '과연 이 직원을 믿고 사도 될까?', '다른 직원에게 더 상담을 받아 봐야 하는 건 아닐까?' 라고 말이다. 이처럼 처음에는 구입을 결정하는 데 많은 고민을 한다.

그런데 재미있는 것은 구입을 결정한 후, 즉 계약서에 서명한 후에는 이런 마음이 확 바뀐다는 것이다. 반신반의하던 감정을 벗어던지고 모든 의심도 다 떨쳐 버린다. 이렇게 제품을 구매한 후 180도로 마음이 변하는 이유는 뭘까? 답은 의외로 간단하다. 결정이 이미 끝나서 '에이, 잘못 결정했네?', '너무 성급하게 결정했는걸?'이라며 후회해 봤자 본인만 괴롭기 때문이다.

고객의 심리는 이렇다. 쇼핑몰에서 괜찮다고 생각해서 구입했는데 다음 날 10% 추가 할인이 들어가면 속이 쓰리다. 이전 주유소에서 리터당 1,850원을 주고 휘발유를 넣었다면, 그다음 주유소에서는 휘발유가 얼마인지를 반드시 눈여겨본다. 그보다 비싸면 고객은 잘 넣었다고 생각하면서 저렴하게 주유한 자신의 행동을 뿌듯하게 생각한다. 혹여나 그렇지 않더라도 이만하면 잘 구입했다면서 자신의 결정을 정당화한다. 왜냐하면 그게 더 속이 편하기 때문이다.

구입 결정을 한 후에도 고객의 속마음은 불안할 수 있다. 이때 당신은 그런 고객의 마음을 알아봐 주며 불안한 마음의 불씨를 꺼줘야 한다.

며칠 전 길을 가다가 쇼윈도 위의 빨간색 재킷을 발견하고는 시간이 남아 매장에 들어갔다. 그냥 한번 가까이서 보려고 했는데 직원이 부담을 갖지 말고 입어 보라고 했다. 막상 입어 보니 생각보다 괜찮아서 구입하려는데, '혹시 충동 구매가 아닐까?' 하고 고민이 되었다. 그런데 점원이 뒤에서 "고객님, 빨간색이 잘 어울리시네요. 게다가 오늘은 브랜드데이라서 20% 세일을 하니 정말 좋은 기회에 구입하시는 겁니다!"라고 하는 것이 아닌가! 이 말을 듣자 필자는 '맞아, 그렇지? 내가 잘 구입하는 거지, 뭐!'라며 흔쾌히 지갑을 열었다.

이처럼 당신은 불안한 고객의 마음을 잠재워야 한다. 고객이 계약서에 서명했다고 해서 안도하지 말고 다음과 같은 말로 고객의 선택을 확신으로 만들어야 한다.

"고객님, 정말 좋은 기회에 구입하셨습니다."

"고객님, 정말 후회하지 않으실 거예요."

"고객님, 다시는 이 조건에 구입하지 못하실 겁니다."

아니면 다음과 같은 칭찬도 좋다.

"고객님, 제품을 보시는 눈이 정말 탁월하시네요."

"고객님, 결정이 정말 시원시원하신데요?"

고객에게 상품을 팔고 싶다면 처음에는 부드럽고 조심스럽게 시작하되, 고객이 결정을 내리려는 순간을 놓쳐서는 안 된다. 그 순간이 왔다고 생각되면 열정적인 눈빛과 확신에 찬 목소리로 구입을 권해 고객의 불안감을 불식시키고, 확신을 주도록 하라.

부드럽게 설득하고 솔직하게 인정하라

고객은 갖가지 이유로 반문을 한다.

"왜 이렇게 가격이 비싸요?"

"다른 회사는 이런 서류를 요구하지 않던데요?"

이때 당신은 즉시 상황을 설명하고 고객을 설득해야 한다. 그런데 이런 고객의 질문에 다음과 같이 답한다면 과연 고객의 마음은 어떨까?

"이게 뭐가 비싸단 말씀이세요?"

"그건 틀린 말씀이세요."

고객은 나름대로 자신의 의견을 말하는데 말이 끝나기 무섭게 당신이 열의(?)에 넘쳐 바로 "아니다!"라고 이야기하면, 고객은 이미 마음이 상해 그 다음 하는 말은 귀에 들어오지도 않게 된다. 즉, 설득하기 곤란한 상황이 되는 것이다. 그러니 고객의 반문에 처음부터 "No!"라고 하지 말고 일단 다음과 같이 동조하라.

"고객님, 처음에는 비싸게 느껴질 수도 있습니다."

"고객님, 다른 고객님들도 처음에는 다 그렇게 생각하시더라고요."

이런 말을 들은 고객은 당신은 물론 다른 이들도 자신과 같은 생각을 했다는 것에 묘한 동질감을 느끼고 안심한다. 일단 고객의 의견에 동조한 후에 설득해도 전혀 늦지 않다.

"고객님, 저도 처음에는 그렇게 느꼈습니다. 하지만 고객님도 잘 아시겠지만, 이 제품에는 신기능이 추가되어 있기에 믿고 구입하셔도 좋습니다. 제가 카탈로그를 보면서 자세히 설명해 드리겠습니다."

중간에 칭찬을 넣어서 말해도 좋다.

"많은 부분을 알고 계시네요?"

"대부분의 고객들이 이런 부분을 간과하시는데, 참 꼼꼼하시네요."

이런 칭찬을 하면 반감을 최소화하면서 당신의 주장을 관철시킬 수 있다. 특히 자존심이 강한 사람에게 사용하면 효과적이다.

당신은 "고객과 경쟁하지 마라!", "고객을 가르치려 들지 마라!", "고객을 인정하라!"라는 말을 수 없이 들어 왔을 것이다. 하지만 무조건 고객의 말이 맞다고만 하면 과연 당신의 의견을 제대로 피력할 수 있을까? 고객의 말이 맞을 수도 있지만, 이럴 수도 있다 내지는 당신의 의견이 옳을 수도 있으니 한번 생각해 보라고 메시지를 던져 주고 설득하는 화법도 필요하다.

며칠 전 옷을 사러 갔는데, 스커트가 정말 마음에 들어 "혹시 좀 깎아 줄 수 있나요?"라고 물었다. 순간 주인이 완강하게 "안 됩니다! 안 팔면 안 팔았지 그렇게는 못합니다."라고 하는 것이 아닌가. 순간 자존심이 상했다. 필자는 단순히 가능 여부를 물었던 것이지 단돈 몇 천 원 때문에 사려고 했던 것을 안 살 생각은 아니었다. 그러나 주인의 태도가 언짢아서 결국 구매하지 않았다.

고객이 불편 사항이나 요구 사항 등을 이야기하는 것은 단순히 '된다', '안 된다'라는 대답을 듣기 위해서가 아닐 수 있다. '혹시 다른 해결책이 있지는 않은지', '잠깐 사이에 상황이 바뀌지는 않았는지', '안 되는 것을 알지만 혹시나 해서'와 같이 그냥 한 번 더 물어보는 것일 수도 있다.

똑같은 거절도 얼마든지 예의 있게 할 수 있다. 고객의 욕구를 알아보고, 고객이 원하는 대로 해드리지 못하는 이유를 친절히 설명해 준 다음, 죄송하다는 뜻을 전달해야 한다.

"고객님, 저도 안 된다고 알고 있지만, 다시 한 번 해결책이 있는지 확인해 보겠습니다."

"어쩌지요? 고객님 말씀은 충분히 이해하지만, 저희가 도움을 드리기는 어려울 듯 싶습니다."

안 된다는 결과는 똑같지만, 표현은 한결 부드러워졌다.

또한 무조건 자사 제품이 최고이고, 타사 제품은 좋지 않다거나 자사 제품을 사야 한다고 하는 것은 고객에게는 억지이며, 오히려 신뢰감을 떨어뜨릴 수 있다. 혹시 고객이 다음과 같이 묻는다면 어떻게 답할 것인가?

"타사 제품에는 고객이 선택할 수 있는 옵션이 많은데, 왜 이 제품은 단일 품목으로 구성되어 있나요?"

"타사 제품이 이 제품보다 훨씬 더 튼튼한데요?"

이럴 때는 "아니다."라며 억지를 부리지 말고 그런 타사 제품의 월등한 점을 솔직하게 인정하라. 그런 다음 그럼에도 불구하고 자사의 제품이 왜 더 좋을 수밖에 없는지 설명해 줘라. 알 리스는 『마케팅 불변의 법칙』에서 "부정을 인식하고 이것을 긍정으로 바꾸는 것이 잠재 고객의 기억에 자리 잡을 때 쓰는 가장 효과적인 방법이다."라고 말했다.

심리학자인 하야시 오사무와 야마오카 가즈에가 생명보험 광고를 이용한 실험을 했다. 대학생을 두 그룹으로 나눠 한쪽에는 장점만 늘어놓고, 다른 한쪽에는 장단점을 함께 제시하는 보험 광고를 보여 주었다. 이후 어떤 광고에 더 호감을 느꼈는지 묻는 질문에 장점만을 제시한 광고에 호감을 느낀 학생은 불과 20%였지만, 장단점을 동시에 보여준 광고에는 80%가 호감을 보였다.

상품을 판매할 때도 장점만 일방적으로 제시하면 고객이 반감을 갖거나 불신할 수 있다. 아무리 검증된 제품이라도 '혹시 다른 문제점은 없을까?', '좋은 점만 있을 리가 있나?'라며 의심하기 마련이다.

장점만을 제시하는 '단면 제시'가 아니라 '장점 + 단점', 즉 '양면 제시'를 하라. 그렇다고 굳이 단점을 들추라는 것이 아니다. 자연스럽게 관련된 이야기가 나왔거나 고객이 해당 부분을 지적할 때, 솔직하게 인정하라는 말이다. 비록 그 부분은 충족시켜 주지 못하지만, 그보다 훨씬 더 많은 장점이 있음을 강조하라. 그러면 고객은 '아, 이 제품에 대한 단점은 이것밖에 없구나.'라고 생각할 것이며, 판매원이 솔직하게 인정하는 태도를 보고 그의 말과 제품에 대해 신뢰하게 될 것이다.

세일즈맨은 하루에도 수없이 거절을 당한다. 이때 소극적으로 대응한다면 고객에게 끌려가는 상담이 되어 고객의 신뢰를 얻기 힘들고, 즉각적으로 맞대응한다 해도 역시 실패할 확률이 높다.

고객의 반박에 쓸데없이 힘주지 마라. 부디 그것을 걸림돌이 아닌 디딤돌로 삼기를 바란다.

힘을 줄 때는 확실히 줘라

축구를 보다 보면 속이 답답할 때가 있다. 상대방 골대 앞까지 공을 가져갔으면 시원하게 슛을 한방 날려줬으면 좋겠는데, 쓸데없이 패스만 계속하는 것 같으니 말이다. 물론 옆 선수와 신호를 주고받으며 전략을 세우는 것이겠지만, 당장 한 골이 목마른 관객 입장에서는 그 상황이 답답하기 그지없다.

축구에서 슈팅은 세일즈에 있어서 계약이다. 공을 열심히 몰아서 상대의 골대 근처로 가져간다. 다른 선수에게 뺏기지 않으려고 애를 쓰다가 때로는 불꽃 튀는 몸싸움이 일어나기도 한다. 예리한 눈으로 동선을 살피고 상대 선수를 따돌린 다음 쏜살같이 공을 몰아 수비수를 제치고 멋지게 골을 성공시킨다. 이런 골을 터트리려면 슈팅을 날려야 한다.

축구에서 슈팅 순간을 세일즈에서는 고객에게 계약에 대한 압박을 하는 시점에 비유할 수 있다. 슈팅을 하지 않으면 골이 들어갈 확률이 적은 것처럼, 고객과 상담을 하면서 어느 정도 분위기가 무르익으면 적극적으로 계약을 권유해야 한다.

고객과 한 테이블에 앉아서 마주 본 채로 상담을 하지만, 두 사람의 마음 상태는 너무나 다르다. 같은 테이블에 앉았지만, 서로 다른 꿈을 꾸는 것이다. 과연 둘은 어떤 꿈을 꿀까? 먼저 세일즈맨은 어떻게든 고객을 설득해 지갑을 열려고 애를 쓴다. 내 편으로 만들려고 한다. 반면에 고객은 세일즈맨이 어떤 감언이설을 하든 꼬임에 안 넘어가려고 정신을 바짝 차린다. '아니야, 저 제품도 좋지만 다른 제품도 더 알아봐야지.', '뭐 세일즈맨이 이 사람밖에 없나? 더 만나 봐야지.'라며 긴장을 늦추지 않는다. 그러면서 고객은 스스로를 현명한 소비자라고 생각한다. 이렇듯 고객은 자기의 속내를 감추려 한다. 행여 세일즈맨에게 쉽게 보이거나, 너무 쉽게 넘어가 잘못된 구매 결정을 할까 봐 자기방어를 하는 것이다.

그렇기에 당신은 자기 꿈만 꾸어서는 안 된다. 고객의 심리를 잘 이해하고, 어떻게 공략해야 할지를 고민해야 한다. 고객은 무의식적으로 자존심을 지키려 한다. 제품을 구매하려는 마음이 있어도 쉽사리 사겠다는 말을 꺼내지 않는다. 너무 빨리 결정하면 왠지 손해 보는 느낌이 들기 때문이다. 그래서 오히려 "고객님, 오늘 결정하시죠?", "웬만하면 오늘 계약하세요."라며 당신이 먼저 권유하기를 원한다. 못 이기는 척 "OK!" 해주는 게 고객 입장에서는 자신의 권력을 적절히 발휘한다고 생각하는 것이다.

그러니 고객이 "잠깐 다른 제품도 알아보고 올게요!"라고 말할 때 "네!"라고 답하지 마라. 고객은 정말로 마음이 없을 수도 있지만 속으로는 '지금이라도 늦지 않았으니 나를 잡아 주세요. 그러면 내가 다시 생각해 볼 수도 있어요.'라고 생각하고 있을지도 모른다. 김동범 씨는 『영업 성공률 200% 올리는 세일즈 마케팅 비밀』이라는 책에서 "고객의 구매 욕구가 발동하는 순간을 잘 포착하는 사람이 가장 유능한 사람"이라고 말했다. 세일즈에 유능한 사람들은 절묘하게 고객의 마음이 데워진 타이밍을 안다. 고객의 구매 타이밍과 세일즈맨의 어프로치 타임이 어긋나면 고객은 구매 의사를 접는다.

세일즈 현장에서 직원이 고객과 상담을 하고 있었다. 고객은 들어오자마자 자리에 앉지도 않고 궁금했던 사항들을 빠른 속도로 쏟아냈다. 세일즈맨이 고객의 질문에 답변이라도 하려 하면 중간에 말을 자르기도 했다. 자리에 앉지도 않은 채 말이다. 성격이 매우 급한 고객이었다. 그런데 상담이 진행되는 상황을 지켜보니 계약을 강하게 유도하면 바로 넘어올 것 같았다. 하지만 그 직원은 그 기회를 포착하지 못했다. 후에 그 직원에게 코칭을 했더니 역시나 그 부분이 잘 안 된다고 고민을 털어놓았다.

왜 적극적인 계약 유도가 되지 않을까? 이유는 간단하다. 하나는 이제까지 좋은 분위기로 상담을 했는데, 괜한 계약 유도로 인해 상담의 흐름이 깨지거나 고객과의 관계가 어색해지지 않을까 하는 조바심 때문이다. 그리고 다른 하나는 거절에 대한 두려움 때문이다. 구매를 권유했는데 고객이 "안 산다."고 단번에 거절하면 세일즈맨도 사람인지라 상처를 받는다.

하지만 그런 말을 꺼내지 않으면 애초에 상처받을 일도 없다. 그러다 보니 세일즈맨은 '때가 되고, 고객이 필요하면 계약한다고 하겠지?'라며 가능한 한 심적으로 손해 보지 않는 쪽을 선택한다. 그러나 이는 결국 수동적인 상담에 머무르게 하고, 자기 합리화의 함정에 빠지게 만든다.

다음 기사를 보고 당신은 이런 생각들을 과감히 버려야 한다. 2010년 12월 25일 동아일보 기사에 따르면, 맥킨지의 조사 결과 "매장 방문 후 점원의 적극적 권유에 마음이 흔들렸다."라고 대답한 고객이 응답자의 40%

나 됐다.

　전설적인 판매왕 조지라드는 상담 테이블에 항상 계약서를 놓고 상담하는 것으로 유명하다. 이때다 싶으면 옆에 있던 계약서를 들어 고객에게 들이미는 것이다. 세일즈맨 입장에서도 옆에 떡 하니 계약서가 보이기 때문에 판매에 대한 욕구가 더 커지며, 고객에게는 긍정적인 부담감으로 작용할 수 있다.

　재래시장에 가서 "할머니, 콩나물 어떻게 해요?"라고 물어보라. 할머니는 벌써 검은 봉지에 콩나물을 담고 있다. 산다고 하지도 않았는데 말이다. 하물며 시장에서 장사하는 할머니에게도 이런 전략과 전술이 있다.

　처음 고객을 설득할 때는 친절하고 부드럽게 접근하라 하지만, 고객이 고민하는 결정적인 순간에는 자신감을 가지고 말의 힘과 속도를 높여라. 거래를 요청하라! 계약을 요청하라!

　"고객님, 오늘 계약하시죠?"

　"고객님, 오늘 결정하시죠?"

　이렇게 말이다. 자신이 원하는 바를 요청하는 데 두려워하지 마라! 주저하지 마라! 당신은 지금 가장 멋진 세일즈를 하고 있는 것이다.

메리케이 하정경 뷰티 컨설턴트

1. 자기 소개를 부탁드립니다.

메리케이에서 뷰터 컨설턴트로 활동하고 있는 하정경입니다. 2005년 아시아 퍼시픽 판매 2위, 2007년 아시아 전체 매출 4위를 달성했으며, 연매출 평균 5억 원 이상을 11년 동안 유지했습니다. 팀 빌딩 프로모션에서 핑크 그랜저를 3년마다 1대, 총 4대를 수상했고, 최고의 세일즈우먼 포상을 9년 연속 수상하면서 천만 원 상당의 외국 여행을 매년 다니고 있습니다.

2. 많은 수상을 하셨는데 그 때 소감은?

며칠 전 본사 직원이 내게 최대 프로모션의 여왕이라고 하더군요. 쉽게 포기하는 직원도 많은데, 회사에서 이런 성과를 이뤘다는 게 개인적으로는 큰 자부심과 성취감이 듭니다. 그 성취감은 또 하나의 성취감을 만듭니다. 시상식을 즐기며 또 다른 모험을 계획하고, 도전합니다.

세일즈우먼 포상으로 남편과 여행을 갔습니다. 고급 호텔에서 숙박을 하며 천만 원 상당의 럭셔리 프로그램을 둘이 즐길 수 있다는 게 참 감사했습니다. 영화 속의 주인공이 된 것 같았습니다. 남편은 저를 인생의 로또라고 하지만, 오히려 물심양면으로 외조해 주는 남편에게 늘 감사할 따름입니다.

3. 혹시 힘들었던 고객은 없었습니까?

저라고 고객을 만나 실패를 왜 안했겠습니까? 하지만 기억에 담아 두지 않으려고 합니다. 그러면 저만 지치기 때문입니다. 그런 고객을 만날 때는 '그럴만한 이유가 있겠지?'라고 이해하려고 합니다. 그리고 거기서 끝나지 않고 앞으로 동일할 상황이 벌어졌을 때, 어떻게 대처를 해야 할지도 고민하고 향후 상담을 준비합니다.

4. 회사 동료와의 관계 시 주의하는 것이 있나요?

메리케이는 잘한 사람만 혜택을 주는 게 아니라 팀별 점수제를 채택하고 있습니다. 함께 만들어 가는 분위기인 것이죠. 고객이 겹칠 때면 선배이기도 하고, 모범을 보이고자 때론 양보하기도 합니다. 친했던 고객인데 마음이야 아프지만, 늘 배려하고 양보하려고 합니다. "내가 받고 싶으면, 내가 대접하라!"는 인간관계의 황금률을 늘 마음에 새기고 삽니다. 지금은 내가 양보하는 것 같지만, 결국은 더 많은 것을 채워 줍니다.

5. 가장 기억나는 고객이 있다면요?

자신이 못생겨서 남편이 사랑하지 않는다고 생각하는 고객이 있었습니다. 우울증까지 앓고 있었죠. 그 고객의 손을 붙잡고 스킨케어 클래스에서 옷도 입게 하고, 외모의 변화도 체험시켜 주었습니다. 이후 외모뿐 아니라 말투도 바뀌는 등 이혼 위기에서 벗어나 부부관계가 좋아졌습니다. 그 고객은 내가 인생의 행운이라고 했습니다. 더 재밌는 건 그때는 내 고객이었지만, 지금은 동료가 되었다는 것입니다. 어려움을 극복하고 멋지고 당당하게 도전하는 그녀를 보면 정말 뿌듯합니다.

6. 나만의 고객 관리 노하우를 말씀해 주세요.

관리 고객은 대략 300명 정도입니다. 그들을 A, B, C등급으로 나누고, 등급에 따른 차별화를 하고, 집중 관리를 합니다. 고객뿐 아니라 남편, 아이들까지 경조사를 챙기고, 다양한 이벤트도 합니다. 여기까지야 여느 직원들도 하는 방법들일 것입니다. 저는 고객을 평생의 동반자처럼 대합니다. 정말 마음을 다합니다. 고객들이 지치고 힘들 때는 기분 전환을 할 수 있도록 다른 스케줄을 다 정리하고 여행이나 쇼핑 같은 것을 함께 합니다. 그러면 고객들은 나를 가족같이 대하고, 고민거리를 같이 나눕니다. 고객들은 저를 처음이나 지금이나 변치 않는 사람이라고 말합니다. 열정의 여신이라고도 하고 만나면 기분이 좋아진다고 말합니다.

7. 여성이어서 세일즈를 할 때 장점이 있다면요.

취급하는 제품이 화장품이라 여성으로서 장점이 많습니다. 우선 훨씬 편하게 다가갈 수 있습니다. 하지만 고객보다 절대 화려하지 않고, 겸손하려고 합니다. 특히나 여성 고객 의 특성상 타인을 비방하거나 말을 옮기면 큰 오해로 돌아올 수 있으니 각별히 주의합니다. 고객과의 대화 시 공감은 하되 늘 조심합니다. 옷은 회사에서 지급되는 슈트를 매번 드라이해서 입습니다.

8. 자기 관리는 어떻게 하나요?

체질이 건강한 편입니다. 오히려 일을 안 하면 아픕니다. 일할 때는 에너지를 100% 쏟는 편입니다 하지만 저녁이 되어서 집에 오면 푹 잡니다. 스트레스 받으면 도심지를 벗어나 야외로 나갑니다. 아침 스트레칭, 다이어트 식품, 건강보조 식품을 챙겨 먹으며. 입 냄새가 나지 않도록 각별히 주의합니다. 화장품은 아름 다움의 가치에 기초를 두기 때문에 자기 관리를 철저히 해야 고객이 저를 보고 구입을 결정할 수 있습니다.

9. 앞으로의 계획은 무엇인가요?

저는 초창기 멤버로, 메리케이의 모든 과정을 함께 해 왔습니다. 그래서 저는 항상 CEO라는 마음가짐으로 고객을 대합니다. 본사 직원, 동료도 다 가족이라 고 생각합니다. 중장기 계획은 이 회사와 함께 할 것이며, 회사를 돕는 사람이 되고 싶습니다. 아시아 뷰티스쿨 아카데미를 오픈할 계획을 갖고 있습니다. 돈 을 벌기 위한 목적이 아니라 화장품을 매개체로 컨설턴트의 삶을 변화시킬 그 런 장소로 만들고 싶습니다. 개인적으로는 선교센터를 건립하여 선교사들에게 편한 공간을 마련해 주고 싶습니다. 단기적인 계획으로는 내년에는 핑크 벤츠 에 반드시 도전할 것입니다.

제5장
고객 유형별
상담 전략을 세워라

부자 고객

　호주의 와인 제조업체인 카젤러 와인사는 1천 600여 개의 와인 업체가 선점하고 있는 미국에 진입하기 전, '왜 미국 고객들이 와인을 마시지 않고 맥주나 칵테일을 즐겨 마실까?'를 고민했다. 이유는 간단했다. 와인은 라벨을 읽는 방법도 너무 어렵고, 종류도 너무 많고, 가격도 비싸기 때문이었다. 그래서 탄생한 와인이 바로 옐로 테일Yellow Tail이었다. 복잡한 라벨 대신 친근한 캥거루 그림을 넣고, 가격도 비싸지 않았다. 종류도 몇 가지로 제한하고, 코르크 대신 따기 쉬운 스크류 방식을 택했다. 이 회사는 유수의 프랑스 업체나 이탈리아 업체를 물리치고 2003년 수입 판매 1위 업체가 되었다. 블루오션 사례로도 많이 언급되는 옐로 테일의 성공 전략은 바로 고객이 무엇을 불편해하는지, 무엇을 원하는지를 고민한 결과다.

　세일즈맨들은 부자 고객을 상대하기가 어렵다고 말한다. 평소 부자 고객을 많이 접해 보지 않은 않아서일 수도 있고, 일반 고객과는 다른 성향 때문일 수도 있다. 그렇기 때문에 부자 고객에게 제품을 팔려면 먼저 그들에 대해 알아야 한다.

1. 부자 고객의 라이프 스타일

그렇다면 부자 고객은 어떻게 살며, 무엇을 좋아하고, 어떤 라이프 스타일을 추구할까?

◆ 건강에 관심이 많다

2004년 부자특성연구회에서 조사한 "아름다운 노후를 위해 부자들이 가장 중요시하는 것은 무엇일까?"라는 설문에 54%의 부자들이 선택한 1위는 '건강'이었다. 어렵게 얻은 부를 충분히 누리려면 몸이 건강해야 하기 때문에 그들은 건강에 가장 관심이 많았다. 그래서 부자들은 좋은 약도 많이 먹고, 골프, 등산 등 운동도 열심히 하는 것으로 나타났다.

◆ 자녀 교육에 관심이 많다

2012년 8월 KB금융지주연구소가 발표한 〈한국 부자의 소비 지출과 노후 준비 보고서〉에 따르면, 부자의 월 평균 가계 수입은 2,379만 원이었고, 소비 지출 항목 가운데 가장 큰 비중을 차지하는 것은 자녀 교육비로, 전체 지출 가운데 24.4%를 차지했다. 그들은 인생의 행복을 자녀의 성공이라고 생각하고, 자녀의 학업, 유학 등을 물심양면으로 지원하고 있었다.

◆ 자산 관리에 관심이 많다

부자는 현재 돈이 많다. 또한 이를 잘 불리거나 최소한 현재 상태를 유지하려고 한다. 그래서 이들의 자산 관리 방법은 30%가 부동산이며, 그

다음으로는 주식(19.8%), 예적금(12.3%) 순이었다.

◆ 문화생활을 즐긴다

부자들은 돈이 많다 보니 여유가 있어 문화생활에도 아낌없이 투자하고 있었다. 20~30만 원을 호가하는 비싼 뮤지컬도 서슴지 않고 관람하는 것으로 나타났다.

이런 부자 고객을 '귀족 고객', 'VIP 고객', 'RICH 고객' 등으로 부른다. 이들은 보통 사람들과 달리 관계를 시작하기도 힘들고, 막상 시작해도 불편한 게 사실이다. 왜 그럴까?

2. 부자 고객의 성향

부자 고객들의 성향을 살펴보면 다음과 같다.

◆ 쉽게 마음을 열지 않는다

그들은 사람들에게 먼저 다가서는 법이 별로 없다. 왜냐하면 그들 주변에는 돈과 인맥이 많기에 일단 아쉬운 게 없다 보니 처음에는 차갑게 느껴진다. 하지만 그들은 일단 자기 사람이라는 생각이 들면 그 후로는 따지지 않고 무조건 도와 준다.

그래서 섣부른 판단을 하면 안 된다. 마음을 열 때까지 기다리는 인내심이 필요하다. 자연스럽게 그들을 도울 기회가 없는지 생각해 보고, 자주 방문해야 한다. 그들은 성실함과 인간미를 중시한다. '어떻게든 이번

한 건만 잘 성사시켜야지.'라는 얕은 생각으로 접근한다면 좋은 관계를 맺을 수 없다. 그들은 진심으로 자신을 도와줄 믿음직한 사람과 관계 맺기를 원한다.

성공하는 세일즈맨은 열 번의 만남을 통해 부자를 고객으로 만들지만, 실패하는 세일즈맨은 아홉 번이나 만났다가 나머지 한 번을 시도하지 않아 실패한다고 한다. 너무 의도적이거나 지나친 장사꾼의 입장으로는 힘들다. 부자 역시 똑같은 사람이기에, 진정으로 고객의 삶을 도와드린다는 진실한 마음으로 그들의 평생 파트너가 되어 보자.

◆ 자부심이 강하다

유산을 받아서 부자가 되었든, 후천적으로 노력하여 부자가 되었든, 그들은 자신이 부를 누릴 만한 자격이 충분히 있다고 생각한다. 이렇듯 자부심이 강하기 때문에 과시적 소비 성향이 있고, 물건을 구입하러 갔을 때 대우받기를 원한다.

작년에 모 백화점의 VIP 라운지에 벤치마킹을 하러 갔다. 그곳은 연간 구매 금액이 3천만 원 이상인 사람에게만 들어갈 자격이 주어진다. 백화점에서 일 년에 그 정도의 금액을 소비한다는 것은 일반 고객들에게는 상상도 하기 힘든 일이다. 소위 '있는 사람들'에게나 가능한 일이다.

'과연 그들은 어떤 것을 좋아할까?' 하고 궁금해졌다. VIP 라운지 안은 나지막한 음악 소리와 편안한 조명이 깔려 있었고, 백화점 쇼핑을 하다 들드면 언제든 차와 음료를 내 오며, 누구의 간섭도 받지 않고 쉬었다 갈 수 있는 곳이었다.

그곳을 담당하는 팀장에게 부자들에 대한 응대 방법을 물었을 때는 솔직히 대단한 스킬과 노하우가 있겠지 하고 기대를 했다. 하지만 사실 특별한 노하우는 없는 듯했다. 부자 고객도 여느 일반 고객과 마찬가지로 자신을 알아봐 주고, 대우받기를 원한다고 했다. 그래서 얼른 뛰어가서 인사하고, 단골 고객들에게는 간단하게 안부 인사를 묻고, 정중하게 대화하며 이야기를 들어주는 게 전부라고 했다. R호텔의 Y교육팀장도 한국의 부자 고객들은 버선발로 나와서 환영해 주고, 알아서 해주기를 원한다며 같은 맥락을 강조했다.

그렇게 본다면, 남다른 자부심이 있기에 그것을 높이 평가해 주는 게 한 가지 비법이라면 비법일 것이다.

"어떻게 이런 기발한 사업 아이템을 생각하셨어요?"

"아직 나이가 젊으신데, 정말 많은 걸 이루셨네요."

이렇게 정말 성공 스토리가 궁금하다는 듯이 자연스럽게 질문한다면 굳게 닫힌 부자들도 조금씩 마음을 열며 이야기보따리를 풀 것이다. 그들은 자신의 지난 경험과 스토리를 말하며 다시 가슴이 뜨거워질 것이고, 이런 자신의 이야기에 맞장구쳐 주고 인정해 주는 사람에게 호감을 느낄 것이다. 사람이라면 누구나 자신을 자랑하거나 인정받고 싶은 욕구가 있다. 부자들도 마찬가지다. 더하면 더했지 덜하지는 않을 것이다.

특히나 자부심이 강한 부자들의 특성상 그들을 가르치려 하거나 무시하면 안 된다. 또한 약점을 들춘다거나 그들이 틀린 말을 했을 때 맞받아치는 행동 등도 절대 해서는 안 된다.

◆ 패밀리 의식이 있다

부자들은 자신들이 생각하기에 일정한 자격, 즉 지위, 재산, 사회적 명성 등을 어느 정도 갖춘 사람을 만나기를 원한다. 그들은 자신들만의 집단을 형성하여 정체성을 확인한다. 그리고 자신들이 구축한 영역에 부자가 아닌 사람들이 유입되는 것을 좋아하지 않는다. 자신들의 영역에 속하지 못한 사람들, 또는 그 기준에 맞지 않는 사람들은 철저하게 격이 다르다고 생각하며, 이너 서클을 만들어 조찬 모임, 골프 모임, 사이클 모임 등을 통해 정기적으로 소통한다. 그렇기에 일반 사람들이 그들의 모임에 끼기는 어려울 수도 있다. 하지만 이런 모임을 주최하거나 지속적으로 공략한다면 좋은 인맥이 형성되어 세일즈에 큰 도움을 받을 수 있을 것이다.

3. 부자 고객 상담 전략

이제까지 부자들의 성향에 대해 알아봤다면 정작 세일즈맨이 그들을 상담할 때는 어떤 부분을 맞춰야 하고, 어떤 부분을 유념해야 할지 부자들의 상담 전략을 알아보자.

◆ 그들은 전문가다

부자들은 자신들이 이미 전문가이기 때문에 다른 전문가와 만나기를 원한다. 따라서 당신은 그들에게 프로의 모습을 보여 줘야 한다. 제품 및 판매 조건 등의 지식을 갖추는 것은 기본이며, 고객이 물으면 즉각 답해 줄 수 있을 정도가 돼야 한다. 부자들은 워낙 바쁜 사람들이기 때문에 어렵사리 시간을 내서 세일즈맨을 만났는데, 뭔가 잘 모르고 어수룩하다면 그 시간이 아깝다고 생각할 것이다.

또 당신은 그들과 똑같은 명품은 아니더라도 그럴 듯한 복장 및 외모를 갖춰야 한다. 화법, 매너, 제스처도 어느 정도 품격 있고 세련되어야 할 것이다. 당신은 제품 상담을 할 때 호들갑을 떨며 열을 올리는 아마추어가 아닌, 모든 면을 다 갖춘 전문가라는 인상을 줘야 한다. 프로는 프로와 만나기를 원한다.

◆ 충분히 고민한 후 과감하게 결정한다

부자라서, 돈이 많다고 해서 무조건 구매 결정을 하는 것은 아니다. 그들도 충분한 고민 끝에 구매를 결정한다. 부자란 많은 부를 축적한 사람이기도 하지만, 그만큼 돈을 허투루 쓰지 않는 사람이기도 하다. 그들이 부를 축적하기까지는 작은 물건 하나를 사도 충분히 검토한 후에 결정하는 꼼꼼함과 부지런함이 있었을 것이다. 부동산을 구입할 때도 이것저것 따져 보고 샀을 것이며, 회사의 CEO로서 현안을 결정할 때도 그냥 사인만 하지는 않았을 것이다. 중·장기적 계획, 자금 여력 등을 종합적으로 생각하고 결정했을 거란 말이다. 충분히 고민한 후 결정하는 것이 습관이 되어 버린 그들이기에 제품을 살 때도 이유 없이 사지 않는다. 그러니 서두르지 마라. 하지만 막상 구매에 대한 결심이 서면 과감하게 진행하라. 잊지 말자! 그들은 큰돈을 움직이는 사람임을……

◆ 정확하고 신속한 상담을 원한다

부자들은 대부분 필요한 자료 등을 부하 직원이나 비서들을 시켜 준비한다. 그런 것에 익숙하기에 필요한 자료와 명확한 정보를 먼저 제시하고 리드하며 당신이 알아서 해주기를 원한다. 따라서 상담할 때는 핵심 포인트를 짚어 결론부터 말하고, 그 다음에 설명하는 게 좋다. 복잡한 설명이 들어간 수십 장의 관련 자료보다는 간결하게 함축된 자료를 제시하라. 부자들은 성격이 급한 편이다. 안 그래도 바쁘기에 당신이 느린 말투로 오랜 시간 상담하는 것을 좋아하지 않는다. 정확하고, 신속하게 진행하라.

◆ 최고가가 아닌 최고의 제품을 원한다

이들은 돈이 많다고 해서 무조건 비싼 것만을 추구하는 것은 아니다. 그들은 어떤 제품을 원할까? 매슬로가 주장한 인간의 욕구 5단계를 이해하면 쉽게 알 수 있다. 그림에서 보듯이 일반 고객은 생리적 욕구, 안전 욕구 등 기초적 욕구가 큰 반면, 부자 고객들은 생리적 욕구나 안전 욕구보다는 존경의 욕구나 자아실현의 욕구가 훨씬 크다.

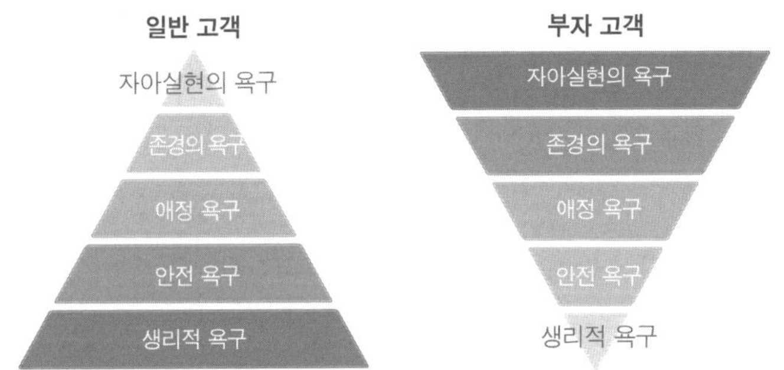

몇 달 전 강남에 있는 호텔에 벤치마킹을 하러 갔다. 가장 궁금한 게 호텔의 단골 고객이었다. 이제까지 필자가 경험한 호텔의 개념은 큰마음 먹고 가족들과 편하게 자려고 가는, 말 그대로 숙박의 기능이 컸다. 그래서 인지 VIP급 비즈니스맨들이나 외국인 관광객일 거라고 생각했는데, 실제 로는 서울에 사는 부자들이었다. 처음에는 이해가 안 됐다. '서울에서 사 는데 왜 비싼 돈을 주고 굳이 서울에서 자는 거지?'라며 의아했다.

하지만 부자들은 그림에서 보다시피 자아실현의 욕구가 크다. 즉, 부자 고객들은 '일주일 동안 열심히 일했으니 이번 주말에는 호텔에 가서 푹 쉬 고, 좋은 서비스를 받고 와야지. 난 충분히 그럴 자격이 있어.'라고 생각한 다. 이처럼 부자 고객은 아무나 누릴 수 없는 제품이나 서비스에 더 큰 만 족감을 느낀다. 또한 다른 사람들이 그런 자신을 부러운 시선으로 바라보 는 것을 즐긴다.

그러니 "고객님을 위한 고품격 프리미엄 프로그램으로 구성되어 있습니 다.", "이 옷은 격이 있는 고객님께 우아함과 고급스러움을 입혀 드릴 것입 니다."와 같이 무조건 비싼 제품이 아니라 제품을 사용하면서 어떤 만족감 과 즐거움을 누릴 수 있는지를 고객에게 프레젠테이션해야 한다.

◆ 조용한 곳을 선호한다

청담동 명품 거리에는 아케이드 숍이 즐비하다. 백화점에서도 살 수 있 는 물품이지만 부자들이 이곳에 많이 들르는 이유는, 편하게 주차하고 다른 사람의 시선을 신경 쓰지 않고 여유롭게 쇼핑할 수 있기 때문이라고 한다. 부자 고객은 붐비는 곳보다 조용하고 프라이버시가 지켜지는 공간에서 상 담받기를 원한다. 고객을 특별히 배려하고, 그들만 이런 혜택을 누릴 수 있 도록 선택받았다는 느낌을 줘라.

당신은 부자 고객들은 일반 고객들과 다름을 인식하고 공략해야 한다. 대하기가 불편하다고 해서 그들을 만나지 않고 가망 고객으로 만들지 않으면 절대 그들에게 제품을 팔 수 없다.

여성 고객

"백화점의 남성 의류 구입 고객은 남성 34%, 여성 66%.", "M 피자의 조사 결과 80%가 여성이 주문.", "S 생명의 변액연금보험 가입자 6만 937명 중 여성 가입자가 67%."라는 문구처럼 IT기기, 금융, 주류, 자동차, 기타 소비재에서 여성들이 막강한 소비 주체가 되고 있다. 여성은 직접 구매는 물론 구매 대리 및 구매 결정자 역할까지 하고 있다. 경영학자인 톰 피터스는 이를 '여성의 외침'이라고 하며, "여성들의 외침이 있는 곳에 돈이 있다."고 주장했다. 많은 트렌드 예언자들이 확언하는 21C 비즈니스의 키워드이자, 유통업계의 막강한 파워를 담당하고 있는 여성 고객의 매력은 무엇일까?

1. 여성 고객의 매력

◆ 경제의 주체다

가정의 먹거리를 담당하고 집안일을 전담하는 주체가 주부이기 때문에 이와 관련된 생활 소비재를 구입하는 것도 주부들이다. 최근 저출산 경향에 따라 여성들은 심적으로도 여유가 있어 소비에 능동적이며, 아이를 적게 낳다 보니 자녀들의 용품을 구매할 때도 더욱 높은 기준으로 상품을 구매한다.

◆ 여성의 경제 참여율이 높아졌다

2015년 사법고시에서 여성 합격률 41.7%, 초등학교 여성 교사 비율 75%, 의약계에서 여성 약사 비율이 64%에 육박하는 등 여성의 파워는 더욱 막강해지고 있다. 실제로 여성의 경제 참여율은 1972년 30%, 1980년 42%에 이어 2012년 현재 50%에 육박하고 있다. 이처럼 오늘날에는 남편의 월급에 의존하는 것이 아니라, 여성 자신이 경제 주체로서 자발적 소비를 하고 있다.

◆ 까다롭지만 충성 고객이다

여성 고객들은 남성들에 비해 품질, 가격, 디자인, 서비스 면에서 세심하게 따지고 신중하게 구매를 결정한다. 그 대신 충성도가 높아 한 번 만족한 상품에 대해서는 지속적으로 재구매를 한다.

◆ 주변 사람에게 추천한다

여성 고객은, 친구가 어떤 제품이나 서비스를 찾고 있다는 것을 알았을 때 자신이 알고 있는 브랜드를 추천할 가능성이 남성보다 세 배나 높다고 한다. 딤채나 락앤락의 경우가 바로 여성 고객의 입에서 입으로 전해져 히트를 친 상품들이다. 그래서 여성 고객을 '빅마우스 고객'이라고도 부른다.

그만큼 여성의 구매는 본인만의 구매로 그치는 것이 아니기 때문에 막강한 파워를 자랑한다.

◆ 만족감이 높은 구매를 한다

현대사회는 여성의 권위가 신장된 만큼 가정에서도 구매의 결정권을 쥐고 있는 경우가 많아졌다. 실제로 전날 남편이 와서 제품에 대한 상담을 마치고 계약을 했다 하더라도 아내의 입김으로 하룻밤 사이에 해약을 요구하거나 제품의 옵션이 달라지는 경우가 비일비재하다. 그 이유는 잘 묻지도 따지지도 않는 남성 고객에 비해 여성들의 경우 꼼꼼하고 세심하게 제품을 선택하기 때문이다. 여성 고객들이 물품을 구매한 이후에 만족도가 높은 이유도 바로 이 때문이다.

◆ 동반 소비를 유발한다

필자는 어렸을 때부터 어머니에게서 "간장은 S 제품이 최고야!", "고추장은 T 제품이 빛깔도, 맛도 좋단다."라는 말을 들어와서 그런지 주부가 된 후로도 그 제품을 꾸준히 이용하고 있다. 즉, 어머니의 소비 성향이 가족 구성원들의 소비 습관 형성 및 구매 결정에까지 영향을 미치는 것이다.

그래서 각 기업은 여성에게 관심을 갖고, 여성을 위한 마케팅을 한다. 아파트 광고에 여성 모델이 등장하고, 그들이 대부분 시간을 보내는 주방을 한껏 매력적으로 만들어 여성 고객들을 유혹한다. 치킨 체인점은 "여성 치킨, H치킨!"이라는 슬로건을 내걸기도 했다. 2014년 운전면허 취득자

중 여성 운전자가 40%에 육박하면서 쇼핑백 걸이, 화장 거울, 운전석 높이조절 장치를 장착한 자동차, 여성 전용 카드 등이 출시되고 있다. 또한 백화점은 여성 고객을 공략하기 위해 여성 임원을 대거 기용하기도 했다.

페이스 팝콘은 "이제 여성은 과거 어느 때보다 큰 경제력을 가지게 되었고, 또한 여성들이 구매 행동의 주체가 되거나 혹은 구매에 큰 영향을 미치고 있다. 기업과 브랜드는 여성적 사고로의 변신을 꾀해야 한다."라며 소비활동에 있어 여성의 힘을 강조했다. 따라서 당신도 당연히 여성 고객에 대해서 배워야 한다. 그렇다면 여성 고객을 응대할 때는 어떤 점에 유의해야 할까?

2. 여성 고객 응대 전략

◆ 생생하게 체험하도록 하라

연인이 등산복을 사러 갔다. 여성은 점퍼와 바지 코너에 가서 몇 가지를 골라 거울에 비추어 본다. 며칠 전에 산 등산화와 잘 어울릴지, 봄에 너무 칙칙하지는 않을지도 세심하게 고려한다. 반면 남성은 옷의 재질을 만져보고, 태그를 꺼내 성분을 보고, 방수가 되는지를 살핀다.

왜 이런 차이가 날까? 남성의 뇌는 직선적이고 계단식인 반면, 여성의 뇌는 전후 맥락적인 거미줄 같은 사고를 하기 때문이다. 남성은 한두 가지 서비스나 기능에 만족하면 구매를 결정한다. 하지만 여성은 이 제품이 어떻게 나에게 만족을 줄 수 있을지를 생각한다.

"산에 가시면 등산객들 중에서 단연 돋보이실 겁니다."

"이 밥솥으로 밥을 하시면 식사 때마다 기름진 이천 쌀밥을 드시는 느낌일 겁니다."

이처럼 여성 고객에게는 단순한 기능 설명이 아니라, 실생활에서 어떻게 적용될 수 있을지를 설명해 줘야 한다. 특히나 여성 고객들은 가족에 대한 애정이 큰 만큼 제품을 통해 가족들에게 어떤 만족감을 줄 수 있는지를 강조하면 구매에 대한 설득력이 더 높아진다. 또한 정지된 모습보다 움직이는 모습을 떠올릴 때 여성의 뇌는 더욱 활발해진다. 단순히 카탈로그를 보여 주는 것보다 직접 체험하면서 생생하게 느낄 수 있도록 하라.

◆ 오감을 만족시켜라

동네 미용실에서는 만 원이면 될 것을 굳이 비싼 돈을 주면서 비싼 미용실에 가는 이유는 무엇일까? 그곳에 가면 그만큼 더 행복해지기 때문이다. 여성 고객들이 카페를 즐겨 찾는 이유 중 하나도 향이 좋은 아메리카노와 예쁘고 편안한 인테리어, 분위기 좋은 음악 소리 등 오감을 만족시켜 주는 환경이 갖춰져 있기 때문이다. 이처럼 우뇌가 발달한 여성의 특성은 쇼핑을 할 때도 적용된다. 따라서 그녀들의 오감을 자극하고, 만족시켜야 한다.

최근 H자동차는 여성 고객들이 시끄럽고 비위생적인 정비센터를 방문하는 것을 꺼리는 것에 착안하여 '여성전용 자동차 종합검진센터'를 개설했다. 이곳은 기존의 정비센터들과 달리 다과와 독서를 즐길 수 있는 휴식 공간은 물론, 어린이 고객을 위한 키즈존도 마련되어 있다.

남성의 뇌가 레일이 하나라면, 여성의 뇌는 다중 레일이다. 제품이나 세일즈맨이 만족스럽더라도 화장실까지 만족스러워야 계약하는 게 여성이다. 그만큼 여성은 모든 것이 총체적으로 만족스러워야 소비의 만족감을 느낀다. 깨끗한 환경, 좋은 향기, 감미로운 음악, 맛있는 음료나 간식, 안락한 의자 등 오감을 만족할 수 있는 환경을 구축하고 고객을 맞이하라.

◆ 무조건 들어 줘라

남성은 하루에 1만 개의 단어를 사용하는 반면, 여성은 2만 5천 개의 단어를 사용한다. 언어적 능력이 뛰어난 여성들은 쇼핑을 할 때도 말을 많이 한다. 물건을 사는 과정에서 전혀 상관없는 개인적인 이야기까지 나올 때도 있다. 그러니 여성 고객이 말을 많이 하더라도 무조건 들어 줘라. '아직 2만 5천 개의 단어를 못 쓰지 못했나 보군.' 하고 생각하라. 남녀의 차이를 인정하고 그 차이를 세일즈에도 활용하란 이야기다.

◆ 적절히 공감하라

만나자마자 제품에 대한 설명을 늘어놓는 세일즈맨이 과연 여성 고객들에게 제품을 잘 팔 수 있을까? 쉽지 않을 것이다. 여성 고객들은 그런 세일즈맨을 부담스럽게 느낀다. 여성은 남성에 비해 관계적인 측면을 더 중요시한다. 따라서 여성 고객을 만났을 때는 제품에 대해 설명하기보다는 다음과 같은 말로 친밀감을 쌓는 것이 먼저다.

"오늘 날씨가 무척 따뜻하죠? 고객님 스카프를 보니 벌써 봄이 온 것 같습니다."

"오실 때 헤매지는 않으셨어요? 차 한 잔 준비해 드리겠습니다."

여성 고객은 제품 구입 시 70%를 세일즈맨과의 감정 소통에 할애한다고 한다. 당신은 여성 고객을 따뜻하게 반기고, 공감해 줘야 한다. 현란한 말솜씨나 판매 기법이 있더라도 진정성이 없으면 여성 고객은 금방 알아챈다. 그래서 여성 고객과 상담할 때는 밝은 표정이 중요하다.

또한 진심을 담아 여성 고객의 이야기에 공감하며 적극적으로 맞장구를 쳐 줘야 한다. "진짜요?", "정말요?", "아, 그러셨군요!", "정말 속상하셨겠네요.", "많이 불편하셨죠?" 와 같은 응대는 여성 고객에게 편안함과 신뢰감을 주기 때문이다.

◆ 칭찬은 여성 고객을 완전 춤추게 한다

한 실험 결과에 따르면, 논리적으로 설득하는 판매원보다 여성 고객을 거울 앞으로 안내한 다음, "잘 어울리세요!"라고 응대한 판매원의 실적이 두 배나 좋았다고 한다. 여성은 좋은 상품보다 자신의 마음에 드는 상품을 구입하고 싶어 한다. "고객님, 제품을 고르는 안목이 아주 뛰어나신데요?", "웬만하면 이 옷은 잘 안 어울리는데, 딱 고객님 옷이네요."와 같이 여성 고객이 입은 옷이든 그녀의 센스든지 간에 칭찬거리를 찾아내어 반드시 칭찬하라. 칭찬이 여성 고객을 춤추게 할 것이다.

◆ 감사를 표현하라

여성 고객에게는 빨리, 자주 감사를 표해야 한다. 여성은 '감사에 죽고, 감사에 사는' 존재다. 여성은 감사의 말을 듣지 못한 순간을 기막히게 알아챈다. 그들은 자신과의 거래에 감사를 표하는 기업과 거래하고 싶어

한다. 기업이 다음과 같이 자신에게 감사를 표하면 여성은 그에 대한 답
례로 친구나 동료들에게 친절한 곳이라며 소문을 퍼뜨린다.

"전화해 주셔서 감사합니다."

"저희 제품을 구입해 주셔서 감사합니다."

"소개해 주셔서 감사합니다."

고객은 당신에게서 당신 회사의 제품을 사줬다. 그래서 당신과 기업
은 고객에게 감사의 말을 전했다. 이것은 기본이다. 고맙다고 하면 여성
고객 들은 과연 얼마만큼 고마운지를 확인하고 싶어 한다. '그런 것까지
확인시켜 줘야 한다고?' 라고 생각하는가. 그렇다고 해서 크게 부담을 가
질 필요는 없다.

"여성은 남성과 달리 작은 데서도 감동을 받습니다. 작은 소품이나 꽃을
선물하는데도 여성 고객은 무척 감동받으며 고마워합니다."

한 정수기 판매왕이 한 말이다. 여성 고객은 값진 답례품을 원하는 것이
아니다. 작은 선물이라도 자신을 살뜰히 챙겨주는 그 마음 씀씀이를 원한
다. 고객이 생각하지도 못한 기념일을 챙겨 준다면 더욱 효과적이다. 그러
면 그들은 추가 판매나 지인 소개와 같이 더 큰 선물을 할 것이다.

◆ 주위 사람에게도 잘하라

여성은 친화적인 속성이 강하다. 남성은 제품을 구입할 때 스스로 정
보를 수집하지만, 여성은 주변 사람들에게서 정보를 얻은 다음 구매를 결
정한다. 때론 카탈로그나 광고, 세일즈맨의 말보다 옆집 철수 어머니의
말을 더 신뢰하기도 한다. 그리고 혼자 제품 구매를 결정하는 것이 부담

스러워 친구들과 함께 오기도 한다. 그럴 때 제품을 구매하러 온 사람뿐만 아니라 함께 온 사람에게도 잘해야 한다. 동행한 이들의 의중이 고객의 제품 구매 결정에 큰 요소로 작용하기 때문이다. 그러니 여성 고객은 물론이거니와 동행자들도 당신의 편에 서게 하라!

◆ 쉽게 설명하라

최근 한 연구에서 여성의 과학, 기술, 공학, 수학 능력과 소비 행동을 분석했다, 그리고 나서 여성 고객은 수학 능력이 필요한 물건을 거래하는 것을 두려워한다는 결과를 발표했다. 많은 사람들이 알고 있듯이 남성보다 수학 능력에 약한 여성들은 구매 결정 상황에서도 수학적 능력이나 해석을 요구하는 기운이 감돌면 걱정하고 불안해한다.

또한 여성 고객은 세일즈맨에게 "그것도 모르느냐?"며 무시당할까 봐 정말 모르는 것도 아는 척할 때가 있다. 따라서 당신은 성분표나 제원표를 가지고 설명하기보다는 여성 고객이 최대한 이해하기 쉽게 풀어서 설명해 줘야 한다.

◆ 매너 있게 응대하라

백화점에서 여성 구두를 파는 코너의 판매원은 대개가 남성이다. 여성 고객은 신던 신발을 벗고 남성 직원에게 맨 발톱을 보여주거나 신발을 신기 위해서 불편한 자세를 취해야 할 때도 있다. 그런데도 왜 매장 직원들은 대부분 남성일까? 그 이유는 여성들에게 신데렐라 콤플렉스가 있기 때문이다. 잘생기고 멋진 남성 직원이 무릎을 꿇고 신발을 정성껏 신겨 줄 때 여성 고객들은 마치 신데렐라가 된 듯한 착각에 빠지게 된다. 여성 고객들이 이런 서비스를 즐길 수 있도록 하려면 어떻게 응대해야 할까?

- 착석 시 상담석 의자를 살짝 뒤로 빼 준다.
- 매장을 나갈 때 얼른 뛰어가 문을 열어 준다.
- 매너 있는 화법을 구사한다.
- 차에 탈 때는 운전석 문을 열어 준다.

덧붙여 여성 고객과 상담할 때 주의해야 할 점을 몇 가지 꼽아 보자. 우선 시선 처리를 조심해야 한다. 특히 신체 일부나 전체적으로 훑어보는 행동은 주의해야 한다. 그리고 결혼 여부에 상관없이 아주머니, 사모님, 여사님 등과 같은 호칭도 삼가야 한다. 요즘은 결혼을 늦게 하는 추세인 데다, 정작 기혼자들도 이런 호칭을 선호하지 않기 때문이다.

대개 여성 고객을 만족시킬 수 있다면, 남성 고객은 120% 만족시킬 수 있다고 말한다. 그만큼 여성 고객을 대할 때는 여러모로 신경 쓰거나 주의해야 할 점이 많다. 하지만 이런 응대 기술을 체득한다면 남녀 고객 모두에게 만족을 줄 수 있다.

어린이 고객

요즘 사람들이 줄을 서서 기다리는 어린이 병원을 가보면 의술은 기본이고 어린이 고객 맞춤형 서비스를 제공하는 것을 볼 수 있다. 이런 어린이 병원에서는 의사들이 앉자마자 진찰부터 하지 않는다. 우선 아이들에게 웃으며 시선을 맞추고, 따뜻한 말을 건넨다. 그리고 무서워하는 아이들에게는 충분하게 설명을 한 후에 진료를 권유한다. 또한 병원 환경도, 의사 가운도 아이들이 좋아하는 디자인을 선택한다.

며칠 전 아이와 함께 은행에 갔는데 아이에게 관심도 가져 주고 "어머, 너 참 똑똑하게 생겼다."라며 칭찬을 해 주었다. 그러더니 한참 후에 자연스레 아이 전용 예금을 권유했다. 더군다나 아이가 좋아하는 캐릭터 그림이 그려져 있는 게 아닌가. 마침 설날 세뱃돈을 어떻게 할까 고민하던 차였기에 겸사겸사 개설을 했다. 이렇게 어린이 고객에게 환심을 사면 부모의 마음까지도 사로잡을 수 있다.

고객은 제품을 탐색할 때, 다른 것에는 방해받지 않고 오로지 제품에만 집중하고 싶어 한다. 그래야 제품이 정말 좋은 건지, 타사 제품보다 더 나은지 비교, 분석해서 현명한 선택을 할 수 있기 때문이다. 그런데 이때 뭔가 방해물이 있으면 그 절차는 순조롭게 진행될 수 없다. 그래서 상담하는 곳에는 고객의 시선을 방해하는 물건이나 소음 등이 있으면 안 된다.

그런데 애매한 방해꾼이 있다. 바로 고객의 자녀다. 아이들은 가만히 있지 않는다. 이리저리 돌아다니면서 때론 비싼 제품을 건들기도 하고, 상담 도중 질문을 쏟아내며 흐름을 방해한다. 고객은 이런 아이 때문에 상담에 집중하지 못한다. 아이가 돌아다니다 다치지는 않을지, 혹시 매장에 피해는 주지 않을지 불안하기 때문이다.

며칠 전 식탁을 사려고 가구점에 갔다. 아이가 가구 사이를 뛰어다니자 상담하던 직원이 지나가면서 "애야, 가구에 흠집 내면 네가 사야 된다."라고 하는 것이 아닌가. 순간 필자는 당황스러워 아이에게 주의를 주고 자리에 앉혔지만 기분이 좋지 않았다. 가구의 특성상 주의해야 하는 상품이라는 것은 알지만, 내 자녀를 꾸짖는 곳에서까지 굳이 사야 할 필요성이 느껴지지 않았다.

이렇게 고객은 아이와 올 수밖에 없는 경우도 있다. 하지만 상품을 선택을 하는 데 집중이 안 되다 보니 상담을 중도에 포기하고 매장을 나오는 경우도 많다. 이때 동행한 어린이 고객을 어떻게 응대하느냐에 따라 세일즈에 독이 될 수도, 득이 될 수도 있다. 아이들이 떠들고 방해하면 불안한 건 세일즈맨보다는 사실 고객이다. 괜히 폐를 끼치지는 않을지, 자식 교육을 잘못시켰다는 인상을 풍기지는 않을지 노심초사하며 상담에 집중하지 못한다. 그렇다면 어린이 고객은 어떻게 응대하는 게 좋을까?

매장에 세 살 정도 된 듯한 여자아이를 동반한 부부 고객이 들어왔다. 아이는 핑크색 머리핀을 꽂고, 이제 걸음마를 뗀 듯 호기심으로 가득 차

여기저기 돌아다니기에 바빴다. 한참을 그러더니 한쪽 구석에 놓인 카탈로그를 하나 집어 들었다. 그러다 말겠지 했는데 종이가 바닥으로 떨어지는 게 재밌는지 수십 개의 카탈로그를 전부 다 바닥에 던졌다. 그걸 보던 직원은 처음에는 다시 주워 올렸으나 나중에는 잘 던진다고 칭찬을 해 줬다. 제품을 둘러보던 어머니가 아이를 나무라자 직원은 "그냥 두세요. 애들이 다 그렇죠, 뭐!"라고 말했다.

이처럼 부모가 아이를 꾸짖을 때, 당신이 그냥 지켜만 보는 것은 그에 동조하는 것이다. 그 순간 고객은 '우리 아이가 이렇게 하는 동안 말은 안 했지만 못마땅했었군.' 하며 마음이 불편해지고, 상담을 하면서도 계속 신경이 쓰일 것이다.

"저희 아이도 가만히 있지 못해요."

"원래 호기심이 많은 게 좋아요. 얌전한 것보다 활동적인 아이들이 공부를 잘한데요."

아이가 실수를 해도 이렇게 부모가 무안하지 않도록 하라. 고객에게 괜찮다며 안심시켜라. 또한 아이가 매장을 어질러도 당장 고객 앞에서 정리하지 말고 그냥 둬라. 그것들을 치우는 순간 고객은 불편해질 것이며, 그만 자리에서 일어나야 할 것 같은 느낌이 들 것이다.

그리고 어린이 고객에게 먼저 관심을 가져 줘라. 처음 만나는 아이에게 질문이나 칭찬을 건네라. "너, 이름이 뭐니?", "어디 유치원 다니니?", "어머! 참 예쁘게 생겼다."라며 관심을 가져 줘라. 아이를 데려왔는데 본체만체 무관심하면 고객은 기분이 나쁠 것이다. 자신보다 아이에게 관심을 가져 주면 더 기분 좋은 것이 부모의 마음이다. 칭찬을 싫어하는 고객이 어디 있겠는가. 성인인 고객에게 칭찬을 하면 쑥스러울 수도 있지만, 아이에게 하면 효과는 배가된다.

"4학년인데 키가 정말 크네?"

"커서 미스코리아 해도 되겠다."

부모는 아이가 보이지 않으면 불안해질 수 있다. 그래서 식당에서 부모들은 시끄러워도 키즈 공간 앞에서 밥을 먹는 것이다. 중간중간 아이들이 보이지 않으면 상담 도중 걱정될 수도 있다. 잠시 고객이 제품을 보거나 고민하는 동안 아이에게로 가서 관심을 가져 줘도 좋다. 그러면 고객은 '왜 이 사람은 상담에 집중을 안 해?'라고 생각하는 것이 아니라 '이 사람은 참 인간적이고 성실하네.'라며 고마움을 느낄 것이다. 다른 직원이 아이를 돌봐 주는 것도 좋다.

그런데 간혹 직원이 자신의 아이를 돌보는 것을 싫어하는 고객도 있다. 그럴 때는 "제가 아이를 잘 봅니다. 제가 잠시 아이와 놀아도 될까요?" ,"저희 아이도 지금 돌이 됐습니다. 아이가 잘생겼네요. 제가 좀 봐드릴까요?"라며 의중을 물어라. 아이들이 좋아하는 캐릭터, 동화책, 관심거리 등에 대해 미리 공부해 두는 것도 좋다.

"너 뽀ㅇ로 알아?"

"너도 ◇◇천자문 책 좋아하니?"

"너는 어떤 아이돌을 좋아해?"

상담 시간 중 어린이 고객을 위한 간단한 간식거리를 구비해 둬도 좋다. K자동차 L점장은 아침마다 요쿠르트를 냉장고에 넣어 둔다. 사탕이나 과자도 좋지만 요즘은 아이들에게 유기농만을 먹이거나, 과자류는 잘 안 먹이는 까다로운 부모들도 있으니 줄 때는 고객에게 물어보고 주는 게 좋다. 풍선을 구비해 놓는 직원들도 있다. 아이들은 풍선을 불어서 주기만 해도 잘 논다. 어떤 세일즈맨은 집에서 안 쓰는 장난감을 가져와 어린이 고객이 방문할 때 활용한다. 닌텐도 등 게임기나 미술 도구 등을 구비해 놓는 곳도 있다.

어린이 고객은 "앞에서 보면 방해꾼이지만, 뒤에서 보면 세일즈맨의 우군."이라는 말이 있다. 그러니 어린이 고객을 쉽게 생각하지 마라. 아이들이 힘들어하면 고객은 더 힘들어한다. 고객이 아이 때문에 신경을 많이 쓰지 않도록 세심하게 배려해서 제품이나 서비스에 온전히 집중할 수 있도록 하라. 그러면 좋은 결과가 그 뒤를 따를 것이다.

04

젊은 고객

베이비붐 세대는 한국전쟁이 끝나고 다산의 시기인 1950~1960년대에 출생한 사람들을 일컫는 말로서, 가족과 여가를 중시한다. X세대는 민주화 시기인 1960~1980년대 출생한 사람으로, 산업화의 수혜 세대인 만큼 경제적 풍요 속에서 성장했다. 마지막으로 베이비 붐 세대의 자녀 세대이자, 1980~2000년대에 출생한 Y세대는 자유로운 발상과 행동을 하며 자기 중심적인 경향이 강하다.

미국의 경제주간지 『비지니스 위크』는 Y세대를 21C를 이끌어 나갈 주역들로서 새 천 년의 중심 세대가 될 것이라고 예측했다. 그렇다면 Y세대, 즉 20~30대 젊은 고객들은 어떤 특성과 소비 성향을 가지고 있을까?

최근 시스코가 발표한 〈테크놀로지 보고서〉에 따르면, 이들의 97%는 아침에 눈을 뜨자마자 스마트폰을 확인하는 것으로 하루를 시작하며, 54%는 스마트폰으로 업무를 처리한다고 한다. 이들 대부분은 인터넷 콘텐츠와 휴대전화 부가서비스를 이용하며, IT에 능숙하다 보니 제품에 대한 이들의 전파력이 클 수밖에 없다. 실제로 이들의 제품 후기는 마케팅 역할을 톡톡히 해내며 다른 고객들에게도 큰 영향력을 발휘한다.

이들은 브랜드 충성도는 낮지만 잘만 관리하면 미래의 핵심 고객으로 성장할 가능성이 높다. 그래서 금융 업계에서는 이들을 고객으로 유치하려고 부단히 애를 쓰고 있다. 40~50대는 브랜드 충성도는 높지만 장수 고객으로 끌고 가기에는 한계가 있기 때문이다. 최근에는 홈쇼핑에서도 주부를 타깃으로 한 브랜드 대신 20대를 타깃으로 하는 브랜드로 전환하는 추세다. 게다가 40~50대의 중·장년층도 젊어 보이는 옷을 구매하기를 원할 뿐더러, 전반적으로 젊은이들의 문화를 수용하고 따르려는 분위기다. 그렇게 본다면 20~30대 젊은 고객층이 소비 트렌드의 주축이 되고 있는 것이다.

L백화점 광복점은 최근 'YOUNG 백화점'이라는 캐치프레이즈를 내걸고 젊은 고객층을 유치하고자 열을 올리고 있다 그 결과 20~30대의 매출 비율이 59%에 육박하고 있다. K카드사도 최근 "25세 국민님, 힘내세요!"라는 슬로건으로 젊은 고객들을 유혹하고 있다. 또한 젊은 고객들을 유치하기 위해 H, K자동차도 최근 젊은 영업 전문가를 일선에 배치했다. 아줌마 보험 설계사의 이미지를 버리고 이들의 눈높이에 맞는 상담을 하기 위한 보험사의 젊은 금융 전문가 인력 채용도 눈에 띈다. 어디 그뿐인가? 아웃도어, 카드, 자동차 같은 제품들도 점점 젊은 고객들에게 마케팅의 초점을 맞추고 있다.

그러나 20~30대 고객을 공략하려면 그들의 특성에 주목해야 한다. 그들은 적극적인 소비층이기도 하지만 확실한 정체성을 갖고 있는 세대이기 때문이다. 젊은 고객들에 대해 자세히 알아보자.

1. 젊은 고객의 성향

◆ 합리적 소비를 한다

젊은 고객들이 잘 따지고, 가격에 민감한 이유가 있다. 이들의 부모들은 대부분 IMF를 겪으면서 직장에서 명예퇴직을 당하거나 사업 부도라는 아픔을 겪었다. 이들은 그런 부모 밑에서 자라면서 돈이나 부에 대한 인식, 경제적 개념 등이 크게 바뀌거나 확실히 굳어졌다. 2012년 11월 하나금융 경영연구소의 연구에 따르면, 젊은 고객들은 자주 거래하는 은행과 자산을 예치한 은행이 일치하지 않는 '금융 유목민'이라고 한다.

이들은 수입은 많지 않지만, 자산 증식에는 민감하며 IT에 능통하다 보니 좋은 금융 상품을 발견하면 쉽게 갈아탄다. 또한 이들은 백화점보다는 아울렛을 애용하며, 적립이나 보상 프로그램에도 관심이 많다. L쇼핑의 포인트 사용 고객 중 20~30대가 차지하는 비중이 45%일 만큼 이들은 알뜰한 소비를 하며, 제품을 구입하면서 DC를 많이 요구하여 세일즈맨들을 힘들게 하는 구매층도 바로 젊은 고객들이다.

◆ 자기중심적 소비 성향이 있다

2012년 수입차 구매층의 연령대 분포를 보면, 20대가 8.6%, 30대가 36.6%, 40대가 27%를 차지했다. 국산차의 구매가 감소한 반면, 20~30대 젊은 층의 수입차 구매 분포율은 40% 이상을 보이고 있다. 불황이다 뭐다 해도 젊은 고객들은 사회적 인정이나 자기만족을 위해서는 과감하게 소비한다. 해외여행, 피부 관리나 성형처럼 큰 비용을 부담하더라도 자신을 위해서는 아낌없이 투자하고 문화생활도 포기하지 않는다.

◆ 개성이 뚜렷하다

L백화점은 최근 업계 최초로 '스마일 팔찌'를 도입했다. '노란색 팔찌'는 '자세한 쇼핑 상담을 받고 싶다.', '하늘색 팔찌'는 '나 혼자 둘러보고 싶다.'는 의미를 담고 있다. 개성이 강한 젊은 고객들의 니즈를 반영한 정책인 것이다. 젊은 고객들은 솔직하고 직설적이며 제품을 선택할 때도 남들과는 다른 자신만의 개성을 드러내 줄 수 있는 제품을 선호한다. 이들의 뚜렷한 주관과 솔직한 감정 표현은 가정 단위의 구매 결정에도 큰 역할을 한다.

어찌 보면 까다롭기도 하고 기성세대와는 확연히 다른 사고방식 때문에 이해하기가 어려울 수도 있지만, 이들의 특성과 요구를 정확히 파악해서 잘만 활용한다면, 젊은 고객층을 사로잡은 트렌디한 이미지는 물론 장기적인 고객층을 확보하는 큰 수확을 올릴 수 있다.

2. 젊은 고객 응대 전략

20~30대 젊은 고객층의 특성을 이해했다면, 이들을 위한 응대 전략에 대해 살펴보자. 요즘은 손에 들고 있는 게 정보인 세상이다. 그들은 상담 전에 이미 인터넷을 통해 제품 정보를 어느 정도 알고 방문한다. 뿐만 아니라 타사 제품과 비교까지 모두 마치고 방문한다. 따라서 젊은 고객들에게 망신을 당하지 않으려면 세일즈맨으로서 완벽하게 준비해야 한다.

이들은 실리적인 판단이 빠른 만큼 자신보다도 잘 모르는 세일즈맨은 신뢰하지 않는다. 조목조목 따질 수도 있는데, 그럴 때는 명확한 증거나 근거를 제시하여 고객 스스로 판단하게 해야 한다.

또한 젊은 고객들을 상담하려면 웬만한 웹 콘텐츠나 IT 기기를 능숙하게 다룰 줄 알아야 하며, 페이퍼 자료보다는 탭으로 제품을 소개하거나 이메일로 견적서를 보내 주고, 페이스북이나 미투데이로 고객과 소통할 줄 알아야 한다. 적어도 구닥다리라는 말을 듣지 않도록 젊은 고객의 눈높이에 맞춰야 한다.

최근 K자동차는 20~30대 고객을 대상으로 세일즈맨에게 바라는 점을 설문 조사했다. 그 결과, 1위는 적극적인 상담이 차지했다. 이들은 화끈한 성격만큼 판단도 빠르다. 젊은 고객은 뭔가를 요청했는데 응답이 늦으면 답답해한다. 그들의 빠른 속도에 맞춰야 한다.

발목까지 오는 파스텔 색감의 바지에 백팩을 메고 다니는 그들이다. 그렇다고 당신도 그렇게 입으라는 것이 아니다. 적어도 큐빅이 화려하게 박힌 넥타이를 메거나 흰머리가 덥수룩한 상태로 만나지는 말아야 한다. 그들은 젊고 빠른 직원과의 상담을 선호한다. 아버지뻘인 세일즈맨에게 예의를 다하면서까지 불편하게 제품을 구매하고 싶지는 않을 것이다.

젊은 고객이라고 해서 무의식적으로 반말을 해서도 안 된다. 호칭도 이름만을 불러서는 안 되며, '○○씨' 혹은 '□□□고객님'이라고 깍듯하게 존칭을 써야 한다. 아울러 친밀감을 형성하고자 "제 아들이랑 나이가 같네요.", "제가 그 나이에는 상상도 못할 일이지요."와 같이 고객과 격세지감을 느낄 만한 불편한 행동이나 대화도 삼가야 한다.

그렇다고 해서 과잉 친절은 오히려 역효과가 날 수 있다. 최근 H백화점은 젊은 고객에게는 고개를 꾸벅 숙이는 인사를 금지시키고, 가벼운 눈인사를 권유하며, 그들의 쇼핑을 간섭하지 않도록 직원들을 교육한다. 뿐만 아니라 고객이 묻기 전에는 상품 추천도 하지 말라고 요청한다. 판매원에게 간섭받지 않고 상품을 둘러보기를 원하는 고객에게 부담감을 주지 않기 위해서다.

자, 당신도 젊은 고객을 공략하려면 이제는 그들의 관심거리에 대해서도 많이 알아둘 필요가 있다. 그들은 생활을 즐기고 싶은 욕구가 강하다. 그러니 놀이와 오락 등 레저에 관한 정보나 젊은 고객의 흥미를 끌만한 화젯거리를 늘 준비해 둬라.

어르신 고객·노인 고객

우리나라는 다른 나라보다 훨씬 빠른 속도로 고령화가 진행되고 있다. 통계청 자료에 따르면, 2000년 현재 노인 인구가 전체 인구의 7%에 달해 이미 '고령화 사회'로 진입했으며, 2032년에는 20%가 넘는 '초고령 사회'가 될 것으로 예측된다.

인구의 노령화로 인한 노인 인구의 절대적 규모와 비중은 앞으로 소비 시장에 상당한 영향을 미칠 것이다. 실제로 한 쇼핑몰의 경우 지난해 60대 이상의 노인 고객 구매가 15%나 성장했다고 한다. 신한카드가 카드 사용액을 통한 연령대별 소비 성향을 분석한 결과를 보면, 2012년 60세 이상 카드 사용액은 4조 1,553억 원으로 2008년에 비해 두 배 이상 늘었다고 한다.

예전에는 노인 고객을 통상 신체적·심리적으로 연약하고, 구매력도 크지 않은 소비층으로 규정했지만, 요즘 노인 고객들은 능동적으로 삶을 꾸리며, 소비하려는 경향이 점점 커지고 있다. 더욱이 최근에는 58년 개띠로 유명한 베이비부머가 서서히 은퇴를 시작하며 경제력을 가진 노인 인구가 빠른 속도로 새로운 소비층을 형성하고 있다.

보험사나 은행권이 노인 고객층을 매력적으로 보고 있는 이유는, 그들이 젊은 사람들처럼 이자 몇 퍼센트 더 얹어 주고 수수료 몇 푼 깎아 주는 것에 쏠리는 것이 아닌, 일단 관계를 맺으면 웬만해서는 거래처를 바꾸지 않기 때문이다. 즉, 당장의 실리보다 의리를 중시하는 경향이 큰 고객층인 것이다. 우리가 그동안 생각해 왔던 노인에 대한 인식이나 접근 방법에서 탈피하여 이제는 점점 커져 가는 노인 고객 시장을 제대로 알고, 적극적 소비를 하려는 노인 고객들의 요구에 적절히 대응하는 스킬을 준비해야 할 시점이다.

교보생명이 시니어파트너즈와 40~69세 남녀 1000명을 대상으로 한 설문 조사에 따르면, 한국의 장년층은 실제 나이보다 7.7세 젊게 느낀다고 답했다, 그리고 54.4%는 노인의 기준을 70~74세로 꼽았고, 75세가 넘어야 노인이라고 응답한 사람도 14.4%였다. 노인들은 자신을 실제 나이보다 더 젊게 인식하고 있으며, 나이 든 노인들일수록 더 젊게 보이고 싶고, 더 젊게 살려고 하는 것이다.

미국의 의류회사 갭Gap은 2000년대 중반 '포스 앤 타운'이라는 브랜드를 런칭해 노인 여성들을 위한 기능성 청바지를 만들었다. 하지만 '몸매가 좋지 않은 50~60대 여성이 입는 옷'이라는 이미지가 굳어져 결국 그 사업은 실패했다. 그 청바지를 입는 순간 늙었음을 인정하는 격이니 구입을 안 했던 것이다.

L백화점에서는 "이 재킷은 연세가 많은 고객님들에게 잘 나가는 상품입니다."가 아닌 "이 재킷의 라인 덕분에 고객님의 나이보다 훨씬 더 젊어 보일 수 있습니다."라며 긍정적인 문장을 많이 사용하도록 교육한다. 그

렇기 때문에 노인 고객을 공략하려면 노인, 즉 '나이 들었다'는 생각을 버려야 한다. '늙음'을 부각하면 고객들의 마음에 상처만 줄 뿐 환영받을 수 없다.

"미리 이 건강 식품을 드시면, 앞으로 잔병치레를 안 하실 겁니다."

"앞으로 더 안정적인 노후를 즐기기 위해 탄탄한 재정전문가를 옆에 두시는 건 어떠세요?"

당신은 이와 같이 서비스와 제품으로 인하여 더 젊고 즐거운 노년을 맞이할 거라는 희망적 메시지를 제공해야 한다. 20대든 60대든 나이 들어 보이고, 그렇게 취급받는 게 싫은 건 매한가지다.

이번엔 호칭에 대해 생각해 보자. 최근 서울시는 '노인'이란 명칭 대신 '어르신'을 사용하기로 했으며, '노인복지과'를 '어르신복지과'로 변경했다고 한다. 또한 강서구가 동별로 60개 경로당을 이용하는 어르신을 대상으로 설문 조사를 한 결과, 88%가 어르신으로의 명칭 변경에 찬성했다고 한다. '노인'의 사전적 의미는 나이가 들어 늙은 사람을 의미하지만, 어르신이라는 호칭에는 공경의 의미가 담겨 있기 때문이다.

하지만 60~70대라 할지라도 철저한 자기 관리로 젊은 사람 못지않게 건강과 활력을 유지하는 분들도 있기 때문에 무조건 어르신 운운하는 것은 자칫 결례가 될 수 있기에 유의해야 한다. 때로는 상황에 따라 아버님, 어머님, 선생님이라는 호칭을 쓰는 것도 좋다. 자녀를 칭할 때는 자제분, 아드님, 따님이라고 표현하면 된다.

노인 고객들은 시력과 청력 또 운동신경이 노화되기 때문에 상담을 할 때 이를 배려해야 한다. H카드사는 65세 이상 고객에게는 ARS 대신 직접 상담원을 연결하고, S 은행은 '눈이 편한 ATM기'라는, 확대해서 화면을 볼 수 있는 현금출금기를 선보였다. 작은 카탈로그나 가격표, 브로슈어는 노인 고객들에게 잘 안 보일 수 있다. 따라서 인쇄물 자료의 경우는 보기 편하게 확대 출력을 하든가, 해당 사항을 크게 메모하여 전달하는 게 좋다. 또한 노인 고객을 위해 상담석에는 돋보기를 비치하고, 조명을 더 밝게 하도록 한다.

상담 진행은 너무 빠르지 않도록 하며, 정확하게 발음해야 한다. 어려운 용어나 외래어는 피하고, 이해가 잘 안 되는 부분은 거듭 질문할 수도 있으니 그때마다 성의껏 답변하도록 한다. 또 몸이 불편할 수도 있으니 손을 잡아 드리거나 문을 열어 드리는 것도 좋다. 그저 나의 부모님을 모신다고 생각하고 대하면 진심으로 성의껏 모실 수 있지 않을까.

매장 코칭을 하다 보면 노인 고객 분들이 들어오셔서 막상 구입하지는 않지만 좀 쉬었다 가겠다고 하는 경우가 있다. 매장에서 제공하는 차도 마시고 제품에 대해 물어보다 보면, 어느새 자식 이야기며 이제까지 살아온 이야기를 다 풀어놓는다. 한 칼럼에서는 노인 고객이 은행에 오는 이유를, 이야기를 잘 들어주고 맞장구를 쳐 주기 때문이라고 평했다.

그래서인지 한 은행에서는 노인 고객을 대상으로 '말벗 서비스'라고 하여 매주 한 차례씩 전화로 안부를 묻는다고 한다. 노인 고객들은 이야기를 잘 들어 주는 것만으로도 충분히 마음을 살 수 있다. 물론 그분들이 하는 이야기에 공감해 주며, 간간히 이렇게 칭찬을 해드리는 것도 잊어서는 안 된다.

"정말 대단하세요. 젊으셨을 때 어쩜 그런 결정을 하셨어요?"

"자식들이 잘하니 얼마나 좋으세요? 정말 복 받으셨네요."

"정말 정정해 보이세요. 누가 70대라고 하겠어요?"

이렇듯 노인 고객은 특별한 관심과 따뜻한 소통을 원한다. 어쩌면 노인 고객은 제품 설명보다는 이런 것들을 더 원할 수도 있다. 이런 심리적 요구에 잘 맞춰 주는 세일즈맨들을 노인 고객은 고마워할 것이고, 신뢰할 것이다. 상담이야 그다음에 해도 늦지 않다.

노인 고객들은 구입 시 고민을 많이 한다. 꼼꼼히 따져 보고, 재차 물으며 의심도 할 수 있다. 그럴 때마다 성의껏 응대해 주고, 고객의 의견을 존중해 드려라. 너무 서두르지 마라. 경제력은 구매 의사를 밝힌 부모에게 있더라도, 결정은 정작 자제 분들이 할 수도 있다. 따라서 융통성 있게 자제 분들에게도 다시 설계해서 상담을 해야 할 때도 있다는 것을 염두해 둬라.

고령화 시대를 맞아 노인 고객들의 수요가 급증한 만큼 그들에 대한 이해와 응대 기술을 키워 큰 물고기를 놓치는 일이 없도록 해야 할 것이다. 기억하라. 노인 고객은 익숙한 것을 고수하는 경향이 큰 만큼 충성도가 높은 고객임을 말이다.

06

고객 성향별 응대 전략

다음 질문에 O, X로 답해 보라.

1. 고객은 자주 연락하는 것을 좋아한다.

2. 고객은 칭찬받기를 좋아한다.

3. 고객은 빨리 처리해 주기를 원한다.

4. 고객은 상세히 설명해 주기를 원한다.

강의할 때 이와 같은 질문을 하면 첫 번째 질문에서는 대부분 'O'라고 자신 있게 손을 들었다가, 두 번째 질문에서는 번쩍 손을 들다가도 약간은 아리송하다는 표정을 짓는다. 'X'도 몇 명 나온다. 그리고 세 번째 질문부터는 질문의 요지를 파악했는지 'O'도 'X'도 아닌 '△'를 들기 시작한다.

그렇다! 고객 중에는 분명 칭찬받기 좋아하는 고객들이 많지만, 막상 그 칭찬을 부담스러워하는 고객도 있다. 상세한 설명을 듣고 싶어 서너 시간에 걸친 상담도 마다하지 않는 고객도 있지만, 제품에 관한 주요 설명만 듣고 가능한 한 신속하게 결정하고 싶은 고객도 있다. 그래서 CS가 어렵고, 세일즈가 어려운 것이다. 고객에게는 천편일률적 응대가 아닌 맞춤형 응대가 필요하다.

『평범한 사람들이 세일즈로 돈 버는 법』이라는 책에서 저자인 조양규 씨는, "고객마다 성격과 취향이 다르기 때문에 천편일률적인 방법으로 접근하면 신뢰를 얻기가 어렵다. 따라서 세일즈맨은 고객의 주머니 사정과 함께 고객의 성격도 파악해야 한다."라고 강조했다.

미국 컬럼비아 대학의 윌리엄 마스턴교수는 사람의 행동 유형을 네 가지, 즉 주도형, 사교형, 안정형, 신중형으로 나누었다. 이 유형에 따른 고객의 응대 전략에 대해 살펴보자.

1. 주도형(Dominance), D형

◆ 성향

목표에 대한 집착력과 책임감이 강하며, 불도저 같은 추진력을 가지고 있다. 변화 자체를 즐기며, 과정보다는 결과 지향적이다. 성격이 급하며, 흥분을 잘한다.

◆ 외모

통계적으로 얼굴형은 네모 형이 많으며, 이목구비가 뚜렷하고, 특히 눈빛에서 강렬한 에너지가 뿜어져 나온다. 눈꼬리가 살짝 위로 올라간 경우도 있다.

◆ 대화 스타일

D 유형은 듣기보다는 말하는 것을 더 좋아한다. 말이 빠르며 목소리가 크고, 미사여구를 사용하기보다는 간단명료하게 이야기한다. 확신에 찬 어조로 말하며, 때로는 공격적 · 자극적 ·직설적 · 명령형으로 말한다. 가끔 반말을 하기도 한다.

◆ 응대 전략

어떤 과정을 구구절절 말하기보다는 결과부터 이야기하라. 상담은 신속하게 진행하며, 설명이 지나쳐 고객으로 하여금 가르침을 받는다는 느낌이 들지 않도록 해야 한다. 상담 시간도 길면 안 된다. 실수를 하거나 약속을 못 지켰을 때는 변명이나 번복하지 말고 정중하게 사과한다. 고객과 분쟁이 있을 때에는 바로 대응하기보다는 고객이 차분해질 때까지 한 발 물러서는 것이 좋다. 이들에게는 정중하고 예의 바르되, 단호하게 응대하는 것이 핵심이다.

또 납기 기일이나 약속 시간은 반드시 지켜야 한다. 따라서 납기 시기를 여유롭게 제시하는 것도 한 가지 방법이 될 수 있다. 구입을 강하게 권장하기보다는 고객 스스로 결정하도록 하며, 구입을 결정하기까지 오래 걸리지 않으므로 어느 정도 구입 의사가 있다고 판단되면 빨리 진행하는 것이 좋다.

D형 고객은 '도 아니면 모'인 성격인 만큼 그들에게서 점수를 따기란 결코 쉽지 않다. 하지만 한 번 고객이 되면 오래도록 고객이 되어 주는 의리파다. 이들은 세일즈맨에게 어느 정도 신뢰가 쌓이면 크게 따지지 않고 일

을 맡긴다. 응대하기가 무척 까다롭다고 느낄지라도 끈기를 가지고 믿음을 주면 최고의 고객, 로열 고객이 될 가능성이 가장 높다.

2. 사교형(Influence), I형

◆ 성향

전반적으로 사람이 재산인 무척 사교적인 성향의 사람으로, 주변에 사람이 많은 만큼 인기도 많다. 외향적이고, 긍정적이며, 낙천적인 스타일로 스킨십도 좋아한다. 대신 복잡하거나 생각하는 것을 귀찮아하는 유형이다.

◆ 외모

성격만큼이나 얼굴형도 둥글둥글한 편이다. 대체적으로 웃는 인상인데, 실제로도 많이 웃는다. 외모에 관심이 많아 겉모습이 화려한 편이다. 옷이나 장신구의 경우, 튀는 디자인이나 화려한 색상을 즐기며, 때로는 그 누구도 소화하지 못하는 스타일에 도전하기도 한다.

◆ 대화 스타일

전반적으로 말이 많고, 말의 속도가 빠르며, 목소리가 경쾌하고 밝다. 대화 도중 다른 이야기로 빠지기도 하며, 업무적으로 만난 사람들에게도 사적인 질문을 많이 한다. 달변가로서 감성이 풍부해 표현도 잘하고, 설득도 잘한다. 보디랭귀지, 특히 손동작을 많이 사용하며, 상대방의 말을 잘 들는 것 같지만, 그다음에 어떤 이야기를 할 것인지를 미리 생각하고 있기 때문에 의외로 경청 능력이 떨어진다.

◆ 응대 전략

밝고 친근한 목소리로 응대하라! 본격적인 상담에 들어가기 전에 고객과 충분한 교감을 나누는 것이 좋다. 원래 말하는 것을 좋아하기 때문에 잘 들어줘야 한다. 대화 도중 고개를 끄덕이거나 맞장구를 쳐 주고 메모하는 등 고객의 이야기에 경청하고 있음을 느낄 수 있도록 적극적으로 호응해 주는 것이 중요하다.

이 유형의 고객은 특히 타인의 시선에 민감하다. 따라서 오늘 입고 온 옷이나 제품을 고르는 안목 등 고객에게서 칭찬거리를 찾아서 칭찬해 준다면 고객과의 관계를 한결 부드럽게 만들 수 있다. 또 관계 중심적인 성향이 강하므로 무표정하거나 불친절한 말투는 조심해야 한다. 복잡한 것은 싫어하므로 제품 구조나 수치를 활용한 설명은 최대한 요약해서 해주고, 만약 제품 구입 과정에서 복잡한 일이 생긴다면 알아서 처리해 드리겠다는 여운을 남겨야 한다.

3. 안정형(Steadiness), S형

◆ 성향

S형 고객은 말 그대로 안정 지향적인 성향이 강하다. D형이나 I형과 달리 내향적이며, 말뿐 아니라 행동도 빠르지 않다. 내면은 온유하며 타인에

게 배려를 잘하지만, 분노를 잘 표출하지 못해 혼자 스트레스를 많이 쌓아 두는 편이다. 혼자 있는 것을 좋아해서 사색, 산책, 아이쇼핑 등을 즐긴다. 이사, 근무지 변동, 회사 이전과 같은 환경적 변화를 싫어하며, 업무 스타일도 뭔가 새로운 것을 찾아서 하기보다는 단순 반복하거나 상사가 시키는 일에 최선을 다하는 유형이다. 의사결정을 할 때도 한 번에 시원하게 결정하기보다는 우유부단하다는 인상을 준다. 인간관계에서도 새로운 사람과의 만남을 두려워하며, 다양한 사람들을 만나기보다 소수의 친한 사람들이랑 어울리는 것을 좋아한다.

◆ 외모

화려하거나 강하지 않고, 전반적으로 순한 인상을 갖고 있다. 눈과 입이 비교적 작으며, 눈이 처진 유형도 많다. 많이 움직이는 것을 싫어하는 만큼 약간 몸집이 있는 사람들이 많다.

◆ 대화 스타일

말이 많지 않으며 속도가 느리고 목소리도 크지 않아 D형이나 I형 입장에서는 답답하게 느껴질 수도 있다. 새로운 사람을 만나는 것이나 다른 사람들과 눈을 맞추는 것에 대해 쑥스러움을 많이 타는 편이다.

이러한 성향 덕분에 이들은 가장 위대한 경청자다. 적절한 제스처와 함께 진심으로 상대의 이야기를 잘 듣는다. 웬만하면 속에 있는 이야기를 잘 꺼내지 않으며 화를 잘 내지도 않는다. 그렇다고 무시하면 안 된다. 겉으로 잘 표현하지 않는 만큼 은근히 속에 담아두기 때문에 한 번 화를 내

면 다른 어떤 유형보다 까칠할 수 있다. 긴장하면 말을 잘 못하거나 더듬
고, 먼저 제안하지 않기 때문에 고객을 배려하면서 대화를 주도해 나가는
것이 좋다.

◆ 응대 전략

내향적인 성향을 지닌 만큼 전반적인 상담 분위기를 믿음직하고 따뜻
하게 이끌어 가야 한다. 너무 빠르지 않은 편안한 분위기를 만들어야 한
다. 첫 만남에서 너무 가깝게 다가가면 부담스러워할 수 있으므로, 어느
정도 물리적 거리를 두고 상담에 임해야 한다.

이 유형은 제품이 마음에 들고, 충분한 설명을 들었음에도 선뜻 결정을
하지 않는다. 그러므로 좀 더 쉽게 결정할 수 있도록 옆에서 도와 줘야 한
다. "고객님, 그럼 이 양문형 냉장고가 좋겠어요? 아니면 문 하나만 있는
단일형 냉장고가 좋겠어요?"와 같이 폐쇄형 질문을 하여 고객이 스스로
"Yes!"를 하게끔 유도해야 한다. 고객이 구매 결정을 앞두고 갈팡질팡할
때 부드럽게 리드해 주는 것이다. 또한 구입 과정에서는 다음과 같은 말로
믿음과 안도감을 줘야 한다.

"걱정하지 마세요, 고객님. 제가 다 알아서 해 드리겠습니다!"

"무엇을 도와드릴까요?"

아울러 제품 구입 후 회사의 AS 시스템에 대해 구체적으로 안내해 준다
면 더 신뢰가 더욱 두터워질 수 있다. 이 유형의 고객은 특히 구입 결정 후
자신의 결정에 대해 불안해하므로 탁월하고 현명한 결정이었다고 말해
주는 것도 좋다. "진짜 잘하셨어요.", "후회하지 않으실 거예요."와 같은 말

로 고객에게 확신을 주는 말을 하는 것이다. 만약 설득이 잘 안 된다면, 제삼자를 끌어들일 필요도 있다. 이미 같은 제품을 구입한 고객이나 고객과 함께 온 사람을 먼저 설득하면 고객의 마음을 움직일 수 있다.

4. 신중형(Conscientiousness), C형

◆ 성향

C형은 뭐든 대충하는 법이 없다. 무엇을 결정하거나 구입할 때 이것저것 재고 따지며 분석하는 성향이 강하며 사고하는 것 자체를 즐긴다. I형과는 정반대의 유형으로, 정확하고, 분석적이며, 논리적이고, 계산적이어서 주변 사람들로부터 차갑다거나 비판적이라는 오해를 받기 십상이다. 그러나 남에게 피해를 주지도 않으며, 예의가 바르고, 원칙도 잘 지킨다. 또 물건은 항상 있던 그 자리에 있어야 직성이 풀릴 만큼 정리정돈을 잘해 주변이 늘 깨끗하다.

◆ 외모

머리를 많이 쓰는 만큼 이마가 많이 발달되어 있다. 전반적으로 이마는 넓고, 턱이 좁은 역삼각형 얼굴형을 갖고 있다. 눈이 작은 편이며, 입도 작고 얇다. 또 생각과 고민을 많이 하다 보니 미간에 세로 주름이 있는 경우도 있다. 옷도 화려하지 않고 단출하게 입고, 전반적으로 날씬한 편이다.

◆ 대화 스타일

C형은 목소리가 크지 않고, 속도도 빠른 편이 아니다. 말을 많이 하지 않고, 대답도 단답형으로 한다. 하지만 자신의 관심 분야나 자신이 설득해야 할 상황에서는 그렇지 않으며, 질문도 잘 한다. 농담도 잘 하지 않는 편이며, 육하원칙에 따라서 일목요연하게 이야기한다.

◆ 응대 전략

C형은 제품 구입 전에 충분한 사전 조사를 하기 때문에 제품에 대한 풍부한 지식으로 무장한 채 세일즈맨을 만난다. 그렇기에 C형을 만날 때는 더욱 철저히 준비한 다음 응대해야 한다. 제품을 단순히 '좋다.', '싸다.', '내구성이 좋다.' 등으로 뭉뚱그려서 설명해서는 안 된다. 명확한 근거와 자료, 수치 데이터 등을 활용해 논리적으로 설득하는 게 좋다. 타사 제품과 철저하게 비교 · 분석해 주고, 타사 제품을 무조건 비방해서도 안 된다. 고객은 이미 타사 제품도 충분히 알아본 후에 당신을 만나러 온 것이기 때문에 부정확한 정보 제공은 오히려 신뢰를 떨어뜨릴 수 있다.

이 유형의 고객은 제품을 구매할 때도 충분한 검토 끝에 결정하므로 바로 결정을 안 하더라도 기다려야 한다. 스스로 "Yes."라고 판단하면 다시 당신을 찾을 것이다. 자신이 제품에 관한 지식을 많이 알고 있다고 생각하므로 고객이 잘못된 정보를 이야기하더라도 바로 또는 강하게 반박해서는 안 된다.

C형은 친하지 않은 사람과의 스킨십을 좋아하지 않으므로 너무 밀착하여 응대하는 것은 좋지 않다. 물리적 거리뿐 아니라 심적인 거리도 적당한

간격을 두어야 한다. 또 이들은 가슴으로 느끼기보다는 머리로 판단하기 때문에 과잉 친절이나 과도한 칭찬은 조심해야 한다. 고객의 질문에는 짧고 간결하게 답하고, 잘 모르는 문제는 솔직하게 모른다고 이야기해야 한다. 말이 많거나 시끄러운 것을 좋아하지 않으니 요점만 간단명료하게 제시하는 스마트한 상담 기술이 요구된다.

그리고 이들은 매우 정확한 성격이므로 지키지 못할 약속을 남발해서는 안 되며, 약속 시간도 칼같이 지켜야만 신뢰를 얻을 수 있다. 합리적이고 경제적인 구입을 하는 성향이 강해 좋은 판매 조건이나 프로모션을 적극 권유하면 좋다. 또한 금액 지불 및 계산도 깔끔하고 정확하게 마무리해야 한다. 내가 아는 한 세일즈맨은 구입 정산 후 세부 내역서를 꼼꼼하게 적어 십 원짜리 하나라도 따로 봉투에 담아서 드린다. 이렇게 하면 다른 유형의 고객도 그렇겠지만, C형은 더욱 신뢰할 것이다. 당신이 정확하게 일을 처리하고, 성실한 태도로 고객과의 약속을 잘만 지킨다면 그만큼 평생 고객이 될 가능성이 가장 높은 유형이 바로 C형이기도 하다.

어떤 고객은 구구절절 제품에 대한 자세한 설명을 원하는가 하면, 어떤 고객은 간단명료한 상담을 원하기도 하고, 또 어떤 고객은 많은 사람들이 선택한 제품을 원하기도 한다. 이처럼 고객은 똑같지가 않다. 따라서 만약 당신이 천편일률적으로 고객을 응대한다면 실패할 가능성이 높다. 그러니 고객을 살펴보고, 연구하고, 어떤 성향인지를 파악할 필요가 있다.

김동범 씨는 『소개마케팅』이란 책에서, "과거에는 고객의 성향을 제대로 파악하지 않고 일단 부딪히고 보자는 동적인 영업 방식이 대세였다. 시장이 많다 보니 여기저기 기웃거리면서 기호에 맞는 개척 시장을 선정하고, 잘 구매해 줄 것 같은 가망 고객을 만나는 세일즈를 주로 해 왔다. 그러나 지금은 한정된 시장을 갖고 다른 세일즈맨들과 치열한 경쟁을 해야 하는 시대다. 따라서 고객의 성향을 철두철미하게 분석하는 동시에 접근할 때는 고객과의 친밀감을 가장 큰 무기로 여기며 동적인 영업과 정적인 영업을 병행해 나가야 한다."고 강조했다.

내가 아는 세일즈맨은 고객과 만난 후 따로 고객 관리 파일을 만든다. 그는 이 파일에 고객의 기본적인 인적 사항은 물론 자동차 모델, 개인적 취향, 즉 커피를 좋아하는지, 녹차를 좋아하는지 등과 흡연 여부와 같은 사소한 정보를 비롯해 고객과의 상담 시 특이사항을 자세히 적어 놓는다. 그리고 무작정 고객에게 친절하게 응대하는 게 아니라 파일을 통해 고객을 바로 알고 맞춤형 세일즈를 해 나간다. 고객에게 얻고 싶은 결과가 있다면 이 정도 노력은 해야 하지 않을까?

'이 고객은 왜 이렇게 힘들지?'가 아니라, '이 고객은 어떻게 다가가야 하지?'를 생각하고 고객에게 접근한다면 좀 더 수월하게 전문적인 상담을 할 수 있다. 물론 I형에게 칭찬을 많이 하고, C형에게 정확한 정보를 많이 제시한다고 해서 계약 안 할 고객이 마음을 돌리는 것은 아니다. 그러나 어차피 상담은 확률게임이다. 그 게임에서 승률이 높아지기를 기대해 본다.

바이온텍 나기일 과장

1. 자기 소개를 부탁합니다.

현재 알칼리온 이온수기를 판매하는 바이온텍  특판팀에서 10년간 근무하고 있습니다. 2009년, 2010년, 2013년 연말 우수사원으로 표창을 받았고. 판매실적 뿐만 아니라 제품 지식, 고객 상담 스킬 등을 테스트하는 직원 평가에서 3회 우승을 했습니다. 1년에 3,000여 대를 판매하며, 그 중 70%는 기업, 30%는 개인에게 판매를 하고 있습니다.

2. B2C와 다른 점, B2B 세일즈의 매력을 꼽자면 어떤 것이 있나요?

B2B는 끈기와 인내가 반드시 필요합니다. B2C는 10~15분 만에 끝날 수도 있지만, B2B는 보통은 일주일, 길게는 2개월이 걸립니다. 시간과의 싸움이자, 나 자신과의 싸움이기에 매력적이라고 할 수 있습니다. 기업과 상대하면서 그들이 원하는 질문에 답변을 해 주려면 순발력이 필요합니다. 늘 나 자신이 CEO라고 생각하고, 최대한 고객과 내가 윈윈할 수 있도록 최선의 방향을 위해 해법을 제시합니다. 이러면서 나의 역량도 향상됩니다. 많은 노력과 시간이 투여된 후 한 건이 계약되었을 때, 그 희열은 말로 표현할 수가 없습니다.

3. 영업을 하면서 가장 짜릿했던 순간을 꼽자면?

N사와 계약할 때입니다. 계약이 될 때까지 출퇴근을 그 회사에서 했습니다. N사 담당자와 먹고 자고 한 달을 함께 했습니다. 가격 조정 요구에 대해 어느 정도까지는 고객이 원하던 부분까지 맞췄지만, 그 이상은 우리 회사 제품의 자부심을 가지고 제품력으로 승부했습니다. 타사는 브랜드 이미지도 좋고 가격도 쌌습니다. 하지만 질 수밖에 없는 게임이라고 포기하는 대신 '할 수 있는 부분이 무엇일까?'를 생각하고 정확히 포지셔닝 했습니다. 지금은 매달 1,000~1,500대가 꾸준하게 들어가고 있으며, 정수기 필터 등 기타 부품들도 같이 파는 최고의 고객이 되었습니다.

4. 어떻게 하면 제품에 대한 자신감을 가질 수 있을까요?

무엇보다 자신이 써 봐야 합니다. 저는 위가 무척 안 좋았습니다. 직접 물을 마시면서 체험을 했고, 그렇기에 신념이 있었습니다. 세일즈를 하기 위해서는 제품에 대해 아는 것이 중요하다고 생각해 자처하여 AS직원으로 입사해 2년 정도 탄탄하게 제품력을 다졌고, 이후 영업으로 전직했습니다. 그 당시에는 흔한 일이 아니었습니다. 제품 정보만 달달 외워서 어떻게 고객의 환심을 사고 지갑을 열수 있겠습니까.

5. 영업 역량 향상을 위해 어떤 공부를 하시나요?

영업 스킬은 당연하거니와 앞으로 해외 영업을 꿈꾸고 있다 보니 영어 공부를 15년 정도 하고 있습니다. 지금은 커뮤니케이션이 원활하며, 정확한 제품 정보 전달을 위해 기술적인 용어 등을 익히고 있습니다. 또한 이후에 온라인 판매를 위해 오픈 마켓, 종합 쇼핑몰 등에 대해서도 공부를 하고 있습니다.

6. 이 자리에 오기까지 도움주신 분이 있다면?

먼저 대표이사님, 총무파트 부장님, 영업파트 본부장님을 들 수 있습니다. 대표님은 사원들을 일일이 체크하시고, 표정들을 살펴 혹여나 안색이 안 좋으면 무슨 일이 있는지 따로 불러서 인간적인 상담을 해 줍니다. 인생 선배 같은 분이라고 할 수 있습니다. 더 감사한 건 어떤 고민을 얘기하든 간에 말없이 뒤에서 응원해 주십니다. 총무파트 부장님은 호형호제 사이로, 힘들 때는 소주 한잔 같이 기울여 주시고, 영업파트 본부장님은 영업의 노하우를 많이 조언해 주십니다. 그 외에 친구이자 동료가 한 명이 있습니다. 힘들고 어려울 때는 마음을 털어놓을 수 있고, 영업의 파트너이지만 경쟁자의 관계이기도 합니다. 선의의 관계를 유지하고 시너지 효과를 창출하며, 서로 정보도 공유하고 노하우도 털어놓습니다. 내가 힘들 때 밀어 주기도 하고, 도움도 받습니다. 그러고 보면 어찌 지금의 자리가 혼자만의 힘으로 될 수 있었겠습니까. 이 사람들이 지금의 나를 있게 해 준 은인들입니다.

7. B2B에서 고객 관리의 특징은 무엇인가요?

정으로 승부한다고 말할 수 있습니다. 사소한 일까지 챙깁니다. 또한 고객들과 상담 시 특이한 점은 파일로 정리합니다. 예를 들어 상담을 했을 때, "이런 어려운 점이 있다."라고 했다면 반드시 기억해 답변을 드리고, 혹시나 몸이 안 좋은 고객이 있다면 방문할 때마다 꼼꼼하게 챙기고 경과를 여쭙니다. 몇 해 전 말기암 환자 고객 한 분이 주위에서 알칼리수를 먹으면 낫는다고 해서 연락을 해와서 솔직하게 "치료는 못한다."고 말씀드렸습니다. 하지만 "도움을 받으실 수는 있습니다."라고 말씀드렸습니다. 타 업체에서는 상술적인 말만 던졌다며 결국 그분은 저를 믿고 구입해 주셨습니다. 그리고 몸의 긍정적 변화가 조금이라도 있으면 꼭 전화를 주십니다. 이처럼 진심으로 따뜻하게 대하고 정직하게 대하려고 노력합니다.

8. 정수기 세일즈의 매력을 꼽는다면 어떤 게 있나요?

타 브랜드와의 싸움에서 밀리는 건 사실입니다. 그러나 작은 기업이지만, 제품이 좋기 때문에 자신 있게 세일즈를 할 수 있는 것입니다. 물을 먹어보고 체험을 하면, 추가 구매를 하고 소개 판매까지 자연스레 이어집니다. 먹었던 고객이 구전광고를 많이 해 주고, 대신 세일즈를 해줍니다. 물을 먹어 보고 건강이 좋아졌다는 얘기를 들을 때가 가장 보람됩니다.

9. 불만 고객을 충성 고객으로 만드는 방법이 있나요?

고객들은 기사가 제품을 설치하며 설명을 해도 잘 안 듣고, 매뉴얼을 잘 보지 않는 경우가 있습니다. 이후 사용하면서 오작동으로 문의가 오면, 10번이고 20번이고 이해할 수 있게 설명을 드리고 찾아뵙니다. 당연히 저를 믿고 고액의 돈을 투자하셨기에 이런 대처야 당연합니다. 하지만 제가 특별히 신경 쓰는 이유는 소개 판매가 제일 많을 때가 제품 설치 후 3~4개월 이내이기 때문입니다. 언제 고객과 많은 접촉을 해야 하는지를 생각하면 세일즈는 너무 흥미로워집니다.

10. 앞으로의 계획은 무엇인가요?

개인적인 목표는 좋은 집을 장만하는 것입니다. 그리고 앞으로 영업 파트의 본부장이 되어 많은 직원들을 관리하며 좋은 결과들을 낼 수 있도록 도와주고 싶습니다. 지금도 신입 직원들에게는 욕심을 내지 말라고 강조합니다. 다른 정수기보다 브랜드가 약하기 때문에 쉽게 포기를 하기 때문입니다. 이를 위해 시간과의 싸움임을 강조하고 반드시 투자한 만큼 보상은 따라온다고 말해 주고 싶습니다. 그래서 성장하는 그들을 바라보고 싶습니다.

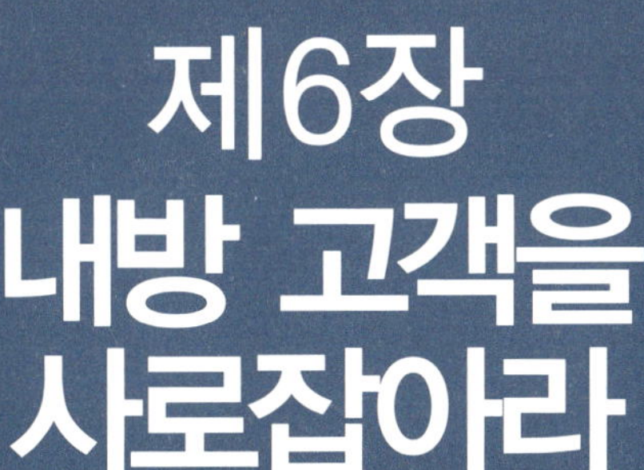

제6장
내방 고객을
사로잡아라

01

상담 장소도 전략이다

많은 세일즈맨들이 상담 장소를 어디로 정할지 고민한다. 그 이유는 고객이 선호하는 장소가 어딘지 모르기 때문이다. 일단은 고객의 의향을 우선시해야 한다. 따라서 "고객님, 그럼 어디서 뵐까요?", "어디가 편하시겠어요?"라고 먼저 물을 필요가 있다. 고객의 사무실, 자택, 커피숍 등 고객이 편한 곳을 우선순위에 두어야 한다.

그렇다고 무조건 고객에게 맞출 필요는 없다. 일정과 동선을 고려해서 장소를 잡는 것이 좋다. 특히 그때그때 만남의 목적에 따라 장소를 잡는 것이 중요하다. 만약 고객과 처음으로 만나는 것이라면 서로 부담이 되지 않도록 잘 알려진 장소나 커피숍 등에서 만나는 게 좋다. 또한 단순히 안부를 묻는 만남이라면 장소를 크게 고민하지 않아도 된다. 하지만 계약 및 상담 때문에 만나는 것이라면 상담에 집중할 수 있는 장소를 선정해야 한다.

장소를 선정하느라 너무 오래 시간을 끌면 고객의 반감을 살 수도 있다. 고객과 만날 장소를 선정하기 전에 미리 고객의 집이나 사무실 인근에서 적절한 곳을 알아보고 전화를 하는 것도 좋다.

예전에는 고객의 자택에서 상담을 많이 했다. 고객을 배려하고, 고객의 집에 방문해 가족들을 만나거나 고객이 준비한 음식을 함께 나누며 친밀하게 상담했다. 하지만 요즘 현대인들은 사적인 공간을 쉽게 공개하지 않는다. 집을 누군가에게 보여 준다는 사실 자체를 불편하게 생각한다. 맞벌이 가정이 늘면서 여성들의 시간적 여유가 없어진 것도 그 이유 중 하나일 것이다.

그래서 필자는 당신의 사무실을 적극 추천한다. 『트릭의 심리학』이라는 책에서 간바 와타루는 다음과 같이 '홈그라운드 효과'를 강조했다.

"설득이란 미팅이나 상담 장소를 선택하는 단계에서부터 시작된다. 까다로운 상대를 설득하고 접대해야 할 경우, 다음의 A, B, C 중에서 어느 장소가 가장 효과적일까? A는 상대방이 선택한 장소이고, B는 두 사람 모두 처음인 장소이며, C는 자신이 평소에 잘 아는 장소다. 속담에 '횃대 밑에 호랑이 잡고 나가서 쥐구멍 찾는다.'라는 말이 있다. 집에서는 큰소리치면서 집 밖에 나가기만 하면 얌전해지는 사람을 말하는데, 이것은 익숙하고 편안한 장소에서는 씩씩하게 활동할 수 있음을 말한다. 이는 스포츠 세계에서도 나타난다. 야구나 축구 경기를 보면, 홈경기의 승률이 원정경기 때보다 높다. 각 팀의 홈그라운드에서는 팬의 성원이 훨씬 뜨겁기 때문에 선수의 사기가 덩달아 높아진다. 또한 구장의 그라운드 컨디션을 잘 알고 있기 때문에 경기에 유리하다. 그러나 무엇보다도 홈그라운드는 구단의 고향이라는 정신적인 안도감이 선수 심리에 영향을 미쳐 평소의 실력을 100퍼센트 발휘하게끔 한다. 친숙하고 익숙한 홈그라운드가 선수에게 자신감을 심어 주어 승률을 높이는 것이다. 이런 심리를 잘 이용하면 상대보다 먼저 주도권을 잡을 수 있다.”

심리학에선 홈그라운드를 ‘우위 공간’이라고 한다. 보통 사람들은 자신에게 익숙한 장소에서는 덜 긴장하고, 그래서 어떤 일을 할 때 더욱 집중할 수 있다. 반대로 고객 입장에서는 적지에 들어왔기에 긴장할 수밖에 없다. 하지만 이러한 상황을 오히려 기회로 만들 수 있다.

마케팅 인사이트에서 발표한 〈2012년 자동차 기획조사〉에 따르면, 자동차 영업 사원을 알게 된 경로를 묻는 질문에 ‘고객이 직접 영업점을 방문해서 알게 된 경우’가 국산차는 27%, 수입차는 35%에 육박했다. 다시 말하면, 자동차를 구입하기 위해서 고객이 직접 영업점을 방문하는 경우가 꽤 많다는 이야기다. 그 이유를 묻는 질문에 국산차 구입 고객의 50%, 수입차 구입 고객의 61%가 ‘시승하기 위해서’, 15%는 ‘차를 자세히 보기 위해서’라고 답했다. 고객들은 자동차, 가전제품, 휴대전화, 옷과 같은 유형의 제품의 경우, 매장에 직접 방문해서 보기를 원한다.

2012년 대한상공회의소가 발표한 〈온·오프라인 쇼핑 융합에 따른 소비행태 조사〉에 따르면, 크로스오버 쇼핑, 즉 10명 중 4명은 제품을 구입할 때 온라인과 오프라인을 동시에 이용하여 통합적 고려를 하는 것으로 나타났다. 인터넷에 제품 정보가 널려 있지만, 현명한 고객들은 그것만 믿고 사는 게 아닌 것이다. 고객들은 오프라인 매장에 가서 직접 만져 보고, 눌러 보고, 앉아 봐야 직성이 풀린다. 그래서 요즘엔 화장품 매장에서도 직접 테스트해 볼 수 있는 제품을 거울과 함께 비치해 둔다. 요즘 고객들은 경험 욕구가 강하다. 매장에서 고객이 직접 체험해 보고 느끼게 할 때 구매 욕구는 한껏 상승한다.

인사로 품격을 전달하라

뉴저지 주의 채덤에 살고 있는 세일즈맨 에드워드 사익스는, 다음과 같이 겉으로 보기에는 특별할 것 없는 인상의 사람들에게 친절하게 관심을 가지는 것을 자신만의 영업 비법으로 꼽는다.

"몇 년 전에 저는 존슨앤존슨사의 직원으로, 매사추세츠 지방의 고객을 담당했습니다. 거래처 중 약국 하나가 힝햄에 있었는데, 저는 이 약국에 들를 때마다 점원들과 먼저 이야기하고 나중에 주인과 이야기를 나누곤 했답니다. 어느 날 약국에 들렀더니 약국 주인이 더 이상 존슨앤존슨 제품에는 관심이 없으니 거래를 끊겠다고 하더군요. 그 이유는 존슨사 측에서 주로 식품 가게나 할인 매장에 주력하느라, 자기네 같은 작은 약국에 손해를 입히기 때문이라더군요. 저는 실망한 나머지 그곳을 나와 몇 시간을 여기저기 배회했습니다. 그러다가 다시 가게 주인을 찾아가 제 입장을 설명하기로 했죠. 다시 들어가서 여느 때와 마찬가지로 점원들에게 인사했습니다. 그리고 주인에게 갔더니, 놀랍게도 주인은 미소를 지으며 평상시의 두 배가 되는 주문을 하는 거예요. 저는 깜짝 놀라 이게 어떻게 된 일이냐고 물었어요. 주인은 한 젊은 점원을 가리키며 말했습니다.

그의 말에 따르면, 가게에 들어와 점원에게 인사하는 몇 안 되는 세일즈맨 중 하나가 저라고 했다는 것입니다. '어떤 영업 사원이 우리 약국과 거래할 자격이 있다면 그것은 바로 그 사람'이라고 말했다더군요. 그 후 약국 주인은 단골 고객이 되었습니다. 세일즈맨이 갖추어야 할 영업 비법, 아니 모든 사람이 갖추어야 할 가장 중요한 자질은, 다른 사람에게 진실한 마음에서 우러나온 관심을 가지는 것이라는 사실을 잊을 수가 없었습니다."

「데일카네기 인간관계론」中에서

우리가 태어나서 가장 먼저 하는 사회적 행동 중 하나가 바로 '인사'다. 어린아이가 나름 인사를 한다고 손을 흔들거나 고개를 숙이면 부모들은 흐뭇해한다. 하지만 세일즈맨은 고개만 숙인다고 해서 인사가 아니다. 인사 교육을 하면 많은 세일즈맨이 "내가 영업한 지가 몇 년인데…….", "인사 못하는 직원이 어디 있어요?"라며 불평을 한다.

하지만 필자는 인사에 대해 남다르게 강조하고 싶다. 매장에서든 외부에서든 고객을 만났을 때 인사를 안 하는 세일즈맨은 없다. 그런데 인사를 하는 모습을 보면 대부분 고개만 까닥한다. 손은 포개져 있고, 뭐가 그리 쑥스러운지 고객과 눈도 잘 마주치지 않는다. 과연 이런 세일즈맨에게 고객은 어떤 첫인상을 받을까?

말콤 글래드웰이 『블링크: 첫 2초의 힘』이라는 책에서 언급했듯이, 고객들은 눈 깜짝할 사이에 많은 정보를 얻는다. 고객은 지금 당신과 만나 계약서에 사인하기 전까지 과연 당신이라는 사람과 거래를 할 것인지, 말

것인지를 고민하며 계속 저울질을 한다. 그러면서 당신의 상담 태도나 제품에 관한 지식, 친절성 등을 평가하며 점수를 매긴다. 하물며 고객은 세일즈맨과 처음 만나는 순간을 놓치지 않는다. 그렇기 때문에 인사를 쉽게 보면 절대 안 된다.

상상해 보라. 제품이 깨끗하게 잘 정돈되어 전시되어 있고, 분위기 좋은 음악이 나직하게 흘러나오는 쾌적한 매장이다. 고객이 문을 열고 들어오자마자 말끔한 차림의 당신이 나와 고객에게 경쾌한 목소리에 따뜻한 미소로 격조 있게 인사한다. 다른 조건은 모두 앞에서 나열한 것과 같은데 그 와중에 당신의 인사 태도가 시원찮다면 어떻겠는가? 매장의 다른 모든 장점이 순식간에 가치를 잃을 수 있다. 이렇듯 인사는 첫인상이다. 인사하나로 고객에게 큰 점수를 딸 수도 있으며, 자신을 표현할 수 있는 짧지만 강력한 시간이다.

윌리엄 하웰은 그의 책 『공감적 커뮤니케이션』에서, 사람의 능력 수준을 4단계로 나눴다. 첫 번째 단계는 '무의식적 무능력'이다. 이는 스스로도 알아채지 못하는 단계로, 예를 들어 성인이 되기 전까지는 운전에 대한 생각들이 무의식적이고 무능력한 상태일 것이다. 두 번째 단계는 '의식적 무능력'이다. 처음 운전을 배웠을 때를 기억하는가? 운전 학원 담당자에게 운전 방법은 배웠지만, 시동을 꺼트리거나 핸들 조작이 미숙했을 것이다. 바로 의식은 있으나 숙달되지 않았을 때를 말한다. 세 번째 단계는 '의식적 능력'이다. 수많은 연습을 통해 제대로 운전할 수 있는 단계지만 아직까지는 초보 운전이기에 늘 긴장하며 편안해지기까지는 연습과 시간이 더 필요하다. 마지막 단계는 '무의식적 능력'이다. 이제는 운전을 꽤 능숙하게 한다. 굳이 '브레이크를 밟아야지.', '우측 깜빡이를 켜야지.' 하고 의식적으로 생각하지 않아도 충분히 수행이 가능한 상태다.

하웰의 사람의 능력 수준 4단계가 과연 인사와 무슨 관계가 있을까? 세일즈맨들에게 인사 교육을 하면, 모두 다 아는 쓸데없는 것을 한다고 말한다. 물론 이론적으로는 다들 알고 있다. 하지만 인사는 머리가 아니라 몸으로 하는 것이다. 고객의 기분을 좋게 만드는 품격 있는 인사 습관이 몸에 배야 한다. 그렇다면 품격 있는 인사란 어떻게 하는 걸까?

1. 표정 있는 인사말을 하라

당신은 고객과 처음 만났을 때 어떻게 인사하는가? 단순히 "안녕하십니까?"라고만 말한다면 단조롭고 형식적인 인사말이 될 것이다. 기본적인 인사말에서 한 발 더 나아가 당신의 마음을 담아 보라. "안녕하십니까? 반갑습니다!", "안녕하십니까, 환영합니다!" 혹은 "안녕하십니까. 어서 오십시오. 여러분께 즐거움을 드리는 ○○전자입니다."처럼 인사말에 회사명과 브랜드 이미지를 함께 표현해도 좋다. 고객과 만날 때는 건네는 인사말에 풍부한 표정을 담아 고객에게 진심으로 환영한다는 메시지를 전달하라.

2. 눈을 맞춰라

인사를 했는데도 고객 입장에서 인사를 받았다는 느낌을 받지 못했다면, 고객과의 눈맞춤이 안됐기 때문이다. 고객에게 환영의 메시지와 따뜻한 마음을 전달하고 싶다면 반드시 고객과 눈을 맞추고 인사해야 한다. 예전부터 눈은 마음의 창이라고 하지 않던가. 살짝 미소 띤 얼굴로 고객과 눈을 마주친 후 인사하라. "안녕하십니까?"라고 말할 때는 고객과 눈을 맞추며 교감한 뒤, 고개를 내렸다가 다시 올릴 때 이어지는 인사말을 하면 고객과 충분히 눈을 맞출 수가 있다.

3. 자세를 흐트러뜨리지 말라

며칠 전 마트에 갔는데 직원이 어깨에 힘을 잔뜩 넣은 채 다리를 11자로 넓게 벌리고 서서 인사를 했다. 상상이 가는가? 순간 기분이 좋기는커녕 왠지 모르게 위화감이 들면서 그 마트에 대한 이미지까지 바뀌었다.

그만큼 인사를 할 때는 자세도 중요하다. 다리는 뒷부분을 살짝 붙이는 게 좋고, 팔은 몸에서 떼지 않아야 한다. 그리고 손은 가볍게 모은 후 재봉선 틀에 올려놓아야 한다. 고객은 보디랭귀지를 보고 당신의 심리를 읽어낼 수도 있다. 손을 앞으로 모으는 것은 '나는 당신에게 졌다.'라는 메시지를 줄 수 있다. 공손해 보일 수도 있지만, 자신 없어 보일 수도 있다. 또한 고개만 까딱여서는 안 되고 척추와 허리가 곧게 일직선으로 내려가야 정중한 인사다. 요즘은 고객에게 부담감을 줄 수 있어 너무 많이 고개를 숙이지 않는 추세다.

4. 큰 소리로 인사하라

나이트클럽 같은 곳에 가면 "안녕하십니까. 너훈아입니다!"라며 큰 소리로 인사를 한다. 약간은 깜깜하고, 시끄러운 공간에서 큰 소리로 인사받는 느낌이 그리 나쁘지 않다. 크고 씩씩한 목소리로 인사하면 '고객님, 제가 정성껏 모시겠습니다.' 혹은 '고객님, 제가 기다렸습니다.'라는 메시지가 고객에게 전달된다.

큰 소리로 인사하면 고객도 기분이 좋아지지만, 자신에게도 긍정적인 기운이 스며들게 된다. 항상 좋은 컨디션으로 고객을 만나기란 사실 불가능한 일이다. 기운이 없고 컨디션이 좋지 않을 때, 자리에서 벌떡 일어나 배에 힘을 주고 큰 소리로 인사해 보라. 온몸의 세포가 살아나 당신의 마음과 태도가 적극적으로 변화될 것이다.

인사는 고객의 인격을 존중하며, 정성을 다하여 모시겠다는 마음의 표현이다. 절대 쉽게 볼 것이 아니다. 마음을 다해 눈을 맞추며 밝은 얼굴로 하는 인사는 굳게 닫힌 고객의 마음을 활짝 열게 한다. 고객에게 환영받고 있다는 느낌을 주는 인사는 그다음 단계인 상담으로 전환할 때도 기분 좋은 에너지를 불어넣어 준다.

대기 시간, 고객을 착각하게 하라

우리나라 사람들은 기다리는 것을 싫어한다. 빨리빨리를 외치는 성향은 세일즈 현장에서도 결코 예외가 아니다. 계속 내방 고객이 없어서 무료하다가도 고객은 왜 항상 같은 시간에 몰려 들어오는지 연이어 고객들이 들어오기 시작하면 난감하기 일쑤다. 물론 그 매장에서만 구입할 수 있는 제품이라면 고객은 울며 겨자 먹기 식으로 기다릴 수도 있다. 하지만 대부분은 그렇지 않다. "뭐 매장이 여기밖에 없는 줄 알아?", "다른 곳에 가지, 뭐!"라며 화를 내며 나가기도 한다.

그렇다고 먼저 온 고객을 무시하고, 다음 고객을 응대할 수도 없는 노릇이다. 이렇게 고객이 기다릴 수밖에 없는 상황에서는 당황하지 말고 나름의 기준을 세워 대기 시간을 관리해야 한다. 서비스 분야의 권위자이자 경영학자인 데이비드 마이스터는 고객의 대기 시간을 이렇게 정의했다.

- 아무것도 하지 않고 있는 시간이 뭔가를 하고 있을 때보다 더 길게 느껴진다.
- 구매 전의 대기가 구매 도중의 대기보다 더 길게 느껴진다.

- 근심은 대기 시간을 더 길게 느껴지게 한다.

- 언제 서비스받을지 모른 채 무작정 기다리는 것이 대기 시간을 알고 기다리는 것보다 더 길게 느껴진다.

- 원인이 설명되지 않은 대기 시간이 더 길게 느껴진다.

- 불공정한 시간이 더 길게 느껴진다.

- 서비스의 가치가 높을수록 사람들은 더 오랫동안 기다린다.

- 혼자 기다리는 것이 더 길게 느껴진다.

한 조사 기관에서 고객이 인사를 받을 때까지 소요되는 시간을 측정한 뒤 "얼마나 기다렸느냐?"라고 질문했더니, 실제로는 30~40초를 기다렸는데 3~4분을 기다린 것처럼 느꼈다고 응답했다. 직원이 자신의 존재를 알아주기를 기다리는 시간이 길게 느껴진 것이다. 고객은 이렇게 조급하고 기다리지 못한다.

그렇다면 어떻게 해야 고객의 대기 시간을 줄일 수 있을까? 어떻게 하면 똑같은 시간도 더 짧게 느껴지게 할 수 있을까? 디즈니랜드에서는 대기선을 직선이 아닌 곡선으로 만들어 길게 늘어선 줄에 대한 부담을 줄였으며, 각 놀이기구 앞에 대기 예상 시간을 표시했다. 그러면 줄지어 선 고객에게는 안내되는 대기 시간이 준거점이 된다. 만약 이 준거점보다 대기 시간이 길어지면 고객은 불만족스러울것이다. 예를 들어, 대기 시간이 30분이라고 적혀 있는데 실제로 기다리는 시간이 50분이라면 당연히 고객들은 화를 낼 것이다.

하지만 디즈니랜드에서는 이 시간을 일부러 약간 늦추어 설정했다. 그렇게 되면 고객들은 예상보다 빨리 놀이기구를 탈 수 있어 조금만 기다리고 혜택을 누린 것처럼 생각하게 된다. 혜택을 본 듯한 느낌이 오랜 시간 기다림으로 인한 불만족스러운 감정을 한결 누그러뜨린 것이다. 뿐만 아니라 영화나 만화 주인공 캐릭터 분장을 한 사람들을 여기저기 배치해 기다리는 사람들이 지루해하지 않도록 도왔다.

한 종합병원에 갔더니 1층에서 그림 전시회를 열고, 캐릭터를 그려 줌으로써 기다리는 고객에게 볼거리를 제공했다. 그리고 간호사들은 작은 수레를 끌고 와서 따뜻한 차를 건네 주었다. 또한 손발 지압기나 자가 혈당기를 설치해 대기 시간 동안 고객이 스스로 뭔가를 할 수 있도록 배려해 주었다. 이처럼 사람들은 뭔가에 집중하면 시간을 지각하지 못한다. 체감 시간은 이처럼 얼마든지 짧게 느끼도록 만들 수 있다.

머리를 하러 미용실을 방문했는데 고객이 무척 많다. 직원이 와서 반갑게 인사한 후 안타까운 표정을 지으며 "고객님, 죄송하지만 ○○디자이너님은 먼저 온 손님을 서비스하고 있어서 20분쯤 기다리셔야 되는데, 괜찮으시겠어요?"라고 양해를 구한다. 그리고선 가운을 입혀 주고, 따뜻한 차 한잔을 주면서 잡지책을 가져다준다. 고객은 대부분 이런 상황에서는 큰 불만이 없다. 왜 그럴까? 고객은 이 순간에 착각하기 때문이다. 가운을 입혀 준다고 해서 바로 머리 염색이 시작되는 게 아니지만, 고객은 그 순간 '음, 이 서비스를 시작했구나.'라고 생각하는 것이다.

당신도 갑작스럽게 고객에게 전화가 올 수도 있고, 먼저 온 고객을 상담하는 상황도 있을 것이다. 그렇게 바로 고객 응대를 못하는 상황이라면 당신은 서비스 시작점을 관리해야 한다. 고객을 착각하게 해야 하는 것이다. 고객은 의외로 단순하다.

"고객님, 안타깝게도 먼저 상담하던 고객님이 있는데, 잠시 제품을 둘러보고 계시겠어요?"

"고객님, 어제 계약한 고객님께 급히 전화가 왔는데, 잠시만 기다려 주시겠습니까?"

이렇게 충분히 양해를 구하고, 차나 카탈로그를 가져다 줘라. 아니면 먼저 제품을 보고 있으라고 안내해 줘라. 먼저 상담하고 있는 고객이 있더라도 다른 고객이 매장에 들어서면 기쁘게 맞이해 환영의 뜻을 명확하게 전달한 다음 양해를 구하라. 이때 주의할 점이 있다. 정말 안타깝고 죄송하다는 마음을 표정과 목소리에 담아야 한다는 것이다.

또한 먼저 상담을 하던 고객에게도 "고객님, 잠시만 기다려 주시겠습니까?"라고 양해를 구한 다음, 새로운 고객을 맞아야 한다. 그리고 기다리는 고객 때문에 먼저 온 고객이 부담을 느끼지 않도록 배려해야 한다. 이렇게 하면 대부분의 고객은 그 상황을 이해한다. 어쩔 수 없이 자신을 바로 응대해 주지 못하지만 '저 세일즈맨이 나를 홀대하지는 않는구나.'라고 생각하는 것이다. 물론 이렇게 응대해도 발길을 돌릴 사람은 돌린다. 그렇더라도 이런 응대는 고객에 대한 최소한의 예의이자 의무다.

며칠 전 모니터링을 하러 한 자동차 대리점을 방문했는데 세일즈맨이 먼저 온 고객을 상담하고 있었다. 필자가 들어서자 바로 다가오더니 카탈로그를 주면서 잠깐 보고 계시라면서 양해를 구했다. 그런데 잠시 뒤 다른 고객을 상담하다 말고 내게 와서는 "뭐 궁금한 건 없으세요?"라고 물었다. 양쪽을 왔다 갔다 하며 줏대 없이 상담을 하는 것이 아닌가.

어떤 세일즈맨은 그런 경우에는 두 고객 중에서 계약 가능성이 높은 고객에게 집중한다고 했다. 그때그때마다 우선순위가 바뀌는 것이다. 이렇게 상담 순서에 대한 나름의 원칙이 없으면 여러 고객을 응대해야 하는 상황에서는 갈팡질팡하게 된다. 먼저 온 고객이 당장 집중해야 할 우선순위 고객이다. 그다음에 상황에 따라 우선순위를 바꿔도 늦지 않다. 이런 기준이 없으면 어느 곳 하나 집중할 수 없어 두 마리 토끼를 모두 놓칠 수 있다.

또한 양해를 구했더라도 고객은 기다리는 시간이 다소 불만족스러울 수도 있다. 따라서 기다려 준 고객과 상담을 시작할 때는 다음과 같은 말로 먼저 고객의 마음을 어루만져 주고, 반드시 감사의 인사를 해야 한다.

"고객님, 기다려 주셔서 감사합니다."

"고객님, 기다리신 만큼 제가 더 성심성의껏 상담해 드리겠습니다."

이러한 말 한마디는 그간 묵묵히 기다렸던 고객의 불편한 마음을 싹 씻겨 줄 것이다.

체류 시간을 늘려라

"천천히 둘러보세요."

당신이 옷 가게에 들어서는 순간 점원이 상냥하게 인사를 건넨다. 그 한마디에 당신은 마음이 편안해져 천천히 매장을 둘러볼 것이다. 하지만 이는 단순한 인사말이 아니라 손님이 여유롭게 쇼핑하게 만들어 구매율을 높이고자 하는 '쇼핑의 과학'이 담겨 있는 멘트다.

"매장의 매출을 높이고 싶다면 고객의 체류 시간을 높여라!"라는 마케팅 법칙이 있다. 어떻게든 고객을 매장에서 나가지 못하도록 하고 매장에 진열된 많은 상품과 서비스에 오랫동안 노출시켜 고객의 구매 욕구를 자극하려는 심리가 그 근저에 깔려 있다.

백화점에는 '3無의 법칙'이 있다. 바로 창문과 시계, 거울이다. 고객이 어두워진 창밖을 보고 '어머! 벌써 어둑어둑해진 걸 보니 내가 너무 오래 있었네.'라고 느끼며 매장을 나서지 않도록 하기 위해서다. 1층에 화장실을 두지 않거나 계획 구매가 이뤄지는 제품들은 맨 위층으로 포진시켜 내려오면서 여러 매장을 거치게끔 하는 것도 하나의 판매 전략이다.

H백화점의 경우 메인 동선을 유선형으로 설계했다. 시야의 부담감을

덜어줄 뿐만 아니라, 주동선이 하나여서 일단 매장에 들어서면 자연스럽게 전체를 둘러보게 하려는 속뜻이 담겨 있다. 세계적인 가구 업체인 이케아는 매장 내부 구조를 미로와 같이 설계하고 출구를 찾기 어렵게 만들어 고객이 오래 머물도록 유도했다. 이렇게 해서 고객의 평균 체류 시간이 무려 세 시간에 이른다고 한다. 온라인 쇼핑몰에서도 검색의 용이화, 추천 제품 연동, 다양한 이벤트로 고객의 체류 시간 확대를 꾀하고 있다.

훌륭한 매장은 사람들의 움직임과 시선을 고려하여 설계된다. 이러한 매장은 인간 행동의 습성을 잘 알고 있으며, 그럼으로써 이득을 얻는다. 쇼퍼들의 특별한 요구에 부응하는 소매환경을 구축해 보자. 그러면 매장은 저절로 성공 가도를 달릴 수 있을 것이다.

왜 휴렛팩커드를 구입하기로 작정하고 매장 안으로 들어간 고객이 느닷없이 캐논을 들고 나오는 걸까? 왜 고급 양품점에서 잠깐 구경이나 하며 시간을 때우려던 고객이 화려한 1,000달러짜리 옷을 사 가지고 나오는 걸까? 대답은 간단하다. 자신이 원하는 것을 발견했기 때문이다. 그러나 그 이유를 설명하기란 쉽지 않다. 훌륭한 매장은 유도 시합을 하듯이 고객을 붙잡아 둔다. 그들은 고객의 충동, 즉 그들의 성향과 욕구를 이용하여 계획에도 없던 행동을 하게 만든다. 결론적으로 고객의 손길이 닿게 하려면 그 물건을 소유하고 싶은 욕구를 불러일으켜야 한다.

파코 언더힐의 『쇼핑의 과학』 中에서

그렇다면 어떻게 해야 고객의 체류 시간을 늘릴 수 있을까?

1. 안쪽으로 유입하라

심리학에 '끝 효과 법칙'이라는 게 있다. 사람들은 바깥쪽에 있는 것보다는 안쪽이나 끝에 있을 때 심리적으로 편안함을 느낀다는 것이다. 식당에 갔을 때 입구 쪽이나 사람들이 빈번하게 오가는 쪽보다는 주로 벽쪽이나 안쪽을 선호하는 것도 이러한 심리 때문이다. 요즘 매장 안쪽에 따로 상담실을 마련하는 것도 바로 이런 이유에서다. 따로 상담실을 갖출 수 없는 환경이라면 파티션이라도 설치하여 고객이 심리적 안정감을 느끼며 상담에 집중하도록 해야 한다.

그리고 입구 쪽에서 맞이한 고객은 어떻든 안쪽으로 이끌려는 유입의 노력을 해야 한다. "고객님 이쪽으로 오시겠어요?"라며 고객을 안쪽으로 안내하지 않는다면 입구에서 머뭇거리던 고객이 다시 매장 밖으로 발걸음을 돌릴 수도 있다. 그래서 카탈로그나 브로슈어는 입구에 놓으면 안 된다. 고객이 상담 없이 그것만 들고 돌아갈 가능성이 있기 때문이다.

매장의 주동선도 중요하다. 고객이 매장 입구에서 상담석 안쪽까지 방해받지 않고 안으로 한달음에 걸어 들어올 수 있도록 주동선을 확보해야 한다. 주동선을 설계할 때 고려해야 할 세 가지 요건이 있다. 첫째, 직선이어야 한다. 구불구불한 것보다는 직선일 때 고객은 접근에 더 적극적인 심리 상태가 된다. 둘째, 넓게 확보해야 한다. 고객은 좁은 길을 가려 하지 않기 때문이다. 셋째, 방해물이 있으면 안 된다. 고객은 방해물을 피하는 수고를 감수하지 않으려 하기 때문이다.

또한 상담 테이블도 안쪽에 배치해야 한다. 상담 테이블이 사람의 이동이 잦은 곳이나 출입구 쪽 또는 밖으로 시선을 뺏길 수 있는 곳에 있으면 고객은 불안감을 느낄 수 있다. 고객이 상담에 몰입할 수 있도록 안정적이고 조용한 안쪽에 테이블을 설치하고, 상담을 방해할 수 있을 만한 물건들은 모두 치우는 게 좋다.

2. 고객을 앉게 하라

제품을 시연할 때, 고객들을 세워 둔 채 상담하는 세일즈맨들이 많다. 그러면 고객은 '내가 제품을 안 살 사람처럼 보이나?', '빨리 나가라는 말인가?'라고 오해하기 쉽다. 매장은 고객의 우위 공간이 아니다. 따라서 고객이 먼저 "저 다리가 아파서 그러는데 좀 앉아서 상담받을 수 있을까요?"라고 말하는 경우는 거의 없다. 계속해서 세워 둔다면 고객은 매장을 나서고 싶은 마음이 들 것이다.

그럼에도 불구하고 많은 세일즈맨들은 고객에게 착석을 권유하지 않는다. 이론적으로는 고객을 의자에 앉히는 것이 오랜 상담 시간을 확보하는 방법임을 이미 잘 알고 있을 것이다. 그런데 왜 적극적으로 착석을 권유하지 않는 것일까? 착석을 권유했을 때 고객들이 무조건 수용하지는 않는다. 고객의 상황에 따라 "아니요, 시간이 없어서요." 혹은 "그냥 카탈로그만 주세요."라며 거절할 수도 있다. 그럴 때 세일즈맨들은 고객에게 거부당했다고 느낀다. 이러한 부정적 경험이 반복되어 무의식에 저장되면, 결국 세일즈맨은 착석을 권유하기가 망설여진다. 그러다가 착석을 권유하는 타이밍도 놓치고 만다.

고객을 앉히지 않으면 상담 시간을 확보할 수 없다. 고객에게 제품을 제대로 설명할 시간이 보장되지 않는 것이다. 따라서 어느 정도 선채로 설명을 하다가도 적절한 타이밍에 고객을 앉혀야 한다. 절대 선 채로 상담하지 마라. 고객이 편안하게 상담을 받을 수 없다. 고객을 앉힌 후에는 자신도 앉아서 고객과 시선을 맞춰야 한다. 고객보다 당신의 시선이 높으면 안 된다.

3. 방해물을 제거하라

상담에서 가장 우선순위는 고객이다. 그러나 고객과의 상담을 방해하는 요소들로 인해 고객은 스스로 매장을 떠나간다. 도대체 어떤 요소들이 고객을 상담에 집중하지 못하게 하는 것일까?

만약 매장에서 상담하는 경우라면 동료 직원들의 잡담 소리가 방해 요인으로 작용할 수 있다. 며칠 전 매장에 갔는데 세일즈맨들이 삼삼오오 모여 떠들썩하게 이야기를 하고 있었다. 상담석에 있는 고객을 전혀 배려하지 않는 모습에 실망감이 들었다. 당신과 상담하는 고객만 고객이 아니다. 당신 동료의 고객도 똑같은 고객이다. 고객이 매장에 머무르는 동안에는 잡담을 삼가고 서로 배려해 줘야 한다.

휴대전화 소리도 방해 요인 중 하나다. 상담 시에는 반드시 휴대전화를 매너 모드로 해 놓아야 한다. 뿐만 아니라 상담 중 걸려온 전화는 간단히 받거나 받지 말아야 한다. 만약 당신이 아무 거리낌 없이 큰 소리로 혹은 길게 통화한다면 고객은 자신에게 집중하지 않는다고 생각한다. 자신이 별로 중요한 사람이 아니며, 정중하게 대접받지 못하고 있다고 느끼는 것이다. 만약 걸려오는 전화가 중요한 전화여서 받아야만 하는 상황이라면 먼저 고객에게 다음과 같이 양해를 구해야 한다. "고객님, 죄송합니다. 어제 계약한 고객인데 잠깐 전화 좀 받겠습니다."라고 말이다. 이렇게 양해를 구하는데, 받지 말라고 할 고객은 없을 것이다.

미국의 화장품 사업가인 메리케이는 자신의 세일즈 성공 비결을 "고객을 중요한 사람으로 느끼게 해 주는 것이다. 그것은 고객의 마음을 움직이고, 기적적인 효과를 불러온다."라고 말했다. 이처럼 당신도 앞에 있는 고객이 충분히 대우받고 있다는 느낌이 들도록 하라. '이 직원이 나에게 최선을 다하고 있구나.'라고 느낄 수 있도록 말이다.

또한 매장에서 연신 울려대는 벨 소리도 방해꾼이다. 매장의 벨 소리는 최소 볼륨으로 해 놓아야 한다. 또한 상담 시에는 다른 직원이 받을 수 있도록 내부 체계를 만들어 고객이 상담에 방해받지 않도록 해야 할 것이다.

당신의 응대가 고객을 매장 밖으로 내몰고 있지는 않은지도 생각해 봐야 한다. 고객의 입에서는 계속 질문이 쏟아져 나오는데 당신이 먼저 자리에서 일어나거나 당신의 손이 이미 카탈로그를 봉투에 넣고 있다면, 고객은 상황을 감지하고 발걸음을 돌릴 수밖에 없을 것이다. 마찬가지로 고객은 앉아 있는데 당신은 서서 상담한다면 고객은 불안해진다. 고객이 편안한 상태로 오래 머물도록 하라. 그러면 고객의 구매 확률은 한층 높아질 것이다.

신속하게 응대하라

고객이 내점했을 때 어떤 마음일까? 역지사지의 마음으로 고객 입장에서 생각하면 세일즈는 정말 쉬워진다.

우선 기대 심리가 있다. 고객은 '환영해 주고 대우해 주겠지?' 혹은 '구입하고자 하는 제품에 관한 모든 정보를 얻을 수 있겠지?' 또는 '성심성의껏 상담해 주겠지?'라는 기대 심리가 있다. 하지만 이렇게 좋은 감정만 있는 것은 아니다. 두려운 심리도 있다. '혹시 내가 갔을 때 아는 척을 안 하면 어쩌지?', '허름한 옷을 입고 가면 무시당하지는 않을까?'와 같은 두려움이 앞설 수도 있다. 또 부담감도 느낀다. 고객은 '과연 이 제품이 괜찮을까?', '혹시 사고 나서 후회하지는 않을까?'처럼 제품이나 구매에 대한 불확실성 때문에 부담감도 가진다.

그리고 고객은 스트레스도 받는다. 매장에 처음 오는 고객은 새로운 환경이 무척 낯설다. 고객은 상담해 줄 세일즈맨은 어디에 있는지, 어디에서 상담을 받아야 하는지, 자신이 찾는 제품을 적당한 가격에 살 수 있을지 등 많은 생각으로 머리가 복잡하다. 그런데 당신 때문에 고객이 스트레스를 받을 수도 있다는 생각을 해 봤는가. 인정하기 싫겠지만, 고객은 오늘 처음 만난 당신과 대화하는 시간 자체가 스트레스일 수도 있다. 당신과의 첫 만남이 분명 불편할 텐데도 상담 때문에 어색함을 깨고 관계를 맺어야 한다는 의무감이 고객에게는 스트레스로 작용할 수 있다. 이러한 기본적인 심리 상태를 늘 염두에 두고 당신은 고객을 만족시키고 불만이 생기지 않도록 해야 한다.

고객에게는 또 어떤 심리가 있을까? 심리학에 '수동 공격성'이라는 이론이 있다. 이는 상대방의 이면에 있는 마음과 감정을 읽는 요소 중 하나가 바로 속도라는 것이다. 예를 들어, 퇴근해서 집에 왔는데 거실에 책이 널려 있다. 당신은 아이에게 책을 정리하라고 시킨다. 아이는 "네!"라고 대답했지만, 가만히 보니 한 권을 꽂는 데 무려 10분이나 걸리는 것 같다. 정리를 안 하는 것은 아닌데, 왠지 미덥지 않고 답답하다. 왜 그럴까? 아이의 정리하는 속도가 느리기 때문이다. 어질러진 방을 느릿느릿 치우는 게 딱 하기 싫은 모양새다. 속도는 그 사람의 마음이다. 마음이 적극적이고 진정성이 있으면 속도가 빠를 수밖에 없다.

고객 응대도 마찬가지다. 아무리 "안녕하십니까? 반갑습니다.", "어서 오세요. 잘 오셨습니다."라고 인사해도 멀찌감치 서서 입으로만 말한다면, 고객은 진심으로 자신을 환영해 준다고 느끼지 않을 것이다. 반대로 들어왔을 때 신속하게 자리에서 일어나 다가오면 고객은 '나를 진정으로 환영하는구나!', '나를 소중한 고객으로 생각하는구나!'라고 느낀다.

『이기는 습관』이라는 책을 낸 전홍표 대표는 과거 S전자 마케팅 팀장을 역임할 때 전국의 디지털 플라자를 돌아다니면서 이곳이 제대로 운영되는 곳인지 그렇지 않은 곳인지를, 처음 매장에 들어섰을 때 직원들이 신속하게 응대하는지, 그렇지 않은지로 바로 알아볼 수 있었다고 한다.

"문을 열고 매장에 들어가는 순간, 깜짝 놀랄 정도의 큰 소리로 명랑하게 인사를 한다거나, 마치 눌려 있던 용수철이 튕겨 나오듯 요란하게 반색하는 곳이 있는가 하면, 잡담이나 하다가 문이 열리는 소리에 마지못해 인사하는 곳도 있다. 호들갑스럽게 반기는 매장이나 직원은 자세히 들여다보면 전국에 내로라하는 1등 점포이거나 베테랑 직원임을 알 수 있다. 반면에 어떤 매장은 문을 열고 들어서면 직원들은 누가 들어오는지 나가는지 아예 쳐다보지도 않는다. 아는 체를 하더라도 무성의하게 고개만 까닥거리며 퉁명스럽게 '어떻게 오셨어요?'라고 한다. 어쩌다 누굴 찾는 전화라도 오면 '뭐 때문에 그러시죠?'라고 따지듯이 툭툭 내뱉는다. 그러다가 몇 년 뒤, 아니면 몇 달 뒤에 보면 이미 문을 닫은 지 오래다."

아울러 전홍표 대표는 움직이지 않으면 아무것도 할 수 없다며, 호황을 누리는 매장이나 잘 파는 사람들의 비결은 고객을 향해 끊임없이 움직이는 것이라고 했다.

안산면허시험장에서는 자체적으로 '버선맞이'라는 캠페인을 진행하고 있다. 친절한 서비스를 제공하기 위해 버선발로 뛰어나가 고객을 반기는 행사다. 전 직원이 나와 고객들을 맞이하며 맛있는 음료도 제공한다. 군대에서 첫 휴가를 나온 아들이나, 결혼하고 인사하러 처음온 사위를 맞이하듯이 뛰어나와 고객을 반긴다면, 좋은 첫인상을 남길 수 있다. 그런 좋은 분위기에서 상담을 이어 나간다면, 고객의 구매 확률은 높아질 것이다.

몇 달 전 신속한 응대의 중요성에 대해 강의를 한 후 매장에서 현장 코칭을 하는데, 한 직원이 그간 그렇게 응대하지 못해 무척 마음에 걸렸다며 앞으로는 신속하게 응대하겠다고 했다. 저녁 6시가 되었을까? 갑자기 비가 너무 많이 와서 퇴근을 하지 못한 채 그치기를 기다렸다. 그 순간 매장 앞으로 차 한 대가 들어왔다. 그런데 그 차에서 고객이 내리자마자 신속한 응대를 다짐했던 직원이 얼른 뛰어나가 우산을 씌워 주는 것이 아닌가! 고객은 생각지도 못한 서비스에 처음에는 당황했겠지만 곧 만족했을 것이다.

고객이 매장에 들어서는 순간을 '0'이라고 해 보자. 우측은 고객이 들어온 후에 능장 대응을 하는 것이고, 좌측은 고객이 들어오기 전에 항상 고객을 맞이할 준비가 되어 있는 상태를 말한다. 당신과 당신의 매장은 몇 점인가?

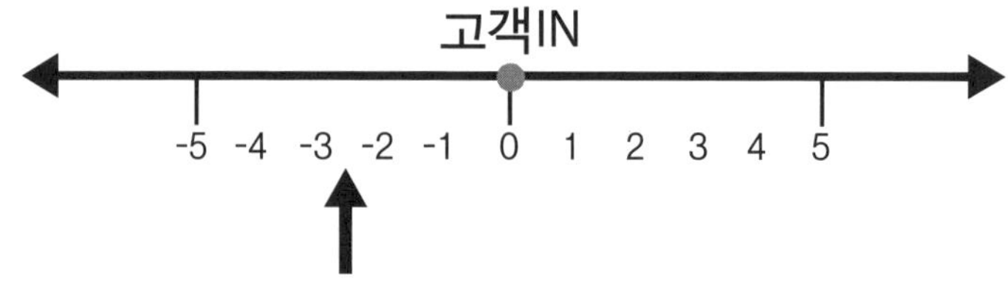

당신은 고객이 들어오는 순간, 바로 응대를 해야 한다. '아! 이 직원이 나를 세심하게 배려하는구나.', '이 직원은 미리 고객을 맞이할 준비를 했구나!'라고 느낄 수 있도록 말이다. 앞의 표로 봤을 때 플러스(+) 응대가 아닌 마이너스(-) 응대를 해야 한다. 고객이 매장 앞 주차장에 진입했을 때, 얼른 뛰어나가 주차 안내를 해주거나 대신 주차를 해 줘라. 또한 얼른 뛰어나가 출입문을 안내하거나 고객이 들고 온 무거운 짐을 들어 줘라. 그리고 고객이 기대한 것 그 이상을 보여 줘라.

고객은 자신을 감동시키면 반드시 기억한다. 머뭇거리지 말고, 뜸 들이지 말고 재빠르게 움직여 신속하게 응대하라. 언제든 기쁘게 고객을 맞이할 준비를 하라. 그리고 고객의 발걸음 소리가 들리면 그 순간부터 오로지 고객에게만 집중하라.

마무리도 초심으로 하라

무대 위의 스타는 눈부신 조명과 팬들의 환호성, 화려한 퍼포먼스와 훌륭한 가창력까지 세상 부러울 것 없는 최고의 존재가 된다. 하지만 쇼가 끝난 후 무대를 내려오면 그 화려함은 막을 내린다.

고객들에게도 이런 스타 근성이 있다. 매장에 들어서면 고객은 최고의 서비스를 받는다. 세일즈맨은 고객의 이야기에 귀를 기울이고, 묻는 질문에 성의껏 답한다. 직원들은 따뜻한 차도 대접하고, 미소를 지으며 친절하게 응대한다. 그러면 고객은 마치 스타가 된 듯한 우월감을 느낀다. 그런데 고객이 결국 구매를 하지 않고 그냥 매장을 나가면 어떻게 될까? 처음과는 달리 직원들의 냉랭한 시선이 느껴진다. 그 순간 고객은 외로워진다. 마치 무대 밖의 스타처럼 말이다.

하지만 고객이 당장 구매를 하지 않고 매장을 나간다고 해서 그것으로 끝난 것일까? 어쩌면 고객은 돌아서는 순간까지 계속 고민 중일 수도 있다. 아니면 집에 가서 가족과 더 상의를 해야 하기 때문일 수도 있다. 또한 지금 당장은 아니지만, 다음 달 적금을 타면 사려고 구매 결정을 미룬 것일지도 모른다. 그러니 고객이 제품을 사지 않고 그냥 간다고 해서 끝이 아니다.

당신은 고객과 너무 쉽게 헤어지는 건 아닌지 생각해 볼 필요가 있다. 고객이 발길을 돌릴 때, 기다렸다는 듯이 "안녕히 가세요!"라며 뒤통수에 대고 인사를 하지는 않는가. "이것 봐. 내가 안 살 줄 알았다니깐.", "괜히 열심히 상담했네. 시간 아깝게⋯⋯."라고 이야기하면 밖으로 나가는 고객의 마음은 불편하다. 이런 홀대를 받은 고객은 절대 다시 오지 않는다. 고객은 정확히 안다. 당신이 자신을 진심으로 대했는지, 아닌지를. 따라서 매장을 나서는 고객에게는 언제든 다시 방문해 주기를 기다리겠다는 메시지를 전달해야 한다.

며칠 전 한 매장을 방문하고 나오는데 구입 결정을 하지 못해 성심성의껏 상담해 준 직원에게 미안했다. 그러던 차에, 그 직원이 문을 열어 주면서 "고객님을 앞으로 소중한 고객으로 모시겠습니다."라고 말을 했다. 순간, 더욱 미안한 마음이 들면서 나도 모르게 뒤를 한 번 더 돌아볼 수 밖에 없었다. 이렇게 프로 세일즈맨은 인사말도 남다르다. 이렇듯 고객에게는 긍정적인 부담감을 줘야 한다. 특히 마지막 인사말은 이런 마음을 담아서 다음과 같이 해야 한다.

"고객님, 검토하시고 꼭 다시 연락 주십시오."

"고객님, 다음번에 또 뵙겠습니다."

"고객님, 관련 자료를 보시고 궁금하신 게 있으면 언제든 전화 주십시오."

혹시 고객이 찾는 제품이 없어 못 보여 줬다면 비록 오늘은 도움을 못 드렸지만 다음에는 반드시 구비해 놓을 테니 한 번 더 방문해 달라는 강력한 의지를 피력하라. 진심을 느낀 고객이라면 반드시 다시 올 것이다.

그리고 고객을 그냥 돌려 보내지 말고 반드시 연락처를 받아 둬라. 재상담 및 지속적인 고객 관리를 위해서 연락처는 필수다. 하지만 고객은 연락처 주기를 꺼린다. 그렇기에 고객의 연락처를 받는데도 나름의 노하우가 있어야 한다. "좋은 판매 정보가 있으면 꼭 연락 드리겠습니다."라든지, 자신의 명함을 건넨 후 "고객님, 명함 있으면 한 장 주시겠어요?"라며 자연스럽게 유도해야 한다. 필자가 아는 한 세일즈맨은 고객의 질문에 바로 답변하지 않고, 알아본 후에 전화를 드리겠다며 연락처를 요구한다. 최선을 다해 상담했다면 웬만한 고객들은 연락처를 줄 것이다.

이렇게 고객의 연락처를 받은 후에는 어떻게 해야 할까? "고객님, 오늘 날씨가 무척 추운데 저희 매장을 방문해 주셔서 감사합니다."와 같은 감사 메시지를 보내는 것도 좋다. 고객의 질문에 대한 빠른 피드백과 정기적인 관리 및 연락도 매우 중요하다. 고객이 큰맘 먹고 연락처를 주었는데, 아무런 반응도 없다면 고객은 그저 형식적으로 자신을 대했다고 생각할 것이다.

또 상담이 종료될 즈음 "고객님, 혹시 더 궁금하신 점이 있으십니까?"라고 물어야 한다. 그러면 대부분의 고객은 "없는데요?"라고 말할 것이다. 하지만 이때 고객은 배려와 세심함을 느낀다. 무엇보다 이 멘트가 매력인 이유는 입으로 "없는데요?", "괜찮아요."라고 말하는 순간, '오늘 상담은 아주 완벽하게 잘 받았어.', '상담이 아주 깔끔하네.'라는 생각을 고객 스스로 한다는 것이다.

고객이 기억해야 할 사항을 메모해서 전달해도 좋다. 단, 고객이 서둘러 돌아가기를 재촉하는 듯한 행동은 절대 금물이며, 대신에 고객이 천천히 옷매무새를 정리할 여유를 주어야 한다.

그리고 고객이 매장을 나설 때 문을 열어 주는 게 끝이 아니다. 문밖까지 나가서 고객을 배웅하라. 엘리베이터가 있다면 얼른 앞서 나가 버튼을 누르고 문이 닫힐 때까지 기다려라. 돌아가는 고객에게 정성을 다하지 않으면 고객은 '이제 제품을 샀으니 별 관심이 없다는 건가?'라며 실망할지도 모른다. 처음부터 끝까지 한결같은 사람이 돼라. 고객은 아직도 저울로 재고 있을 수도 있다. 고객을 배웅하면서 소소한 이야기를 나누면 인간적인 유대감이 생길 수 있다. 때로는 주차장까지 가서 고객의 차가 빠져나가는 것을 도와 드려라. 꼬리가 긴 배웅은 고객을 안심시킨다.

예전에 한 직원이 필자에게 해준 말이다 날이 어둑해질 즈음 고객과 상담을 하고 배웅 인사까지 했는데, 다음 날 아침 바로 계약을 했다고 한다. 그리고 등록을 마친 후 감사 인사를 드렸더니 왜 자신이 그에게 차를 구입했는지 아느냐고 물었다고 한다. 뜬금없는 질문에 대답을 못하고 겸연쩍게 웃었더니 며칠 전 이야기를 해줬다고 한다. 그 내용인즉슨, 처음으로 상담하고 돌아가는 날 시동을 켜고 출발하려던 찰나, 룸미러에 그가 들어가지 않고 자신을 끝까지 주시하고 있더란다. 순간, '저런 직원은 믿고 맡겨도 되겠다.'는 생각이 들었다고 한다. 사실 그 직원은 고객이 가고 난 후에 담배를 피우려고 했는데 말이다. 이렇듯 고객은 어느 순간에 감동할지 모른다. 사소해 보이는 행동이 결과를 만들어낸다.

'최근 효과'라는 심리 법칙이 있다. 고객은 매장에 들어오는 순간, 즉 처음의 응대도 기억하지만 마지막 모습도 기억한다. 아무리 그전까지의 경험이 좋았더라도 끝이 좋지 않으면 고객은 당신을 선택하지 않을 것이다. "들어오는 고객에게는 세 발자국 마중을 나가고, 나가는 고객에게는 일곱 발자국 나가서 배웅하라."는 일본 상인들의 철칙이 있다. 막상 물건을 팔 때는 간이라도 빼줄 듯하다가, 이후에는 소홀하게 응대하는 데서 고객은 배신감을 느낀다. 마지막까지 고객에게 잘하는 사람이야말로 평생 고객을 만드는 노하우를 제대로 알고 있는 진정한 프로다.

07

MOT 프로세스를 습관화하라

MOTmoments of truth란 원래 스페인어로, 투우경기에서 투우사가 멋지게 쇼를 하다가 소의 급소를 찌르는 찰나의 순간을 의미한다. 최근 이는 세일즈나 서비스 현장에서 '고객을 접하는 모든 순간'이라는 뜻으로 쓰인다. 고객과의 만남은 플러스가 아니라 곱하기다. 아무리 잘해도 하나를 잘못하면 그 응대는 제로가 된다. 그래서 기업들은 고객을 만나서 헤어질 때까지의 상황을 최소한의 영역으로 나누어 교육을 하거나 관리를 하고 있다.

판매하는 제품이나 기업마다 다르겠지만, 대부분의 접객 프로세스는 '첫인사 -> 자리 안내 -> 명함 제공 -> 다과 대접 -> 카탈로그 제공 -> 상담 및 제품 경험 -> 계약 유도 -> 마무리 -> 배웅 인사'의 순서로 이루어진다. 대부분의 세일즈 조직에서는 이런 MOT 교육 프로그램을 갖추고 있고, 좀 더 세분화해서 교육하는 곳도 있다. 뿐만 아니라 교육을 통해 이 순서를 숙지시키며, 직원들 간에 역할극을 하기도 한다.

필자도 이 판매 MOT 프로세스가 중요하다고 생각한다. 그런데 교육을 진행하다 보면, 어떤 직원들은 너무 형식적이라거나 신입 직원에게나 해야 하는 것 아니냐고 반문한다. 이 판매 MOT 프로세스에 대해서 잘 모른 다거나 그 중요성을 깨닫지 못하면 그렇게 이야기할 수도 있다. 그렇다면 이 판매 MOT를 강조하는 이유는 무엇일까?

첫째, 응대의 표준화를 위해서다. 서비스의 속성 중 하나가 가변성이 다. 서비스를 제공하는 사람이나 상황에 따라 고객에게 제공되는 서비스 의 품질은 달라진다. 뿐만 아니라 서비스를 받는 고객에 따라 똑같은 서비 스도 다르게 받아들일 수 있다. 따라서 이 MOT 프로세스를 통해 직원들 의 편차를 줄이고, 표준화를 꾀할 수 있다.

둘째, 고객 응대 시 실수를 미연에 방지할 수 있다. 고객을 처음 만났을 때 반갑게 인사하며 명함을 드리는 것은 기본 중의 기본이다. 그런데 세일 즈맨도 사람인지라 긴장하거나 컨디션이 좋지 않을 때는 깜빡하고 건너 뛰는 실수를 할 수도 있다. 또한 시간이 넉넉지 않은 상황에서 상담에 임 하다 보면 고객에게 차 한잔 대접하지 못하는 결례를 범할 수도 있다. 이 런 상황을 미연에 방지하기 위해 MOT 프로세스를 평소에 철저하게 연습 하여 의식하지 않아도 자연스럽게 몸에 배도록 해야 한다.

셋째, 적극적인 상담이 가능해진다. 일정한 프로세스가 없다면, 세일 즈맨의 고객 응대는 우왕좌왕할 수밖에 없다. 하지만 기본적인 매뉴얼이 있으면 적극적인 고객 응대가 가능하다. 평소에 MOT 프로세스를 꾸준히 연습해 온 세일즈맨이라면 자신감 있는 마인드와 자세로 고객 응대를 한 결 수월하게 느낄 것이다. 고객은 주도적이고 프로다운 세일즈맨의 태도 에 더욱 신뢰감을 갖게 된다. 물론 이 MOT 프로세스는 상황에 따라 조금 씩 달라질 수 있다. 상황에 따라 융통성을 발휘하는 것은 당신의 몫이다.

고객 응대는 습관이다. 많은 세일즈맨들이 고객 응대에 관한 이론적 지식을 시험으로 본다면 100점을 맞을 것이다. 그러나 머리로는 알면서도 막상 실전에서 잘되지 않는 것은 몸에 체득되지 않았기 때문이다. 그래서 MOT 프로세스를 기본 맥락으로 하여 주기적으로 역할극을 해 보는 게 좋다. 각각의 MOT 프로세스에 따라 멘트언어와 제스처비언어를 연습하라! 고객 앞에서 자연스럽게 나올 수 있도록 말이다. 세일즈 경력이 10년이 되었든, 판매를 못하든 잘하든 간에 MOT 프로세스 역할극은 주기적으로 연습해야 한다. 처음에는 귀찮을 수도 있지만 그 효과는 대단하다.

세일즈 관리자들은 매장의 매출을 높이기 위해서 MOT 프로세스 역할극를 정기적인 프로그램으로 정착시켜야 한다. 직원들을 고객과 세일즈맨으로 나눠 역할극을 한 뒤, 다른 직원들이나 관리자가 잘된 점과 부족한 점을 피드백해 주는 것이 좋다. 이런 피드백이 없으면 세일즈맨들은 자신이 고객 앞에서 무엇을 잘못하고 있는지도 모를 수도 있다. 아울러 동료의 시연을 보고 나면 고객 응대에 대한 통찰력을 기를 수 있다.

MOT 프로세스를 통해 당신은 각 상황의 목적에 따른 동선을 완벽하게 구현할 수도 있다. 매장에서는 당신이 고객을 리드해야 한다. 당신의 걸음이 고객의 뒤를 따라서는 안 된다. 특히나 다음과 같은 경우에는 당신이 앞서서 응대해야 한다.

1. 처음 방문한 고객일 때 : 매장이 익숙하지 않은 고객은 어느 쪽으로 가야 할지 모른다. 안내가 없으면 고객은 난감할 것이고, 본격적으로 제품을 구경하거나 상담을 받기도 전에 짜증이 날 것이다.

2. 특정 제품을 원할 때 : 고객이 먼저 특정 제품명을 말하고 실물을 보기 원한다면, 세일즈맨은 적극적으로 앞서서 제품이 진열되어 있는 곳으로 안내해야 한다.

3. 새로운 장소로 이동할 때 : 예를 들면, 제품 시연 후 상담석으로 위치를 이동할 때 당신은 앞장서서 고객을 안내해야 한다.

하지만 무조건 당신이 고객을 앞장서서 안내해야 하는 것은 아니다. 기존에 매장을 자주 방문했던 단골 고객이라면 굳이 고객의 동선을 막으며 안내할 필요는 없다. 또한 특정 제품이 아닌 전반적인 제품 탐색을 원하는 자발적 고객은 편하게 볼 수 있도록 뒤에서 주시하는 게 더 낫다. 그러나 이때도 고객에게서 눈을 떼서는 안 된다. 언제 고객이 당신의 안내를 필요로 할지 알 수 없기 때문이다.

고객의 눈은 정확하다. 당신이 접하는 모든 순간에 진심을 다해 응대하는지, 그렇지 않은지를 고객은 본능적으로 감지한다. 이것이 바로 당신이 고객을 응대하는 모든 순간에 깨어 있어야 하는 이유다.

잘되는 매장은 1%가 다르다

며칠 전 한 매장에 갔는데 담배 냄새가 너무 심해서, 상담을 더 받고 싶었지만 나올 수밖에 없었다. 이처럼 불쾌한 매장 환경은 체류 시간을 늘리기는커녕 고객을 밖으로 내몰 수 있다. 어떻게 하면 고객이 오래도록 매장에 머물며 기분 좋게 상담할 수 있을까?

1. 오감을 활용하라

매 순간 우리의 뇌가 처리하는 정보는 1,100만 개라고 한다. 이중 40개만이 전두엽에 저장되어 의식의 영역에서 처리되고, 나머지는 무의식의 영역에서 다루어진다. 의사 결정에서도 의식적 행동은 5%, 나머지 95%는 무의식의 영역에서 이루어진다. 이와 같은 무의식의 영역에 효과적으로 접근하기 위해 많은 기업들이 오감 마케팅을 진행하고 있다. 어떻게 하면 오감을 자극해 고객의 체류 시간을 늘릴 수 있을까?

◆ 시각

미국 마이애미 대학의 마케팅학과 앨런 샬마 박사와 텍사스 우먼즈 대학 토마스 스타포드 박사는 매장 두 곳의 청결도를 달리한 후, 신뢰감 만족도를 조사했다. 그 결과, 두 매장에서 세일즈맨의 응대가 동일했을 때 깨끗한 매장의 직원 신뢰도 점수는 6.2점, 지저분한 매장의 직원 신뢰도 점수는 5.3점으로 나타났다. 이렇듯 깔끔한 매장에서 상담했을 때 고객에게서 더 큰 신뢰를 받았다.

사람들은 외부 자극을 받아들일 때 시각 87%, 청각 7%, 촉각 3%, 후각 2%, 미각 1%의 순으로 민감하다. 고객들도 시각에 가장 크게 반응하므로 매장은 깔끔하고 청결하게 유지되어야 한다. 매장이 지저분하고, 상담실이 산만한 분위기라면 고객이 과연 상담에 집중할 수 있을까?

매장 환경은 고객과의 상담에 그 목적을 두고 꾸며야 한다. 상담 공간에는 고객의 주의를 분산시키는 방해물이 있어서는 안 되며, 판매하고자 하는 제품에 집중할 수 있도록 조성해야 한다. 고객은 바깥 풍경을 등지고 앉도록 하는 게 좋다. 어쩔 수 없이 고객의 시선이 바깥 풍경 쪽을 향하는 상황이라면 블라인드를 설치한다.

◆ 청각

1986년 밀리만의 연구에 따르면, 매장 음악의 템포가 느릴 때 소비자들의 체류 시간이 훨씬 증가했다고 한다. 같은 매장에서 73bpm의 느린 음악과 93bpm의 빠른 음악을 틀었을 때, 고객이 한 지점에서 다른 지점으로 이동하는 데 각각 108.93초, 127.53초가 걸렸으며, 평균 매출은 각각 약 6,740달러와 약 1만 2,112달러였다.

즉, 음악의 빠르기에 따라 고객의 발걸음 속도가 달라지며, 이는 체류 시간에도 영향을 미쳐 매출에도 영향을 미친 것이다. 실제로 현대백화점은 매장이 가장 붐비는 오후 4~5시에 차분한 클래식 음악을 틀었더니 체류 시간도 늘어났고, 매출도 늘었다고 한다.

때로는 브랜드의 이미지나 매장 분위기상 고객의 빠른 순환이 필요하다면 빠른 음악이 적합하겠지만, 고가의 제품이나 고관여 제품이라면 느린 템포의 음악이 좋을 것이다. 하지만 너무 처지는 음악은 피해야 하며, 고객이 편안하게 느낄 수 있어야 한다.

최근 아리따움 화장품 매장은 음악 프로그램을 자체 편성하여 전국의 매장에 동일하게 방송하고 있다. 스타벅스도 브랜드 이미지에 맞는 음악을 자체 선곡한다. 음악으로 인하여 매장의 분위기나 상담의 몰입도, 고객의 기분에 영향을 미칠 수 있음을 간과해서는 안 될 것이다.

◆ 촉각

패스트푸드점 의자는 딱딱한 반면, 백화점 의자는 푹신하다. 고객의 순환이 비교적 신속해야 하는 패스트푸드점은 의도적으로 딱딱한 의자를 설치해 고객이 장시간 머무르지 못하게 한다. 반면, 체류 시간이 길어야 구매 확률도 높아지는 백화점의 경우는 푹신한 의자를 곳곳에 배치해 고객이 오래 머무를 수 있도록 유도한다.

또한 제품도 직접 만져 보고 느껴 보게 하여 촉각적 만족감을 높여야 한다. 이처럼 촉각을 어떻게 자극하느냐에 따라 고객의 행동이 달라질 수 있음을 잊어서는 안 될 것이다.

◆ 미각

앞서 상담 시 고객에게 음료를 대접해야 하는 이유에 대해서 충분히 강조한 것처럼, 고객의 미각을 즐겁게 함으로써 체류 시간을 훨씬 늘릴 수도 있다. 음료 한 잔을 대접하면, 고객은 최소한 그것을 다 먹을 때까지는 매장을 떠나지 않기 때문이다.

◆ 후각

극장의 팝콘 튀기는 냄새, 베이커리에서 빵 굽는 냄새는 매출 향상에 기여한다고 한다. 『육일약국 갑시다』의 저자인 김성오 대표는 양약을 파는 약국에서 매출을 높이기 위해 매일 한약을 달여 매장에 한약 냄새를 피웠다고 한다. 이렇듯 후각은 매출을 높이는 데 매우 중요하다. 필자도 며칠 전 옷 가게에서 나는 청포도 향 덕분에 즐겁게 쇼핑했던 기억이 있다. 반대로 쾌쾌한 냄새, 담배 냄새, 세일즈맨의 구치 등은 고객으로 하여금 한시라도 더 빨리 매장을 벗어나고 싶게 만든다. 고객이 맛있는 향기, 기분 좋은 향기에 취하도록 매장 관리에 소홀함이 없도록 해야 한다.

고객이 오래 머무르고 싶은 매장 환경을 만들기 위해서는 부단한 노력이 필요하다. 고객의 오감을 자극하는 것만큼 사실 효과적인 마케팅도 없다. 매장과 제품의 특성에 따른 적절한 오감 충전으로 고객을 유혹해 보자.

2. 매장 구석구석을 관리하라

◆ 전체 분위기

입구는 고객에게 강렬한 첫인상을 줘야 한다. 하지만 무분별한 현수막이나 장식은 오히려 매장을 산만하게 만든다. 쇼윈도의 전시 상품을 가려서도 안 된다. 매장이 삭막하지 않게 화분을 놓되 고객의 동선을 방해하거나 너무 많이 놓아서도 안 된다. 고객에게 보여 줘야 할 것은 제품이지 화분의 나무가 아니다. 또 포스터나 액자 등이 지나칠 정도로 많이 걸려 있으면 매장을 답답하게 만들뿐 아니라, 제품에 집중할 수 없게 하므로 주의해야 한다.

◆ 조명

외부에서 봤을 때 매장은 어두우면 안 된다. 매장이 밝으면 상품이 새 것처럼 보이지만 어두우면 오래되어 보인다. 매장의 맨 앞은 안쪽에 비해 밝아야 하며, 경쟁 점포보다도 밝아야 한다. 어떻게든 인기 있는 매장처럼 보여야 한다. 빠진 전구가 없는지 주기적으로 체크하라. 상담 공간은 너무 밝은 것보다는 포근하고 편안한 느낌이 연출되도록 하라.

◆ 화장실

깨끗한 매장과는 대조적으로 화장실 관리가 되지 않은 곳이 많다. 청소 도구 같은 잡다한 물건이 즐비한 경우도 많다. 특히 여성 고객은 화장실의 위생 상태에 민감하며, 이를 토대로 매장 전체의 이미지를 평가하기도 한다. 여성 고객이 만족할 만한 화장실 상태라면 남성 고객은 더욱 만족할 것이다. 따라서 항상 화장실의 청결을 유지하도록 힘써야 한다. 쓰레기는 주기적으로 비우고, 손을 씻고 닦을 수 있는 페이퍼 타월 등을 구비해 놓도록 한다. 여성 화장실에 위생용품이나 핸드 로션을 구비해 놓는 센스를 발휘하는 것도 좋다. 고객을 위한 작은 배려가 큰 크게 감동을 줄 수 있음을 기억하라.

◆ 주차장

고객의 매장 유입을 높이기 위해서는 주차장도 중요하다. 일단 위치부터 보자. 굵은 선은 자동차의 동선이고, 얇은 선은 주차 후 차에서 내려 매장으로 들어가는 고객의 동선이다. 둘 중 좋은 주차장의 위치는 어디일까?

다음 그림을 보면, 첫 번째는 주차장이 건물 이면에 위치하고 도로에서 잘 보이지 않아 접근성이 떨어진다. 두 번째는 주차장이 도로에서도 잘 보이고 고객이 쉽게 접근할 수 있다. 비록 주차장 면적이 작아도 고객 유입력은 훨씬 크다.

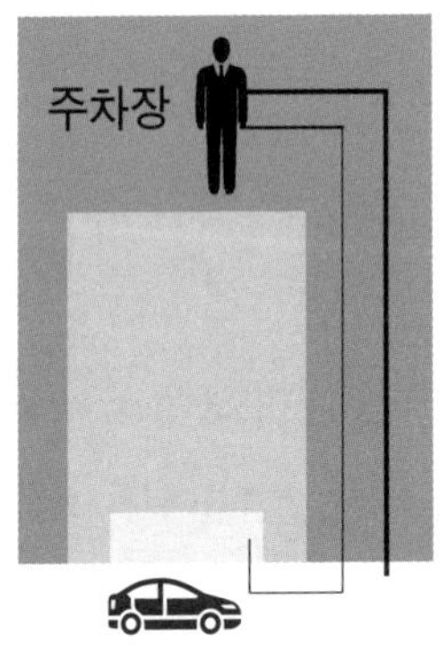

이처럼 주차장은 도로변에서의 접근성이 뛰어나야 한다. 고객이 매장을 찾았는데, 주차할 곳이 마땅치 않다면 고객은 당황한다. '어떻게 하지?'라고 고민하는 순간, 뒤에서 경적을 울려대면 어쩔 수 없이 매장을 그냥 지나치고 만다. 즉, 주차장은 대로변에서 보여야 하며, 들어가는 동선이 용이해야 하고, 항상 빈자리가 있어야 한다.

혹시 주차장이 후면이나 보이지 않는 곳에 위치해 있다면 'P턴, 건물 뒤편, 지하 주차장'과 같은 안내문이나 그림으로 위치를 표시해 줘야 한다. 또한 그 표시는 대로변에서 잘 보여야 하며, 고객이 쉽게 찾아갈 수 있어야 한다. 매장에서 주차장까지 가는 길이 멀어 직원이 주차를 도와야 하는 상황이라면, 매장 쇼윈도에 "주차를 도와드립니다."라는 문구를 표기하여 직원이 주차를 대행하고 있음을 알리는 것도 좋은 방법이다.

제품을 판매하는 매장은 인테리어만 중요한 게 아니다. 고객이 매장에 쉽게 접근할 수 있도록 하여 내점률을 높이는 방법도 고민해야 한다. 그러고 보면 매장이야말로 '쇼핑의 과학'이 구현되는 대표적인 장소라고 할 수 있다.

아우디 임영석 팀장

1. 자기 소개를 부탁드립니다.

1997년부터 자동차 영업을 시작했고, 아우디에서는 2004년부터 영업을 했습니다. 2007년~2010년 아우디 판매 10걸에 선정되었습니다. 참존모터스에 이어 지금은 위본모터스에서 근무하고 있으며, 2014년에는 판매 1위를 달성했습니다.

2. 자동차는 내방 고객 이 많은데 응대 노하우가 있다면?

한 달에 3차례 정도 당직을 섭니다. 서기 전에 반드시 제 모습을 살펴봅니다. 평소에 담배를 많이 피다 보니 양치를 해도 예민한 여성 고객 은 금방 눈치를 챌 수 있기 때문입니다. 고객이 들어오면, "옷이 잘 어울리신다.", "차와 잘 어울리시네요." 등의 칭찬을 많이 합니다. 제품 설명은 반드시 스몰토크를 통해 감성적으로 문을 연 후에 시작합니다. 특히 신경 쓰는 부분은 고객에게 전문가적인 느낌을 드리고자 브로슈어 외에 자기 소개 10장을 따로 준비합니다. 내방 고객 특성상 기존 고객과는 달리 나를 판단할 수 있는 폭이 넓지 않습니다. 믿고 구입해 달라는 어필을 충분히 합니다. 또한 상담할 때는 고객에게 집중하고, 말을 많이 하지 않습니다. 그리고 '어떤 말을 하지?'라고 절대 준비하지 않습니다. 그 순간, 고객은 자신의 말을 듣고 있지 않다는 것을 느끼기 때문입니다. 급해서 팔려고 하면 깨지기 십상입니다.

3. 자체 교육은 어떻게 이루어지나요?

아침에 전 직원이 간단한 조회를 한 후, 고객과 상담할 준비가 되었는지 전체적으로 점검을 합니다. 롤플레잉을 1~8단계까지 나누어 시연합니다. 정형화된 교육이긴 하지만 본인의 마인드를 재정립하고, 특히 신입 사원들에게는 큰 도움이 됩니다. 또한 프레젠테이션 기법도 배웁니다. 회사 메모패드에 메모를 하며 상담을 하라든지 하는 지시사항이나 전화는 고객보다 절대 빨리 끊지 말라든지 하는 매너까지 총체적이고 다양한 교육을 합니다.

4. 나만의 이미지메이킹 방법은?

얼굴이 어두운 편이라 비비크림을 바릅니다. 오전에는 약간 겉도는 느낌이 들지만, 오후가 되면 화사하게 얼굴을 커버링해 줍니다. 고객들을 만나는 시간이 대개 오후인지라 제격이라고 할 수 있습니다. 옷은 딱히 비싼 것보다는 점잖은 느낌의 옷을 선호하고 입으려 합니다. 양복은 되도록이면 감색을 입습니다. 브랜드 이미지를 표현하기 위해 회사에서 제작한 넥타이를 착용하고, 당직을 설 때는 드라이한 새 옷을 입으려 합니다.

5. 영업인으로써 자신의 매력을 말씀해 주세요.

저는 정직함이라고 생각합니다. 고객 앞에서 절대 과장된 제스처를 하거나 지키지 못할 약속은 하지 않습니다. 타사 제품에 대한 지나친 비방도 삼갑니다. 타사 제품을 무시하고 우리 제품을 부각시키는 것은 옛날 방식입니다. 바로 그럴 때 감성적인 터치를 합니다. 예를 들면, "고객님에게는 이 차가 정말 잘 어울리십니다. 고객님, B사 차량과 한 번 비교해 보세요. 각이 진 우락부락한 차에서 내리시는 모습은 그리 아름답지 않을 것입니다."와 같이 성능에는 그리 큰 차이가 없기 때문에 고객의 가치 부분에 주안점을 둡니다. 때론 너무 무심한 게 아니냐고 오해를 받기도 하지만, 이런 담백한 모습이 오히려 좋다고들 하십니다. 그리고 오래 겪어 보니 진국이라고 말씀해 주시는 분들도 많습니다.

6. DC를 원하는 고객이 많을 텐데, 어떻게 대처하나요?

최대한 맞춰 주려고 노력합니다. 매뉴얼에는 "고객님 DC 대신 평생 고객 관리를 해 드리겠습니다"로 나와 있지만, 누가 그 말을 못하겠습니까? 하지만 저한테 차를 사려고 마음먹은 고객의 기대를 저버릴 수는 없습니다. 최대한 이윤이 되는 조건을 찾습니다. 고객이 다른 조건을 원하는 건 당연합니다. 집 다음으로 가장 큰 자산이 자동차인데, 당연히 싸게 사고 싶은 건 고객의 권리라고 생각합니다. 안되면 때론 쿨하게 얘기합니다. 고객의 요구에 양보할 상황이면 어렵게 OK 사인을 드립니다. 무턱대고 된다고 하면, 신뢰감이 떨어지기 때문입니다.

7. 목표관리는 어떻게 하나요?

일 년 판매 목표는 100대이고, 월 목표는 8.3대를 설정합니다. 그리고 될 때까지 도전합니다. 달성이 안 되면 세일즈 네트워크를 통해 최대한 우량 고객과 접촉하여 소개를 부탁드립니다. 소개는 출하 후 3개월 미만 내에 많이 해 줍니다. 그때 고객 관리를 어떻게 하느냐에 따라 성패가 갈립니다. 출하 후 일주일 내에 고객을 직접 찾아뵙고 차를 점검해 드립니다. 그리고 한 달 내에 우산을 갖고 방문합니다. 그리고 이벤트에 당첨된 거라고 말씀드리면 무척 즐거워하십니다.

또한 목표 달성을 위해서 차를 출고한 고객뿐 아니라 가망 고객들에게도 DM을 꾸준히 보냅니다.

8. 영업을 하면서 가장 든든한 후원자를 꼽는다면?
당연히 가족입니다. 아이들과 아내가 있기에 좋은 실적이 있는 게 당연합니다. 짜증나고 힘들 때면 아들 사진을 봅니다. 고객들과 통화하고 언짢은 일이 있으면 가족 사진을 보고 풀려고 노력합니다. 아내에게 고마운 건 힐링을 위해 혼자 여행을 갈 수 있도록 배려해 준다는 것이다. 일단은 가서 무조건 쉽니다. 충전을 가득 해서 고객을 만납니다.

제7장
고객은 관리하는 대로 만들어진다

01

고객 관리는 깔때기다

『평범한 사람들이 세일즈로 돈 버는 법』이라는 책에서는 세일즈로 성공하려면 세 가지 관리가 필요하다고 언급했다. 이 세 가지란 자기 관리, 고객 관리, 그리고 시간 관리다. 이 중 고객 관리는 영업의 기본이자 아무리 이야기해도 지나치지 않는 세일즈의 진리다. 그렇다면 고객 관리는 왜 해야 될까? 그 이유는 다음과 같이 정리할 수 있다.

- 소개 판매를 유도할 수 있다.
- 추가 구매를 할 수 있다.
- 고객 불만을 반감시킬 수 있다.
- 판매 관리 비용을 절감할 수 있다
- 타사 및 타 세일즈맨으로의 변심을 방지할 수 있다.

새로운 고객에게 판매를 하는 것도 중요하지만, 어렵게 관계를 맺은 고객이 떠나지 않고, 당신의 충성 고객이 되기 위해서는 판매 후의 고객 관리도 소홀히 해서는 안 된다.

온라인 복권 업체인 '나눔로또'에서 2012년 로또 1등 당첨자 161명을 설문 조사한 결과, 이들 중 69%는 일주일에 한 번 이상 꾸준히 복권을 구입했다고 한다. 또한 40%는 한 번에 5만 원 이하의 돈을 복권을 구입하는 데 투자했다고 한다. 그냥 길을 가다가 복권 가게 간판을 보고 '심심한데 복권이나 한번 사 볼까?' 하는 마음에 복권을 사서 1등에 당첨된 사람도 있겠지만, 대부분의 사람들이 1등에 당첨될 때까지 수도 없이 복권 가게 문턱을 드나들며, 꾸준하게 복권에 투자해 왔던 것이다. 이렇듯 반복적인 시도는 성공 가능성을 끌어올린다.

이를 세일즈에서는 '깔때기 법칙'이라고 한다. 깔때기는 위쪽 입구가 넓고 아래쪽 입구가 좁다. 입구에 뭔가를 부으면 시간은 좀 걸리지만 깔때기 아래쪽에서 반드시 뭔가가 나온다. 많이 부으면 많이 나오고, 적게 부으면 적게 나온다. 하지만 아무것도 붓지 않으면 아무것도 나오지 않는다.

당신은 한 명의 고객을 만나서 제품을 설명하고, 계약 및 사후 관리 프로세스를 거친다. 이 세 단계를 얼마나 자주 반복하느냐에 따라 세일즈맨은 실적과 수입이 달라진다. 지금 당장 어떤 결과가 나오지 않더라도 꾸준하게 투자하는 것이 중요하다. 하루에 10명의 고객을 만나는 세일즈맨이 하루에 한 명을 만나는 세일즈맨보다 계약 확률이 높은 것은 당연하다. 그렇다고 승산 없는 게임에 맹목적으로 매달리라는 말은 아니다. 달콤한 열매를 얻고 싶은 만큼 도전과 끈기가 필요하다는 의미다.

오늘 만난 고객과 별 소득 없이 헤어졌더라도, 처음부터 예감이 좋지 않더라도, 계약할 한 명의 고객을 만나기 위한 과정이라고 생각하고 긍정적으로 임하라. 물론 만나는 고객마다 계약이 성사된다면야 얼마나 좋겠느냐마는, 세일즈는 그렇게 호락호락한 게 아니다. 계약 확률을 높이기 위해서는 그만큼 많은 고객을 만나야 한다.

고객 관리도 마찬가지다. 고객에게 물건을 판매한 후에도 꾸준한 사후 관리가 중요하다. 고객에게 문자도 보내고, 직접 방문하기도 하며, 전화로 안부도 물어야 한다. 고객은 '나에게 이렇게까지 신경을 써 주네? 누구 한 명 소개해 줘야겠네?'라며 바로 당신에게 피드백을 주지는 않는다. 그렇더라도 조급해하면 안 된다.

투자의 귀재 워렌 버핏은 2천 달러로 주식을 시작했는데, 50년 만에 우리 돈 60조 원으로 그 재산이 불어났다. 특이한 것은 그의 평균 주식 보유 기간이 8년이라는 점이다. 그의 투자 비법은 멀리 바라보고 투자하는 것에 있다. 고객 관리도 이와 같은 마음으로 해야 한다. 맛있는 찌개를 먹기 위해서는 냄비가 끓을 때까지 진득하게 기다려야 한다. 그러면서 중간에 불이 꺼지지는 않았는지, 끓어 넘치지는 않았는지 살펴야 한다. 음식이 맛있게 익을 때까지 불씨를 꺼뜨려서는 안 된다.

우편료도 들이고, 봉투 안에 소책자를 넣어 열심히 봉투에 풀을 붙인 끝에 고객에게 DM을 보냈다. 그런데도 고객에게 DM을 잘 받았다는 한마디 회신도 없다. 그렇더라도 고객을 괘씸하다고 생각하지 말라. 처음부터 큰 기대를 하면 지칠 수 있다. 그리고 지치기 시작하면 어느새 고객 관리가 필요 없다는 부정적인 생각이 자리 잡게 된다. 넘치는 의욕으로 고객 관리를 시작했던 세일즈맨들이 중도에 포기하는 경우들을 종종 보게 된다. "왜 고객 관리를 하지 않느냐?"고 물으면 "그거 다 필요 없어요."라고 한결같이 이야기한다. 이런 사람은 진정 고객 관리의 위력을 모르는 사람이다.

며칠 전 K자동차 ○○대리점의 L대표를 만났다. 세일즈를 한 지는 20여 년이 되었고, 지금도 한 달에 20여 대를 너끈히 판매한다. 항상 긍정적으로 도전하고 열정적인 그에게 판매 비결이 무엇인지 물었다. '뭔가 대단한 노하우를 알려 주겠지.'라는 기대감에 귀를 기울였는데, 그의 답변은 의외로 단순했다.

그는 얼른 책상에 가서 DM봉투를 몇 개 가져오더니 "다 이것들 때문이지 뭐."라고 말하는 것이 아닌가. 그는 세일즈를 시작하면서 DM 발송을 바로 시작했다고 한다. DM 발송을 시작한 직후에는 큰 효과를 보지 못했단다. 포기하지 않고 꾸준히 보냈더니 이제는 효자 노릇을 톡톡히 한다는 것이었다. 그러면서 20년 동안 터득한 비법을 말씀해 주셨다. 어떤 내용물을 넣어야 하는지, 글씨체는 어떻게 해야 하는지 등 경험 없이는 얻을 수 없는 노하우를 말이다.

10년 넘게 고객에게 DM을 발송했던 한 직원이 있었다. 그런데 문득 몇 달 전 한 고객이 전화를 걸어서는 "참 이 사람, 해도 해도 너무하네."라고 이야기하더라는 것이었다. 무슨 영문인가 했더니 내용은 이러했다. 그 고객은 DM을 '처음 한두 해 정도 보내다 말겠지.' 라고 생각했단다. 그런데 10년 넘게 꾸준하게 보내는 모습을 보고 대단하다고 생각했던 것이다. 결국 그 직원의 한결같은 노력에 감동해 직접 차를 구입했을 뿐더러 조카까지 소개해 줬다고 한다.

이렇듯 고객과 세일즈맨의 신뢰는 단기간에 형성되는 것이 아니다. 때로는 10년 이상이 걸릴 수도 있다. 꾸준한 고객 관리로 인해 형성된 신뢰는 당신과 고객 사이를 끈끈하게 이어 줄 것이다.

고객 관리는 에펠탑이다

1889년 프랑스 파리에 프랑스대혁명 100주년을 기념하기 위한 에펠탑이 건립되었다. 건립 초기에는 고풍스러운 파리에 흉측한 철제 탑이 웬 말이냐며 반발이 심했다. 그래서 이를 고민한 프랑스 정부는 20년 후에 철거하기로 약속하고 건설을 강행했다. 하지만 에펠탑의 높이가 324미터로 워낙 높다 보니 파리 시민들은 보기 싫어도 시시때때로 볼 수밖에 없었다. 그러자 처음에는 낯설었지만, 계속 보다 보니 차츰 익숙해지고 어느새 멋져 보이기 시작했다고 한다.

심리학에서는 뭔가를 자주 보면 호감이 높아지는 심리를 일컬어 '에펠탑 효과Eiffel tower effect'라고 한다. 연예인을 비롯한 많은 공인들이 선거에서 당선되는 것도 이 효과 때문이다.

평소에는 안부 전화도 하지 않다가 부탁할 일이나 경조사가 있을 때면 불쑥 전화하는 사람이 있다. 그런 사람은 별로 반갑지 않다. 진실한 인간관계를 유지하기 위해서는 자주 보고 지속적으로 연락하는 노력이 필요하다. 고객 관리도 마찬가지다. 고객은 뜬금없는 세일즈맨을 달갑게 여기지 않는다. 고객에게서 "어쩐 일이야?", "오랜만이네"라는 반응을 받지 않도록 해야 한다.

DM 발송도 똑같다. 고객은 당신이 보낸 DM을 뜯지 보지도 않은 채 버릴 수도 있다. 하지만 적어도 당신의 이름을 봤다면 그것으로 된 것이다. 8월, 9월, 10월…… 매달 당신의 DM을 받으면서 점점 그것에 익숙해질 것이다. 고객의 감정 계좌에 정기적으로 입금을 하고 있다고 생각하라.

고객이 당신의 메일을 보고 그냥 휴지통에 버릴 수도 있다. 그래도 고객은 '왜 이렇게 귀찮게 보내고 그래?'라고 생각했을지언정 당신이 얼마만큼 꾸준히 노력하는지 기억할 것이다.

그러니 어떻게든 고객에게 주기적으로 접근해야 한다. 그 간격이 너무 길어서는 안 된다. 고객이 당신을 잊기 전에 DM이든 전화든 메시지든 직접 방문이든 SNS든지 간에, 고객의 시야에서 멀어지지 마라. 파리 시민들이 매일 마주하는 에펠탑처럼 말이다.

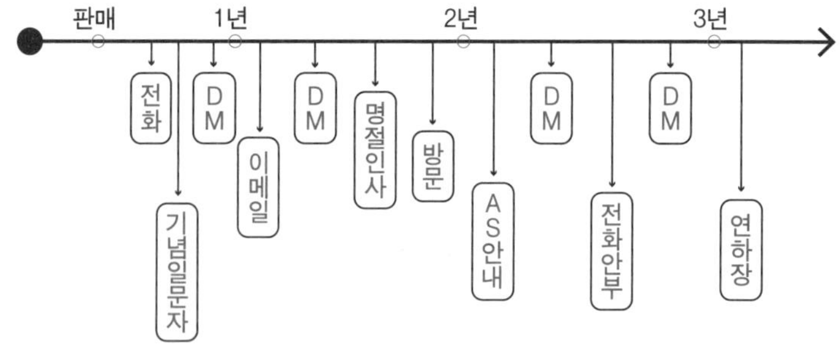

고객 관리는 습관이다

세일즈맨들에게 사후 관리가 중요한지 알면서도 왜 잘 안 하느냐고 물으면, 갖은 핑계를 댄다. 솔직하게 "귀찮아서."라고 말하는 사람이 있는가 하면 어떤 직원은 "방법을 모르기 때문."이라고 대답한다. 때로는 "이번 달 실적을 채우기도 바쁜데 고객 관리할 시간이 어디 있겠냐?"라고 반문하는 직원도 있다. 그리고 의외로 많은 분들이 "습관이 안 돼서."라고 이야기한다. 그렇다. 고객 관리는 습관으로 굳어져야 한다.

어느 영업점에 방문했을 때 연세 지긋한 한 팀장님이 아침을 준비하는 모습이 참 인상적이었다. 그분은 아침 조회를 마치고 고객 관리 프로그램에 들어가서 당일 목표로 한 고객이나 기념일을 맞은 고객에게 문자를 남기고, 고객들에게 전화로 안부를 물었다. 그리고 반송된 DM 자료를 DB 프로그램에서 수정까지 완료했다. 어느 정도 연세가 있는 세일즈맨들이 컴퓨터에 익숙하지 않은 데 반해, 능숙하게 컴퓨터를 다루는 그분의 모습이 무척 신선했다.

그렇다고 부산해 보이지도 않았다. 늘 해오던 일이라는 듯 너무나 자연스러워 보였다. 어느 정도 바쁜 일이 정리되어 갈 즈음 그 팀장님에게

다가가 고객 관리를 부지런하게 하는 비결이 무엇인가를 물었다. 그랬더니 30년동안 영업을 하면서 매일 아침 늘 해봤기 때문에 특별할 게 없다고 했다. 너무나 당연했던 아침 일과였던 것이다. 그러면서 그 팀장님은 세일즈맨으로서 습관의 중요성에 대해 강조했다.

성공하는 사람과 보통 사람의 차이는 지능이나 재능, 능력이 아니라 습관의 차이라는 말이 있다. 성공하는 세일즈맨과 그렇지 못한 세일즈맨의 차이도 습관이다. 고객 관리를 몸에 밴 듯 습관으로 만들면 힘들이지 않고 꾸준하게 할 수 있다

그럼 어떤 습관을 길러야 할까? 당신이 습관으로 만들고자 하는 사항을 정확하게 정리해 보라. 예를 들면, 다음과 같은 것들이 될 수 있을 것이다.

- 매일 아침 고객의 기념일(생일, 결혼 기념일 등) 챙기기
- 매달 5일 안에는 무조건 DM 보내기
- 무슨 일이 있어도 하루에 고객 세 명의 목소리 듣기
- 매일 기존 고객 세 명 이상 만나기
- 매주 월요일 아침 9시에 A급, B급 고객들에게 메시지 보내기
- 고객의 기념일 하루 전에 알림 문자 설정해 놓기

이렇게 당신 자신과 약속하는 것이다. 처음에는 무척 거창해 보이고 귀찮게 느껴질 것이다. 하지만 꾸준한 실천으로 습관이 되면 어느 순간 의도하지 않아도 자연스럽게 고객과 접촉하고 있을 것이다.

하지만 고객 관리를 위해 먼저 선행되어야 할 것이 있다. 바로 고객

의 자료를 데이터베이스로 만드는 것이다. 고객의 정보 관리를 수기로 하는 데는 한계가 있다. 요즘은 위낙에 편하게 활용할 수 있는 프로그램이 많아 PC로 고객 정보를 관리하면 짧은 시간 안에 많은 정보를 다룰 수 있다.

DB 작업은 처음에는 오랜 시간이 걸릴 것이다. 필자가 아는 한 세일즈맨은 고객 관리를 제대로 해야겠다는 생각에 15년간 모아 뒀던 고객의 자료를 입력하는 데 두 달이 걸렸다고 한다. 물론 쉬운 작업이 아니다. 하지만 일단 DB가 완성되면 이메일이든 문자든 DM이든 손쉽게 작업할 수 있다. 결과적으로 DB를 정리하는 데 드는 시간보다 훨씬 더 많은 시간을 절약할 수 있다.

지금 당신의 고객 정보는 어디에 있는가? 혹시 몇 년 전 쓰던 수첩에, 아니면 책상 서랍 어딘가에 방치되어 있지는 않은가? 그렇다면 지금이 바로 DB를 정리해야 할 때다.

◆ 고객 분류

고객은 그 성격에 따라 신규 고객, 기존 고객, 가망 고객 혹은 친척, 지인, 동호회와 같이 체계적으로 분류해야 한다. 신규 고객에게 보내는 메시지와 기존 고객에게 보내는 메시지가 기본적으로 달라야 하기 때문이다. 따라서 차별화된 관리와 접근을 하기 위해서는 고객 분류가 필수다.

◆ 지속적인 업데이트

세일즈 중간 관리자로 일하던 시절, DM 반송이 너무 많아서 관리대장을 만들어 봤다. 그랬더니 반송되는 고객은 한정되어 있었다. 관리를 안 하다 보니 매달 반복된 것이었다. 원인을 찾아보니 이사를 간 고객도 있었고, 주소지가 잘못되어 있거나, 어떤 고객은 사망을 했는데도 일 년 넘게 발송된 경우 등 그 이유가 다양했다. 조금만 부지런히 관리했더라면 이런 일은 없었을 것이다. DM 발송 후 반송되거나 고객의 휴대전화 번호가 바뀌었다면, 미루지 말고 바로바로 수정해야 한다. 고객 정보가 지속적으로 업데이트되지 않는 자료는 세일즈에 전혀 도움이 되지 않는 골칫덩어리일 뿐이다.

김동범 씨는 『소개마케팅』이라는 책에서 이렇게 말하고 있다.

"고객 관리를 철저히 해서 당신을 알고 난 이후에는 고객이 당신의 친절한 서비스에 부담을 느껴 다른 사람에게서 상품을 구매하는 일이 없도록 해야 한다. 만약 다른 사람에게 상품을 구매했다면 이는 고객을 제대로 만족시켜 주지 못했기 때문이다. (중략) 습관이 들기까지는 어렵지만 한 번 습관이 들고, 계약이 체결되기 시작하면 자신도 모르게 자신감을 얻게 될 것이다."

04
고객 관리의 고수가 돼라

"그 사장님은 자수성가하셔서 매사에 검소하고 성실한 분이십니다. 처음에는 저를 의심의 눈으로 보시며 가까이하기를 꺼렸습니다. 하지만 일주일에 한 번 이상 꾸준하게 찾아뵙고, 그런 만남을 2년 이상 지속했습니다. 조금씩 마음의 문을 여셨지만, 그 문은 생각보다 쉬이 열리지 않았습니다. 2011년, 3년이 경과될 무렵 드디어 차에 관심을 가지셨습니다. 지성이면 감천이라고 무척 즐거웠죠. 그때 한꺼번에 두 대를 판매하게 되었습니다. 이후 사장님과의 관계가 더욱 가까워져 개인적인 모임도 함께할 수 있도록 도와주셨습니다. 그러면서 자연스럽게 호칭도 개인적으로 뵐 때는 형님으로 바뀌었고, 허물없는 관계가 되었습니다. 자동차의 '차' 자만 나와도 지인들을 소개해 주려고 부단히 힘써 주셔서, 덕분에 판매도 많이 늘었습니다. 오늘 하루도 '형님' 같은 분을 만나기 위해 여기저기 귀 기울이며 열심히 활동하고 있습니다. 역시 세상은 더불어 살아야 힘이 나는 것 같습니다."

K자동차 K차장은 한 고객의 호칭이 형님으로 바뀌기까지의 이야기를 이렇게 풀어 놓았다. 세상에서 가장 어려운 일이 사람의 마음을 얻

는 것이라고 한다. 전혀 모르는 한 사람을 내 사람으로 만들기가 어디 쉬운 일이겠는가. 그래도 결국 진심은 통했고, 이제는 고객과 인생의 동반자가 되었다.

이렇게 고객의 성격은 상황이나 세일즈맨의 노력에 따라 시시때때로 변할 수 있다. 그렇다면 고객의 특성에 따라 고객을 어떻게 분류할 수 있을까?

가능 고객 〉 가망 고객 〉 신규 고객 〉 단골 고객 〉 협조 고객 〉 충성 고객

1. 가능 고객 : 아직 만나지 않았고, 단순히 고객 리스트에 올린 고객

2. 가망 고객 : 만남을 1회 이상 가졌으며, 판매가 이루어지기 전의 고객

3. 신규 고객 : 드디어 제품을 인정하고 구입한 고객

4. 단골 고객 : 제품을 두 번 이상 구입한 고객

5. 협조 고객 : 본인도 제품을 구입하며, 주변 사람도 소개해 주는 고객

6. 충성 고객 : 당신이 판매하는 제품이라면 이유를 불문하고 당신에게 구입하고, 제품을 신뢰하며, 적극적으로 다른 고객을 소개해 주는 고객

앞의 사례에서 언급된 고객은 호칭이 '형님'으로 편하게 바뀌면서 그 제품이라면 무조건 그 세일즈맨에게 구입하고, 다른 지인들도 소개해 주는 충성 고객이다. 이런 충성 고객이 많은 세일즈맨일수록 신규 고객 발굴이

나 실적에 큰 도움이 된다. 그러나 이런 고객은 하루아침에 생기는 게 아니다. 그만큼 정성스러운 고객 관리가 선행되어야 가능하다.

스티븐 M. R. 코비는 『신뢰의 속도』라는 책에서 "신뢰가 올라가면 속도는 올라가고, 비용은 내려간다."라고 했다. 고객과 굳은 신뢰 관계의 반열에 들어서면 고객은 뭐든 믿고 맡기게 되므로, 굳이 시시비비를 따지지도 않을 것이다. 그렇게 되면 고객과의 관계 유지를 위해 큰 비용을 투자하지 않아도 된다.

필자는 멘토인 정진일 대표를 강의를 통해 만났다. 10여 년의 공무원 생활을 마치고 강의를 시작하던 무렵 한참 고민이 많던 시기에 필자를 늘 옆에서 좋은 말로 용기를 북돋아 주셨다. 정 대표는 필자뿐만 아니라 많은 사람들에게 이런 멘토 역할을 해 준다. 나 같은 멘티가 무려 400명이나 있다고 한다. 정 대표는 그저 순수하게 돕고 싶은 마음 하나로 다른 이들에게 시간과 돈을 투자한다. 대가를 바라고 사람들을 돕는 것은 아니지만, 때로는 정 대표의 지원이 상당한 물질적 보답으로 돌아올 때도 있다고 한다.

그러면서 그는 필자에게 '영향력'이라는 단어를 화두처럼 던져 주었다. 자신이 무엇인가를 들고 왔을 때 자기 일처럼 도와주고, 응원해 주는 진정한 자기 사람을 곁에 많이 두라는 것이었다. 영향력 있는 사람이라……. 필자에게도 이런 사람이 많지는 않지만, 머릿속에 떠오르는 몇몇 분들이 있다. 그리고 그분들을 생각하니 갑자기 행복해진다. 그리고 그런 '내 사람'을 더 많이 만들고 싶다. 당신은 어떤가? 당신 곁에 이런 사람들이 많다면 무슨 일을 하더라도 정말 자신 있고, 신바람 날 것 같지 않은가?

정 대표처럼 당신도 매일 만나는 고객을 단순히 세일즈를 하기 위해 만나는 사람이 아니라 당신의 열렬한 지지자로 만들어야 한다. 이 얼마나 가슴 떨리는 일인가! 그런데 그런 관계가 되기 위해서는 당신이 먼저 고객의 열렬한 지지자가 되어야 한다. 그리고 고객을 도울 일이 있으면 물심양면으로 도와 줘야 한다.

연예계의 마당발이라고 불리는 박경림은 자신의 책에서 인맥의 비결을 이렇게 밝혔다. 그녀는 아무리 자신이 베풀고 배려했다 하더라도 '나는 저 사람한테 받을 게 없어!'라고 생각한다고 한다. 그러다 보니 누구를 만나도 늘 그 이상을 주고, 진심으로 대할 수 있어서 많은 사람들이 그녀를 찾는다는 것이다. 그러면서 그녀는 자신의 책 『사람』에서 이렇게 적고 있다.

"세상살이 다 거기서 거기다. 그러나 남들 하는 대로 그저 좀 더 편안히 살기 위해 애쓰는 것이 아니라 더불어 잘 살고 싶어 하는 사람, 더 훌륭하게 살고 싶어 하는 사람이 운 좋게도 곁에 있다면 무조건 그를 껴안아 줄 수 있어야 한다."

고객과의 관계에서도 마찬가지다. 뭔가를 바라고 도움을 줘서는 안 된다. 순수한 마음으로 다가가야 한다. 일단 당신에게 제품을 사 준 것만으로도 얼마나 감사한 일인가!

일본의 '탐나는 유산'이라고 들어 본 적이 있는가? 일본의 한 보험 세일즈맨이 40년간 보험을 하면서 관리했던 고객 데이터를 아들에게 물려주고 죽었다. 그 아들은 동경대학을 졸업한 재원이었는데, 그 고객 데이터를 유산으로 물려받은 후 보험 세일즈에 나섰다. 그는 그것을 자산으로 삼아 매달 수당으로만 일반 대졸 초임의 7배가 넘는 150만 엔 이상을 벌 수

있었다. 잘 관리한 고객은 이렇게 유산으로서도 가치가 있다. 당신을 진
정으로 신뢰했던 고객이라면 당신의 자식들도 조건 없이 도와 줄 것이다.

고객 관리의 최종 목표는 당신과 고객이 윈-윈Win-Win 관계가 되는 것
이다. 이렇게 큰 그림을 그리고, 조건 없이 진심으로 고객을 돕는다면 그
는 진정한 평생 고객이 되어 줄 것이다.

가격중시형 고객, 어떻게 대처할 것인가

이제까지 고객 관리의 필요성에 대해 이야기했다. 고객 관리의 목적은 신규 고객 창출 및 기존 고객 관리를 통한 새로운 수요 창출이라고 할 수 있다. 실제 데이터를 보더라도 새로운 사람보다는 기존에 거래했던 세일 즈맨에게 사는 경우가 더 많다. 그런데 요즘은 이러한 법칙이 무너지고 있다. 그 이유는 바로 '가격' 때문이다.

2011년 마케팅 인사이트는 '최종 구매를 결정할 때 고려하는 요인'들을 분석했다. 동시에 '함께 고려했다가 구매를 포기하게 하는 요인'을 분석했다. 그 결과, 우리나라 자동차 소비자들은 차를 살 때 '외관과 스타일'(68%)을 가장 중시하고, 그다음으로 '가격과 구입 조건'(51%)을 중요하게 생각했다. 오픈마켓 11번가는 20~50대 고객 657명을 대상으로 'TV 구입 결정에 가장 큰 영향을 미치는 요소'를 묻는 설문 조사를 진행한 결과, '화질'(23%)과 '가격'(22%)이 각각 1, 2위를 차지했다고 밝혔다.

최근 전자 제품을 사기 위해 한 매장을 방문했다. 가격표에 있는 금액을 다 주고 사야 하는 줄 알고 어떻게 하면 흥정할 수 있을까 골몰하던 차에 직원이 먼저 할인된 가격을 제시했다. 순간 너무 순진한 고객이 된 것 같아 허탈한 웃음을 지으며 왜 먼저 할인해 주겠다고 하는지 물었다. 그 랬더니 요즘 고객들은 인터넷 검색을 통해 제품의 최저가를 확인한 후에 오프라인 매장에 들르기 때문에 굳이 그 금액보다 비싸게 주고 구매하려 하지 않는다고 했다.

IT 사업을 하는 한 지인은 예전만큼 마진률이 높지 않다고 한다. 이는 보험 업계나 자동차 업계도 마찬가지다. 하물며 '정가 판매'를 정책으로 내 세우는데도 고객은 어떻게든 가격 협상을 하려 한다는 것이다. 또 몇 년 동안 열심히 고객 관리를 했음에도 다른 세일즈맨의 얄팍한 할인 제안에 잠깐의 망설임도 없이 한 번에 넘어가는 고객들을 보면 허탈하기 짝이 없 단다. 상황이 이렇다 보니 요즘 고객들은 관리할 필요가 없다는 말이 나 올 정도다.

그 마음 충분히 이해가 간다. 한번 생각해 보라. 몇 년간 DM을 보내고, 무슨 때만 되면 찾아가서 인사드리고, 밤늦게 전화해도 꼬박꼬박 싫은 내 색 하나 없이 친절하게 응대했는데, 얼마나 허탈하겠는가. 이런 경험이 반 복되면 또다시 공을 들여 고객을 관리할 기분이 들지 않을 것이다.

예전에는 특성에 따라 고객을 우유부단형, 가격의식형, 자기현시형, 다 변사교형, 만사긍정형, 침묵방어형, 자기과잉형, 자기과장형 등으로 나누 어 고객별로 응대 방법을 달리했다. 하지만 요즘은 예전에는 없었던 '가격 중시형 고객'이 생겼다. 이들은 무엇을 사든지 가격을 가장 중요한 선택 기 준으로 삼고, 무조건 에누리하는 것이 습관화된 유형이다. 유사 제품을 얼 마에 살 수 있는지, 다른 사람들은 같은 제품을 얼마에 구입했는지 알아보 고 자신은 그 보다 더 낮은 금액으로 구입하려 한다. 이런 가격중시형 고객은 젊은 고객들에게서 많이 찾아볼 수 있다.

그렇다면 이러한 가격중시형 고객은 어떻게 응대해야 할까? 당신이 판매하는 제품이 최저가가 아니므로 고객이 가장 저렴한 매장을 찾아가는 것을 그저 보고만 있어야 할까?

먼저 이러한 고객의 마음을 이해하려는 인식의 변화가 필요하다. 같은 제품을 이왕이면 싸게 사고 싶은 게 사람들의 공통된 심리다. 솔직히 당신도 그렇지 않은가? 좀 더 저렴한 주유소를 찾고, 인터넷 가격 비교 사이트에서 좀 더 저렴한 제품을 검색해 봤을 것이다. 또한 가격이 할인된 제품에 마음이 술렁거릴 때도 있었을 것이다.

더 값싼 제품을 찾는 고객의 욕구는 당연한 것이다. '저 고객 정말 진상이네.', '요즘 고객들 응대하기가 너무 힘들군.'이라고 생각해 봤자 본인만 손해다. 고객에게 좀 더 관대해질 필요가 있다. 고객 입장이 되어 진심으로 응대할 때, 고객의 마음을 움직일 수 있다. 그런 고객에게는 다음과 같은 말로 부드럽게 설득해 보자.

"고객님, 이 제품이 타사의 유사한 모델에 비해 조금 비싼 게 물론 부담스러울 수 있습니다. 그 점은 충분히 이해합니다. 그럼에도 저희 제품의 이러이러한 것은 타사의 어느 제품도 흉내 낼 수 없는 저희만의 장점입니다."

다음으로 가격을 가지고 흥정하는 고객을 응대하는 당신의 자세를 한 번쯤 돌아볼 필요가 있다. 이러한 고객들 때문에 이골이 난 일부 세일즈맨들은 "저는 죽어도 그렇게 못합니다. 그럼 거기 가서 사세요!"라며 노골적으로 불쾌한 감정을 드러내기도 한다. 누군들 그렇게 말하고 싶지 않겠는가. 하지만 고객은 언제, 무슨 이유로 마음을 바꿔 당신 회사의 제품을 구매할지 모른다. 그런데 고객이 최종 결정을 내리기도 전에 쓸데없이 마음을 상하게 할 필요가 있을까? 따라서 비록 당장 싼 가격을 운운하며 구매를 하지 않더라도 고객의 선택을 존중한다는 의사를 내비치며 좋게 마무리해야 한다.

"고객님, 안타깝게도 원하시는 가격에 맞춰 드리지 못해 무척 아쉽게 생각합니다. 대신 나중에 좋은 기회가 된다면 다시 만나 뵙고 싶습니다."

좋은 게 좋은 거라는 말도 있지 않은가.

K자동차 S과장은 고객이 가격을 가지고 흥정하면 이렇게 설득한다고 한다.

"13년 동안 영업을 하면서 제게 차를 샀던 고객님들께서 재구매도 하시고 소개도 많이 해 주십니다. 이유가 뭘까요? 할인 때문일까요? 아닙니다. 고객님들께서 저를 믿고 맡겨 주시기 때문입니다. 첫 번째는 약간의 가격 메리트, 두 번째는 사후 관리 보장 및 훌륭한 서비스, 믿을 수 있는 세일즈맨, 이 둘 중 고객님은 어느 쪽을 택하시겠습니까?"

S과장은 고객에게 뭔가 여지를 주면 더 강한 요구를 하기에, 조금의 타협도 없이 당당하고 분명하게 이야기한다고 한다. 물론 최대한 정중하게 진심을 다해 말한다. 그러면 처음에는 가격을 최우선으로 삼았던 고객들도 S과장의 진실하고 신뢰감을 주는 태도에 마음이 바뀌어 계약을 하는 경우가 많다고 한다.

"고객님, 대신 저는 할인율 3% 이상의 서비스와 고객 관리를 해드릴 것을 반드시 약속드립니다."

이렇듯 가격 대신 어필할 수 있는 것이 있다면 강점을 최대한 살려 고객을 설득하라! 그래도 고객의 마음이 움직이지 않는다면 그때는 쿨하게 보내 드려라. 물론 언제든 돌아오신다면 대환영이라는 메시지를 전하면서 말이다.

이메일, 문자, DM으로 고객을 관리하라

세일즈맨들이 고객 관리를 위해 많이 활용하는 방법으로, 문자 메시지와 DM, 이메일을 꼽을 수 있다. 이런 방법들은 시간과 때로는 비용을 필요로 하기도 한다. 그러니 이왕 투자할 거면 더 큰 효과를 봐야 하지 않을까? 어떻게 하면 고객에게 당신의 메시지가 좀 더 잘 전달될 수 있을까?

1. 이메일

이메일은 일단 비용이 들지 않는다. 이메일 주소를 확보해 고객에게 전달하고자 하는 내용을 작성하여 보내기만 하면 된다. 게다가 이메일 주소는 집이나 회사 주소, 전화번호에 비하면 잘 바뀌지 않는 편이다. 또한 동시다발적으로 많은 고객을 접촉할 수 있다는 장점이 있다.

한 업체의 분석에 따르면, 이메일은 아침 10시경에 가장 많이 열어 본다고 한다. 그 시간을 겨냥하여 아침에 뭔가 고객에게 긍정적인 에너지를 불어넣고, 밝은 마음을 일깨울 수 있는 내용을 구성하여 보내면 좋다. 제품에 관한 정보와 같이 이해관계가 얽힌 내용보다는 오늘의 날씨나 상식 또는 여행 팁처럼 일상에 관한 정보를 가벼운 마음으로 읽을 수 있도록 기획해 보라. 때로는 음악이나 동영상 자료를 첨부하거나 텍스트를 어우르도록 삽입하는 것도 고객 입장에서는 무척 신선하게 느껴질 것이다.

제목도 중요하다. 제목에서 흥미를 끌지 못하면 그대로 휴지통에 버려지기 때문에 신경을 써야 한다. '고객님, 안녕하십니까?', '안녕하세요? ○○○입니다.'처럼 상투적인 제목보다는 '이번 주는 날씨가 무척 좋다는데, 이런 여행지는 어떠세요?', '요즘 이게 핫 이슈라는데, 혹시 아시나요?'라며 고객의 관심을 유발하는 멘트를 사용한다. 또한 단발성으로 끝낼 것이 아니라 뉴스레터처럼 주기적으로 보내도록 한다. 이메일 제목에서도 '□□□의 고객 레터 1호'와 같이 꾸준한 연재물 형식임을 상기해 준다면, 고객은 '잊지 않고, 한결같이 보내 주네?', '벌써 30호야?'라며 어느새 다음 호를 기다릴지도 모른다.

2. 문자

요즘은 워낙 문자 광고가 여기저기서 많이 오는 세상이다 이런 문자들은 메시지를 받는 상대방의 개별성은 무시하고, 메시지를 발송하는 주체의 편의에 따라 일방적으로 전달된다는 특징이 있다.

명절 같은 날에 단체로 오는 메시지나 어디서나 들었을 법한 식상한 메시지는 차라리 안 보내는 게 낫다. 너무 잦은 문자 메시지의 발송도 고객에게 스트레스가 될 수 있다. 적절한 타이밍에 적당한 간격으로 보내는 게 좋다. 월초 한 차례나 고객의 감수성이 풍부해지는 비오는 날이나 특별한 이슈가 있을 때, 고객이 공감할 수 있는 메시지를 전달하는 게 중요하다.

또한 누구에게나 형식적으로 보낼 법한 내용보다는 오로지 당신에게만 보내는 메시지라는 느낌을 받도록 하는 것이 좋다. 요즘은 문자 발송 기능을 잘만 활용하면 데이터베이스에서 직접 고객의 이름을 끌어올 수도 있다. 그렇게 활용하든 직접 입력하든 아니면 정말 고객 한 분 한 분의 특색에 맞게 저마다 다른 메시지를 보내든지 간에 '고객'이라고 통칭하지 말고 고객의 이름을 불러 줘야 한다.

두말할 것도 없이 가장 좋은 것은 전달하는 메시지가 오직 단 한 분의 고객을 위해 정성껏 작성된 것임을 느끼게끔 하는 것이다. 이메일과 마찬가지로 문자 메시지를 보낼 때도 진부한 내용이 아닌, 어떻게 하면 좀 더 색다르게 표현할 수 있을지, 고객의 기억 속에 오랫동안 인상 깊게 남을 수 있을지를 고민해야 한다.

"○○○ 고객님, 오늘은 비가 온다고 하네요. 우산 꼭 챙기시고, 빨래를 널 계획이 있었다면 아쉽지만 다음 기회를 노려야 할 것 같네요."

어떤가? 단순히 '좋은 하루 보내세요.'라는 표현보다는 산뜻하지 않은가? 비록 짧은 순간이라도 고객의 시간과 주의를 잠시 빌리는 만큼 당신 입장에서는 메시지를 효과적으로 전달하고, 고객 입장에서는 그것을 읽는 데 소요된 시간이 유익하다고 느끼도록 해야 할 것이다.

3. DM

앞의 두 채널에 비해 비용이나 노력이 더 들지만 그만큼 효과가 뛰어난 방법이 바로 DM이다. 특히 DM을 받는 고객은 자신이 해당 업체나 세일즈맨에 의해 관리받고 있다는 인식을 가장 크게 가질 수 있기에 매우 효과적이다. DM을 보내고 있지 않다면 심각하게 자신의 게으름을 고민해 봐야 한다. 만약 그렇다면 당신의 세일즈는 뭔가 잘못되어 가고 있는 것이다.

대부분의 고객은 DM을 그냥 버리지 않고 최소한 뜯어서 본다. 그리고 자신에게 불필요한 내용이라고 생각하면 가차 없이 쓰레기통으로 보낸다. 그렇기에 진부한 내용이 아니라 고객이 받았을 때 '오늘은 어떤 내용일까?'라는 기대감을 갖게 해야 하며, 고객에게 유용한 내용으로 채워야 한다.

내용물은 외부에서 발행하는 관련 업종의 뉴스 레터 형식도 괜찮고, 『좋은 생각』이나 『샘터』와 같은 공신력 있는 정기간행물도 괜찮다. 하지만 이렇게 널리 알려진 텍스트는 다른 세일즈맨들도 많이 이용한다. 비록 외부에 의존한 내용물이라고 하더라도 당신만의 따뜻한 메시지와 감성을 담아 고객에게 전달해야 한다. 최소한 맨 앞장에 인쇄를 해서 간단한 인사말이라도 넣어라.

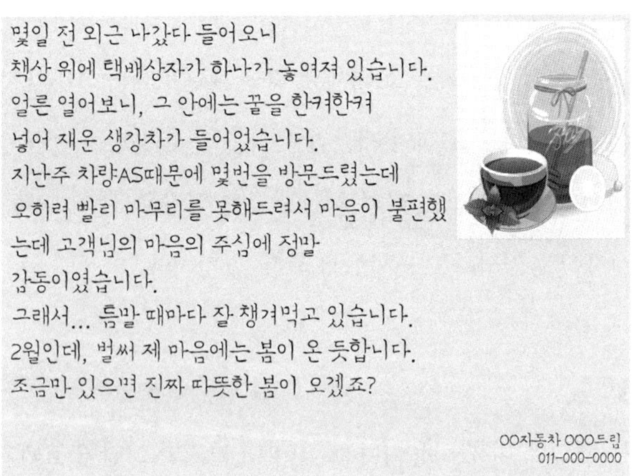

몇 해 전에 만났던 한 세일즈맨은 『샘터』라는 잡지를 매달 300여 명의 고객에게 DM으로 보내고 있었다. 잡지의 단가만 해도 천 원이 넘으니 우편

료와 봉투 인쇄비까지 생각하면 한 통에 적어도 2천 원은 들 것이다. 그는 상당히 큰 비용을 투자하지만, 내가 고객이라면 그 DM을 받고 감동받을 것 같지는 않았다. 비용 대비 효과가 약할 것이라는 생각이 들었다.

그래서 매달 간단하게 인사말이라도 넣어 보내라고 코칭해 드렸다. 또 그 달의 이슈나 계절 인사, 세일즈를 하면서 겪었던 특별한 일, 예를 들면 어떤 점은 조금 힘들지만, 또 어떤 점에서는 고객에게 큰 감사함을 느껴 다시 힘을 내서 뛴다는 식의 이야기를 담으라고 했다. 고객에게 당신이 단순히 물건을 파는 사람이 아닌, 고객처럼 하루하루를 열심히 살아가는 한 사람임을, 그래서 고객이 당신의 이야기에 공감하며 귀 기울일 수 있도록 말이다.

그런데 필자가 코치한 대로 내용을 조금 달리하여 보냈더니 고객들의 반응에도 변화가 있었다고 한다. 예전에는 DM을 보내도 아무런 반응이 없던 고객들이 인사말이 인상적이라는 등, 고객의 집에 찾아가면 그 댁 아이들이 "샘터 아저씨 왔다!"라고 아는 척을 한다는 것이었다. 또한 DM을 잘 받고 있다고 회신해 주는 고객들이 더 많아졌다고 한다.

고객은 그 잡지를 그냥 버리지 않고 화장실에 놔두거나 고객의 사무실에서 직원들과 함께 볼 수도 있다. 만약 기존에 하던 식으로 잡지만 달랑 보냈다면 그것은 여느 소책자들과 다를 바가 없었을 것이다. 하지만 세일즈맨의 마음과 메시지를 담아 보냈기에 그 책을 펼치는 사람들은 그 세일즈맨을 한 번이라도 더 떠올릴 수 있었다.

요즘도 고객에게 직접 손으로 써서 글을 보내는 세일즈맨들이 있다. 필자도 몇 달 전 한 보험 세일즈맨에게서 수기 형식의 DM을 받았다. 요즘 같은 디지털 시대에 받아 보는 아날로그의 맛이 무척 특별하게 느껴졌다. 그런 세일즈맨은 기억하지 않을래야 안 할 수가 없다.

물론 모든 고객에게 매달 DM을 보내기는 쉽지 않을 뿐더러 비용도 부담될 수 있다. 그럴 때는 간격을 좀 더 크게 두거나 고객의 성격에 따라 이번 달은 A형 고객에게 다음 달은 B형 고객에게 보내는 것도 방법이다. 그것도 쉽지 않다면 봉투만이라도 손으로 써 보자. 필자가 아는 한 세일즈맨은 봉투에 손으로 쓰는 게 힘은 들지만 고객 한 분 한 분을 생각하며 감사하는 마음으로 쓰다 보니 마음가짐도 새롭다고 했다. 분명 이 마음이 고객에게도 전달될 것이다.

어느 세일즈맨은 음악 CD를 만들어 고객의 특성에 따라 차별적으로 보내거나 커피 혹은 티백 하나, 껌, 비타민, 즉석복권 등을 넣어 고객에게 받는 즐거움을 더하기도 한다. '그렇게 하려면 비용이 얼만데?', '뭘 그렇게까지…….'라고 부정적으로 생각하기 전에 고객 관리의 본질과 DM의 효과를 곰곰이 생각해 보고 즐거운 마음으로 한번 실천해 보라.

하스와 그래드리는 흥미로운 실험을 했다. 어느 유명한 보석상에서 연말에 고객들에게 카드를 보냈다. 어떤 고객들에게는 감사하다는 인사와 함께 "특별할인 이벤트가 있습니다."라는 안내문을 추가했고, 다른 고객들에게는 그냥 "고객님, 저희 매장을 많이 아껴 주셔서 감사합니다."라고만 보냈다. 카드를 받은 후, 어느 쪽이 더 많은 보석을 사 갔을까? 바로 세일 정보 없이 감사 메시지만 받은 고객들이었다. 고객들은 별다른 의도 없이 순수하게 감사한 마음만 내비쳐도 우호적인 감정을 느낀다.

그러므로 DM에는 고객을 향한 마음이 순수하게 표현되어 있어야 한다.

제품 홍보와 캠페인을 대놓고 해서는 안 된다. 신제품이 나오거나 획기적인 프로모션이 있을 때 어쩌다 한두 번이지, 상술적인 느낌을 자주 받다 보면 고객은 불편한 마음이 들 것이다. 하루하루 힘들고 바쁘게 살아가는 고객들을 당신의 DM으로 잠깐 힐링해 드린다고 생각하라. 그러니 너무 무겁게 갈 필요가 없다.

고객에게 메시지가 담긴 매체를 매번 작업하여 보내는 것이 쉽지는 않을 것이다. 하지만 이왕 보낼 바에야 좀 더 고민하고 정성을 다하라! 그러면 그 효과는 몇 배 이상으로 돌아올 것이다.

SNS로 고객을 관리하라

최근 취업 포털 '스카우트'가 실시한, '대한민국' 하면 가장 먼저 떠오르는 이미지를 묻는 질문에 42.4%가 'IT 강국'이라고 답했다고 한다. 인터넷 기반 경제가 GDP의 약 7%를 차지할 정도로 우리나라는 컴퓨터뿐 아니라 스마트폰, SNS 등 다방면에서 IT 강국으로 성장하고 있다. 이는 우리의 실생활에도 그대로 나타난다. 장소와 시간을 불문하고 SNS 기기를 손에서 놓지 못하고 있다.

SK텔레콤이 발표한 2012년 'SNS 이용 실태조사'에 따르면, 가장 많이 사용하는 소셜 네트워크 서비스Social Networking Service: SNS 사이트는 페이스북으로 94.1%였고, 그다음으로 트위터(29.6%)와 카카오스토리(28.9%)였다. 하루에 SNS를 사용하는 빈도는 2~3시간마다 한 번씩 확인한다는 답변이 30.3%로 가장 많았으며, 한 시간마다(20.5%), 30분마다(20.4%) 확인한다는 비율도 많았다. SNS를 사용하는 목적에 대한 질문에는 71.9%가 '지인의 소식을 확인하기 위해서'라고 답했으며, SNS 친구를 맺은 후에는 '이전보다 상대방의 이미지가 더 좋아졌다.'(72.6%)고 답했다. 즉, SNS 사용자들은 단순히 정보 교환이 아니라 대인 관계 수단으로 사용하고 있음을 알 수 있다. 이처럼 SNS는 모든 연령대에서 다양한 용도로 활용되고 있다.

고객 관리는 당연히 직접 찾아가서 얼굴을 보는 방법이 가장 좋다. 하지만 상담 및 또 다른 고객 발굴, 기타 업무 등 여러 사정으로 인하여 현실적으로 쉽지 않은 것이 사실이다. 더욱이 세일즈 초기에는 관리 대상 고객이 많지 않지만, 경력이 오래될수록 불어나는 고객들을 모두 감당하기란 역부족이다.

최근 SNS는 온라인상에서 사회적 관계를 형성하고 발전시켜 나가게끔 도와주는 하나의 매개체로 자리 잡았다. 더욱이 SNS는 스마트폰의 확대에 힘입어 대중화되면서 점점 다양한 서비스를 선보이고 있다. 따라서 SNS를 활용하면 큰 마케팅 비용을 지불하지 않고도 제품을 홍보할 수 있으며, 손쉽게 고객을 만날 수 있다. 당신도 접근 용이성, 경제성, 신속성의 장점을 가진 SNS를 고객 관리에 적극 활용해 보는 것은 어떨까?

얼마 전 한 세일즈맨의 카카오톡 스토리를 방문해 봤더니 온통 개인적인 이야기뿐이었다. 물론 SNS가 개인적인 공간임은 인정한다. 하지만 연인과의 이별, 상처받은 심경, 실적에 대한 스트레스 등 대부분이 부정적인 내용이었다.

그런데 문제는 고객들도 그것을 고스란히 본다는 것이다. 고객들은 제품을 상담해 주고 판매를 담당했던 모습을 떠올리며 과연 같은 사람인지 혼란스러울 수도 있다. 세일즈맨으로서 그는 정말 자기 관리가 철저해 보이고, 다른 누군가에게 소개해 주고 싶던 프로의 모습이었는데, 이런 내용들을 접하는 순간 고객은 자신이 알고 있던 이미지가 혹 꾸며진 것은 아닌지 의심하게 된다.

물론 직업적 능력과 사적인 일을 결부하여 평가하는 것이 얼마나 타당한가는 이론의 여지가 없다. 그러나 고객들은 그렇게 깊이 생각하지 않는다. 분명한 것은 고객 입장에서는 그의 개인적 이미지와 직업적 이미지가 오버랩된다는 것이다. 이렇게 되면 가망 고객들에게도 그다지 좋은 이미지는 주지 못할 것이다.

SNS의 이런 성격을 잘 이해하고 이를 세일즈에 활용하는 사람들도 있다. 필자는 P씨를 2년 전 신입 세일즈맨 교육장에서 처음 만났다. P씨는 교육을 받을 때도 필자에게 많은 조언을 구하더니 역시나 SNS 매체를 잘 활용하고 있었다. 그는 신제품이 나오면 그 누구보다 먼저 SNS에 올렸으며, 고객들이 숙지해야 할 제품 관련 상식들을 주기적으로 업그레이드했다. 더욱이 고객들과 소통하면서 감동스러웠던 상황과 마음에 대해 수시로 올렸고, 힘들 때도 있지만 언제나 그렇듯 다시 힘내겠다는 긍정적인 모습까지 잘 나타내고 있었다. 고객들은 SNS를 안 볼 것 같지만 다 보고 있다. 당신이 이미지 관리에 힘을 써야 하는 이유다.

페이스북이나 트위터를 통해 소통하는 방법도 유용하다. 부지런히 고객의 SNS를 방문하여 많은 고객과 친구가 돼라. 자기 소개란에 자신 있게 스스로를 소개하라. 혹 판매왕과 같은 수상 내역이나 자랑할 만한 내용이 있다면 마음껏 자랑하라. 계정을 만드는 것만이 능사는 아니다. 부지런히 관리하며 새로운 내용을 주기적으로 업데이트해야 고객에게 부지런하다는 인상을 줄 수 있다.

블로그도 잘만 활용하면 유용하다. 최근 한 세일즈맨은 블로그 덕을 톡톡히 보았다고 한다. 상담을 받은 고객이 그에게서 구매한 제품의 사진과 함께 그를 칭찬하는 글은 물론 친절하게 사무실 위치와 전화번호까지 올렸다고 한다. 그 덕에 상담을 요청하는 건수가 눈에 띄게 증가했다고 한다. 파워 블로거였던 그 고객의 독자들에게 자연스레 홍보가 됐던 것이다.

하지만 요즘은 상업적 블로그는 제재를 하기 때문에 주의를 해야 한다. 다른 이들이 알아서 SNS에 추천해 준다면야 좋겠지만, 그것을 당신이 좌우하기란 쉽지 않다. 그래서 추천하는 것이 '세일즈 일기'다. 그동안 세일즈를 하면서 힘들었던 일, 보람됐던 일, 감동받았던 일 등을 아주 솔직하게 쓰는 것이다. 물론 희망 찬 내용으로 말이다.

고객들은 잘 파는 세일즈맨에게 구입하려는 심리가 있다. 이를 심리학에서는 '사회적 증거의 법칙'이라고 한다. 다수의 고객이 선택한 만큼 실패할 확률이 적을 것이라고 생각하는 것이다. 당신이 잘 파는 세일즈맨임을 '세일즈 일기'에 맛깔스럽게 표현하라. 분명히 고객에게 점수를 딸 수 있을 것이다. 그리고 적절한 제품 홍보와 일상의 유용한 정보, 고객의 감성을 깨워 주는 메시지가 잘 버무려진 매력적인 블로그를 운영하라!

요즘 문자 메시지 대신 많이 사용되는 카카오톡이 인기다. 인터넷 메신저처럼 자신의 프로필과 사진을 올려놓을 수 있고, 전화번호만 등록하면 자동으로 상대를 친구로 추천해 줘서 세일즈맨에게는 유용한 홍보의 수단이다. 수시로 프로필이나 사진을 체크해 고객의 상태를 짐작할 수 있고, 자신을 표현할 수도 있다. 카카오톡을 활용할 때는 가능한 한 많은 고객을 친구로 설정하되, 이름과 전화번호도 함께 표시해 둬라. 그래야 고객이 알아보기 쉽다. 카카오톡의 메인 사진이나 프로필 문구는 당신이 세일즈맨임을 염두에 두고 올려야 할 것이다.

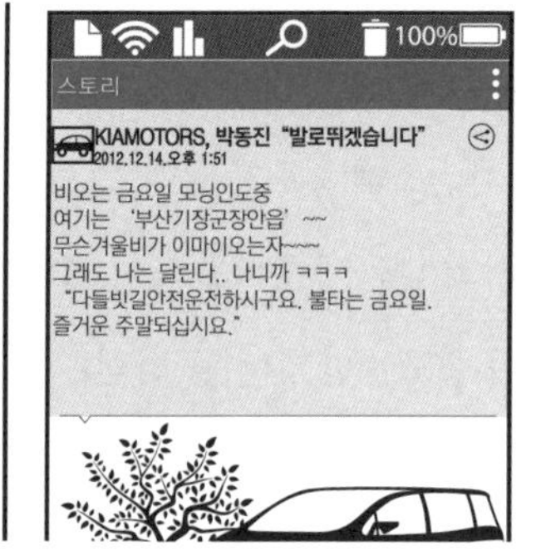

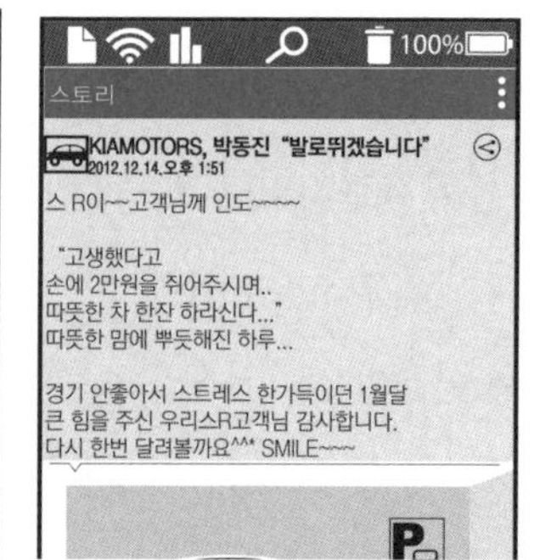

또 카카오톡에는 '기프트콘'이라는 선물 기능이 있어 결제를 하면 해당 제품의 교환권을 고객에게 바로 선물할 수 있다. 고객의 기념일에 비싼 선물을 하기가 부담스럽다면 음료나 아이스크림 등의 쿠폰을 깜짝 선물해 보라. 고객 입장에서도 큰 부담이 없어 기쁘게 수령할 것이다.

SNS를 활용할 때는 특히 유념할 것이 있다. 고객이 대화를 건네거나 댓글을 달아 주면 가급적 바로 응답해 줘야 한다. SNS는 일방적인 것이 아니라 서로 소통하는 도구다. 그런데 반응이 없다면 고객은 기분이 상해서 다시는 먼저 말을 걸지 않을 것이다. 그리고 고객의 SNS에도 주기적으로 들어가 댓글을 달아 줘야 한다. 또한 대화를 시도할 때는 너무 오래 끌지 말고 간단하게 소통하라. 오랫동안 붙잡고 대화하는 것은 고객을 지치게 할 수 있기 때문이다.

며칠 전에 만난 한 세일즈맨은 아침부터 카카오톡으로 날라온 고객의 게임 앱 추천에 일일이 수락을 해주고 있었다. 바쁜데 일일이 어떻게 다 수락해 주느냐고 묻자 이렇게 해주면 고객 계정에 자신의 이름이 뜬단다.

그러면서 이렇게 하면 고객이 한 번 더 자신을 기억해 주지 않겠느냐고 말했다. 그는 이것도 고객 관리라면서 웃으며 스마트폰을 더 깊숙이 들여다보았다.

스마트폰, 태블릿 PC 등을 활용하는 '스마트 워크'가 활성화되면서 사무실에서 종이 사용량이 현저히 줄었다. 수첩에 메모하는 것이 아니라 스마트폰의 메모장을 활용하고, 이메일과 메신저로 업무를 공유한다. 이런 기기를 활용한 세일즈맨에게 고객은 훨씬 더 신뢰를 느낀다는 최근의 한 조사 결과가 있었다. 기존에는 한 장 한 장 종이를 넘겨가며 인쇄된 내용을 바탕으로 고객을 설득했다면, 현대사회는 화면이나 영상을 터치하면서 최신 정보를 최첨단 형식으로 보여 줘야 하는 시대다. 그러니 고객과의 상담에서 종이에 인쇄된 활자 대신 IT 기기를 활용해 전문가 이미지로 어필할 필요가 있다.

빌게이츠는 'Change'의 'g'를 'c'로 바꾸어 보라고 했다. 변화 속에는 반드시 기회가 숨어 있다는 것이다. 당신은 변화에 능동적이어야 한다. 변화에 적극적인 사람은 그 과정에서 새로운 가능성, 즉 기회를 발견한다.

SNS 시대에는 발품만으로 고객을 관리하기란 역부족이다. 변화하는 시대 흐름에 따라 당신도 바꾸고 당신의 고객 관리 방법에도 최신 트렌드를 적용해야 한다. 아랑곳하지 않고 기존 방식을 고수하는 세일즈맨과 최신 트렌드를 적극적으로 받아들여 자신만의 색깔로 만들어 나아가는 세일즈맨 중 어느 쪽이 더 성과가 좋겠는가. 그 해답의 열쇠는 이미 당신 손 안에 있다.

유니베라 김진숙 본부장

1. 자기 소개를 부탁드립니다.

2005년에 유니베라에 입사해 지금은 송내 남부 본부장을 맡고 있습니다. 신입 사원 시절 영업 수첩을 만들어 고객 관리 공모 아이디어전에서 전국 1등을 했고, 유니베라 3년 연도대상, 8년 연속 관리자상과 함께 판매, 관리 등 다각도의 평가 후에 주는 최고 UP(Univera Planner) 그랜저상도 수상했습니다.

2. 건강 관리 보조식품 세일즈의 매력은?

사람에게 건강과 희망을 찾아 주고, 그로 인해 행복을 제공하는 것을 들 수 있습니다. 그래서 일을 하면 할수록 사명감이 생깁니다. 10년이면 지겨울 법도 한데, 보람을 가지고 즐길 수 있는 이유가 여기에 있습니다.

3. 세일즈를 하면서 보람스럽던 순간은 언제입니까?

아토피로 10년 넘게 힘들어하던 고객이 있었습니다. 처음 봤을 때, 손과 발의 피부가 벗겨져 있었습니다. 나을 때까지 꾸준하게 찾아뵈면서 경과를 살폈습니다. 나중에 원인을 알고 보니 건강상의 문제라기보다는 내면적인 문제가 더 컸습니다. 이후 대화를 하면서 고객의 이야기를 많이 들어줬습니다. 그러면서 고객의 신뢰를 얻어 자연스럽게 추가로 제품이 들어갔습니다. 이후에는 자신을 도와주는 영업 사원에게 실망을 주지 않기 위해 약을 더 잘 챙겨 먹고 경과도 훨씬 좋아졌습니다. 지금은 언니, 동생이라고 부를 정도로 친해졌습니다. 그녀의 가족들도 무척 고마워합니다.

4. 고객은 ○○다?

저는 강의 할 때마다 "고객은 무서운 도깨비가 아닙니다."라고 늘 강조합니다. 고객에게 다가가기가 두렵다면 영업인이 아니라 개인 사업가라는 생각을 계속하라고 말합니다. 고객은 저의 동반자입니다. 그렇기에 제가 먼저 지치면 안 됩니다. 그리고 항상 좋은 모습, 진취적인 에너지를 가진 모습을 보여주려고 노력합니다. 또한 고객은 일회성이 아닙니다. 그래서 이번 달 실적을 채우려고 고객에게 절대 무리한 요구를 하지 않습니다. 물론 저도 때론 고객에게 도움을 요청합니다. 예를 들면 신제품이 출시되었을 때, 고객에게 직접 써 보고 소감을 말해 달라고 합니다. 그러면 고객은 내게 뭔가 도움을 주려고 더 열심히 사용합니다.

이후 저는 말씀해 주신 부분을 영업에 활용합니다. 그런데 이 방법이 매력적인 것은 고객이 제품을 시연하는 순간, 스스로 제품에 효능을 느끼고 추가구매로 자연스럽게 이어진다는 것이다.

5. 영업에 신조가 있다면 무엇인가요?

고객을 싫증나지 않게 한다는 것입니다. 예를 들어 수분크림 10개를 주문한 고객이 있다면, 저는 포장을 다 똑같이 하지 않습니다. 어떤 연유로, 어떤 분에게 선물하는 거냐고 물은 후, 그에 맞게 포장을 합니다. 고객이 좋아할 생각을 하면 덩달아 기분이 좋아져 즐거워집니다. 결과는 너무도 당연합니다. 고객은 이런 저의 디테일한 정성에 놀라며 즐거워합니다. 입는 옷도 그렇고, 고객 관리도 그렇고, 고객에게 선물하는 것도 달리하여 고객을 싫증나지 않게 합니다. 저를 양파라고 말하는 고객이 있습니다. 그런 저를 고객은 기다립니다. '어떻게 하면 고객이 좋아할까?'를 자연스럽게 고민하게 됩니다. 고객에게 새로운 변화, 볼거리, 재미거리를 제공하십시오.

6. 고객과 스몰토크 어떻게 하세요?

고객을 만나면 일단 활짝 웃습니다. 그러면서 고객의 마음을 읽으려고 애쓰니다. 이후에는 고객을 안아드립니다. 단 고객이 힘들어 보이면 "고객님, 제가 기 좀 드려도 되죠?"라고 하면서, 반대로 에너지가 많아 보이면 "고객님, 무척 행복해 보이시는데, 제가 그 기 좀 받아도 될까요?"라고 하면서 말입니다. 물론 고객 대부분이 여성들이어서 가능할 수도 있습니다. 스킨십의 위력은 정말 대단합니다. 고객의 경계심이 99%는 풀어집니다. 아이스 브레이킹에 최고의 방법입니다. 처음에는 어려웠지만, 고객과 라포를 형성하는 나만의 노하우라고 할 수 있습니다. 고객도 고객이지만, 더 좋은 것은 제 입장에서 고객을 향한 낯설음이나 어색함이 제거된다는 것입니다.

7. 고객과의 대화 시 많이 쓰는 단어가 있나요?

"많이 행복해요.", "같이 행복해요."라는 말을 많이 합니다. 영업을 하기 전엔 낙엽만 봐도 슬펐던 가정주부였습니다. 용기를 내서 유니베라에 입사해 내 인생의 마지막 도전이라고 생각하고, 정말 열심히 뛰었습니다. 그 과정에서 산전수전 다 겪으면서 기적같이 모든 것이 이루어졌습니다. 그것도 계획했던 것보다 훨씬 더 빨리 말입니다. 자신감이 생기니 모든 게 즐겁습니다. 돈만 버는 게 아니라 나눔의 봉사도 함께 합니다. 그러니 행복하지 않을 수 있을까요? 아울러 고객들도 행복하기를 바랍니다. 그래서 신입 직원이 들어오면 꿈이 뭐냐고 묻습니다, 그리고 꿈을 가지라고 말합니다. 긴 레이스에서 지치지 않도록 꿈을 잘 관리하라고 충고합니다. 돈을 쫓으면 길어야 2~3년이기 때문입니다.

8. 증원에 대한 스트레스도 많겠지만, 그래도 보람을 찾으신다면?

체격도 뚱뚱하고, 성격도 내성적인 직원이 있었습니다. 뭘 해도 리드하지 못하고, 뒤에서 묵묵히 있는 스타일이었습니다. 참 성실하고, 능력도 출중한데 그 성격이 안타까워 "언제까지 조연만 할 거냐? 주연을 하라. 회장을 하라!"며 코칭을 했습니다. 이 말이 그분에게는 충격이었던 모양입니다. 지금은 외모 관리도 하고 성격도 외향적으로 많이 바뀌었습니다. 세일즈 성과도 자연스레 긍정적인 결과가 나와 지금은 지부장이 되었습니다. 단점을 장점으로 승화시키기 위해 노력한 결과라고 할 수 있습니다. 이렇듯 단순히 경제적 도움뿐 아니라 한 사람의 인생이 변하고 저에게 고맙다고 할 때, 가장 큰 보람을 느낍니다.

9. 앞으로의 비전과 목표에 대해 말씀해 주세요.

내년이 이 영업을 시작한지 10년째 되는 해입니다. 그간 10년의 목표를 가지고 뛰었다면, 앞으로는 또 다른 10년의 목표를 가지고 뛰려고 합니다. 그중 하나가 세일즈맨을 도와 주고, 강의를 하는 것이다. 또한 실업계 고등학교에 세일즈라는 직업을 소개하고, 지원하는 사람들을 키워 주고 싶습니다. 아울러 초등학교를 찾아다니며 아이들에게 시음 기회를 많이 줘 건강을 찾아 주는 게 또 다른 목표이다. 저는 하루하루가 행복합니다. 정상을 지키려는 목표가 제게는 없습니다. 두렵거나 포기를 한다는 의미가 아니라 이제는 좀 더 나은 모습으로 성숙된 영업인이 되고 싶다는 것이다. 돈과 명예, 보이는 결과도 중요하지만, 사명감을 가지고 당당하게 즐기면서 일을 한다면 정말 성공한 거라고 생각합니다. 최소 지금보다는 더 행복하지 않을까요?

내 인생 최고의 버킷리스트, 책쓰기 강좌!

6개월이면 나도 저자가 될 수 있다.

- 특징
  - (1) 글쓰기 기초부터 출판사 계약까지 6개월이면 기어이 책을 쓰고 마는 놀라운 과정
  - (2) 주제 설정, 목차 만들기, 내용 구성을 꼼꼼히 1:1 코칭 - 원고 1:1첨삭 지도
  - (3) 출판사 대표의 주제와 콘셉트 코칭

- 대상
  - (1) 자기분야에서 전문가로 인정받고 싶은 분
  - (2) 직장에서 자신의 가치를 높이고 싶은 분
  - (3) 현재 강사로 활동하는 분
  - (4) 퇴직 후 강사로 활동하고 싶은 분

- 개강일 매 분기 첫째 주

- 강의 일정 격주 12회(6개월 과정), 회차 당 2시간~3시간

- 수강료 1,500,000원(부가세별도)

- 대표강사 오정환
  시인, 칼럼니스트
  미래경영연구원 원장
  한국코치협회 인증 코치

〈저서〉
『영업, 질문으로 승부하라』,『성공, 질문으로 승부하라』,『세일즈멘토링』,『한 번 더 세일즈』,『내 인생 최고의 버킷 리스트, 책쓰기다』,『세일즈, 심리학에서 답을 찾다』, 시집『앉은뱅이 아버지』

- 강의 프로그램

차수	강의 주제	세부 사항
1	나도 과연 책을 쓸 수 있을까?	① 책 출간 과정 ② 좋은 책의 조건 ③ 좋은 글의 조건
2		① 글이 강해지는 연습법 ② 저자가 되기 위한 독서법
3	어떻게 해야 글을 잘 쓸까?	① 좋은 글을 쓰는 법 ② 술술 읽히는 글을 쓰는 법
4		① 잘 쓴 글 뜯어보기 ② 시스코 이론 연습
5	주제는 무엇으로 할까?	① 쓰고 싶은 주제 정하기 ② 출판사가 원하는 책의 조건
6		① 목차 만들기 ② 출간기획서 만들기 ③ 자료 모으기
7	책을 어떻게 구성할까?	① 목차별 시스코 적용하기
8		① 목차별 시스코 적용하기
9	베스트셀러는 어떻게 만들까?	① 제목의 힘 ② 서문 쓰기 ③ 저자 소개글 쓰기
10		① 원고 다듬기
11	어느 출판사를 선택할까?	① 출판사 찾기 ② 출간 제안서 쓰기 ③ 계약조건 알아보기
12		① 마지막 점검하기 ② 책 편집해 보기

*매 과정마다 1:1 첨삭 지도

- 장소 경복궁 인코칭 교육장

- 문의 02-323-4421

- 특전 기획안과 원고의 퀄리티가 높은 경우, 출판사에서 출판을
  해 드립니다.

당신만의 세일즈를 디자인하라

초판1쇄 인쇄 | 2015년 3월 10일
초판1쇄 발행 | 2015년 3월 15일

지은이 | 이수미
펴낸이 | 김진성
펴낸곳 | 호이테북스

편집 | 김선우 · 허강
표지 디자인 | 장재승
내지 디자인 | 안성희
관리 | 정보해

출판등록 | 2005년 2월21일 제313-2005-000034호
주소 | 서울시 강서구 화곡동 46-392 밀레니엄 401호
전화 | 02-323-4421
팩스 | 02-323-7753
이메일 | kjs9653@hotmail.com

ⓒ 이수미, 2015
값 15,000원
ISBN 978-89-93132-35-9 13320

* 잘못된 책은 서점에서 바꾸어 드립니다
*신저작권법에 따라 도서 내용을 사용하려면 출판사의 허락을 구하시기 바랍니다.